민혜련 지음

PROLOGUE

이 세상에 유럽의 국가들보다 오래된 나라들은 수없이 많고, 몇 대를 이어 한 우물만 판 장인도 많다. 하지만 우리는 유독 유럽 브랜드에 열광하며 아낌없이 돈을 지불한다. 잘 쓰지도 않는 물건을 사고 버리길 반복하며, 이제 마음을 비우자 다짐하고도 시간이 지나면 어느새 또 다른 물건이 자리를 차지하고 있다. 몇백 년 전에 파리나 피렌체에 조그마한 상점을 열었다는 장인이 직접 만들어 준 물건도 아니건만, 그의 이니셜을 얼굴도 못 본 조상님 섬기듯 숭배하고 있는 거다. 그렇다고 금덩이가 붙은 것도 아닌데 성경책 들어 올리듯 경건한 마음으로 영접하는 이런 '존경'심은 언제부터 시작됐을까? 어떻게 이런 마술이 가능했던 것일까?

오래도록 유럽의 문화사를 공부해오며, 유럽은 브랜드가 체질화된 문명이라는 생각이 들었다. 광장에서 토론을 통해 민주주의를 실행하던 고대 그리스부터, 유럽인의 피에는 자신의 퍼스널 브랜드Personal Brand를 과시하는 문화가 강했다. 그 시대의 기록을 보면 소크라테스도, 플라톤도, 아리스토텔레스도 군중에게 자신을 드러내는 데 능했다. 오리엔트를 장악한 이후에는 이질적이고도 다양한 문화를 융합해본 경험이 콘텐츠로 축적되었다. 지금 우리가 접하는 아랍 지역과 북아프리카의 그 호전적인 나라들을 상상해 보라. 그리스는 이 다양하고 개성 강한 민족들을 헬레니즘Hellenism이라는 하나의 문화권으로 묶었다. 이 유산을 그대로 이어받은 로마제국은 한술 더 떠 중동에서 태어난 기독교를 국교로 택하며 융합을 업그레이드했다. 초기에는 하층민을 계몽하는 유대인 예수와 사도들을 처형하고 박해했지만, 가만히 살펴보니 브랜딩할 모든 조건이 갖추어져 있었기 때문이다. 예수의 탄생과 십자가에서의 죽음, 부활의 신화, 잘 정리된 성경, 여기에 이데올로기를 위해 목숨을 내놓은 제자들과 공동체 등은 민중을 하나로 묶기에 최적화된 종교였다. 이런 일련의 과정을 통해 유럽은 스토리텔링을 어떻게 대중에게 전파해야 하는지를 수천 년간 학습해온 것이다.

르네상스 이후 유럽이 세계의 패권을 잡은 것은 인류 역사상 가장 강력하고 전 지구적인 사건이었다. 유럽은 그 어떤 무기보다 강한 합리적 실험 정신으로 무장을 하고, 시스템화, 브랜드화하는 능력을 키웠다. 게다가 유럽인은 통합Synthesis적인 기질의 동양인에 비해 분석적Analysis이어서, 실험하고 그 경험을 기록하는 능력이 탁월했다. 기록이 축적되면 이를 바탕으로 다음 단계로 나가기도 쉬워진다. 이렇게 커진 힘은 민주주의와 자본주의, 뒤이어 종교와 문화로 지구를 뒤덮었다. 몇백 년이 지나지 않아 유럽인이 시작한 글로벌 경제는 세상을 하나의 공동체로 묶었다.

브랜드와 그 상징인 로고는 '가치Value'에 대한 사람들 사이의 합의Consensus의 결과물이다. 자본주의 경제의 화폐처럼 합의가 없으면 가치도 없다. 아마존의 원시 부족에게 명품 가방은 그저 채집을 위한 망태기에 지나지 않는다. 마찬가지로 종이 조각에 그려진 신사임당은 한국이라는 커뮤니티 안에서만 5만 원만큼의 가치로 합의되어 있다. 전 세계적인 가치가 되려면 달러나 유로화 정도의 글로벌한 합의가 필요하다. 이는 금처럼 확실해서 변치 않는다는 '화폐 브랜드'에 대한 사람들의 합의이자 인정이다. 그래서 과시는 그 가치를 알아보는 사람들 사이에서만 그 욕망이 충족된다.

여기에서 더 하이앤드로 가면 일종의 미술품 같은 가치가 형성된다. 이 세계는 돈이나 로고의 합의를 넘어 일반인들이 근접할 수 없는 그들만의 클래스 안에서의 가치다. 물론 유럽은 군주제가 남아있건 아니건 민주주의 국가들로 이루어졌지만, 아직도 상류사회의 왕족놀이는 계속되고 있는 거다. 부르주아는 과거 왕족이 누렸던 권력을 사고 싶어 한다. 시간을 초월해 가치를 인정받는 가문의 문장처럼 신성한 그 무엇을 원한다. 없으면 만들어서라도 거래 물품을 형성한다. 하얀 도화지 위에 점 하나 찍어 놓고, 그 안에 우주의 온갖 철학이 담겨있다며 너도 나도 갖고 싶어하면 카운트는 시작된다. 그들만의 리그에서 알아채지 못할 정도로 고도의 마케팅과 심리전으로 가치를 형성하는 것이다. 어차피 감지하지도 못할 정도의 수數로 잠겨있는 돈은 도박장의 칩처럼 이리저리 표류한다.

왕조 시대에는 그 어떤 문화권이건, 손에 잡히지 않는 시간 속에서 가문을 유지하려고 신비주의 마케팅을 펼쳐왔다. 시간을 초월할 듯 빛나는 정신적 가치를 제시하면 대중은 열광하기 때문이다. 종교나 이데올로기도 마찬가지다. 신봉하는 사람에겐 목숨을 내놓고라도 지킬 가치가 형성되는 것이다. 서로 관계가 없는 것 같지만 사실 브랜드도 이와 닮았다. 다만 브랜드는 목숨대신 돈을 내놓는 가치일 뿐이다.

그래서 세계적 브랜드는 진골 왕족임을 누구나 인정하게 하는 정교한 스토리텔링이 있다. 진정성을 가진 그 누군가가 오랜 시간 생각해 만들어 낸 작품의 이미지, 디자인을 선택하는 안목, 재료를 다루는 축적된 기술과 노하우, 예술과의 접목을 통한 품위 있는 마케팅. 그리고 중요한 것은 브랜드 자신에 대한 믿음과 자신감이다. 자신의 페르소나에 대한 확신이 없이 오직 '마케팅'으로만 이루어진 명품은 오래 가지 못했다. '전통'에 대한 자존감이 빠져 있기 때문이다. 배우가 자신의 역할에 100% 몰입하지 않으면 아무도 믿지 않는다. 국가도, 사회도, 인생도, 페르소나가 관건이다.

프랑스가 명품의 대국이 된 것은 서정이 충만한 전통을 포장하는 서사의 실력이 뛰어나서였다. 극도로 사치스러웠던 궁정문화는 인간관계의 유희, 말장난, 자신을 과시하는 방법 등 팔고 또 팔아도 남을 엄청난 유산을 남겼다. 게다가 먹고 살 걱정 없는 상류층의 정신적 유희는 고급스러운 인문학의 발달로 이어졌다. 하지만 아이러니하게도, 혁명으로 자신들의 국왕과 왕비를 단두대에서 처단하고 세운 민주국가 위에 프랑스는 구체제Ancien Régime의 사치를 마케팅의 도구로 삼았다.

동양에서는 중국의 실크나 도자기 이후, 19~20세기의 자포니즘Japonism이 브랜드화에 가장 성공했다. 유럽의 선 굵은 서사에 비해 아기자기한 스토리텔링, 디테일에 강한 기술적인 신뢰, 동양의 신비 등이 마케팅 포인트였다.

한국에 명품이 없는 이유는, 전쟁 후 명품 브랜드가 될 만큼 탄탄한 서사를 쓸 시간이 없었던 때문이다. '빨리빨리'의 조급함은 교육에도 그대로 묻어났다. 레스토랑은 2대로 물려주는 곳이 드물고, 패션도 20~30년 넘기는 브랜드가 거의 없다. 고객도 회사도 브랜드를 지킬 줄 모르는 거다. 우리나라도 솜씨라면 남부럽지 않은 장인들의 세계가 있었다. 하지만 자신을 인정할 줄 모르고, 자존감이 없는데 세계가 알아줄 리 만무하다.

현대 문명을 만들어낸 유럽의 합리적 과학정신은 찬란했다. 하지만, 우주의 비밀을 풀고자 과학을 추구했던 인간의 열정은 아름답지만 어딘가 위험해 보인다. 유럽이나 미국, 일본도 팬데믹으로 인해 신비의 장막이 걷히니 우리와 다를 것도 없겠다는 생각이 든다. 그간 우리는 영화나 K-Pop, 전자제품 등으로 경험을 쌓았다. 하지만 명품 반열에 오르기 위해서는 100년이 갈 수 있는 서사를 만들어야 한다. 남부럽지 않은 명품 브랜드 하나 만들려면 지금부터, 우리부터 우리의 가치를 각인해야 한다.

2020. 10. 10

삼청동에서 민혜련

CONTENTS

Story 2. 서정 | 시간의 숲에서 반짝이는 것들을 만나다

Story 3. 서사 | 명품은 어떻게 인간의 역사가 되는가

STORY 01

브랜드

이름을 건다는 것의 의미

예술과 기술은 하나였다

살기 위해 창조하는가,
창조하기 위해 사는가. 이것이 예술가와 장인의 차이점이다.
- 미셸 폴락

명품 브랜드의 스토리텔링 중 빠지지 않는 핵심이 있는데, 바로 '장인정신'이다. 여기에는 오랜 시간, 성실함, 흔치 않음, 그리고 손으로 한 땀 한 땀 만드는 정성 등이 압축되어 있다. 이 '손맛'을 연출하는 드라마의 주인공은 장인이다. 그는 어디서 온 누구인가?

중세 봉건제도에서 영주가 다스리는 영토는 각각이 하나의 경제 단위였다. 이를 '장원莊園'이라고 하는데, 중앙이나 언덕에 높은 성곽으로 둘러친 영주의 궁전이 있고, 성곽 주변에는 촌락이 구성된 것이 장원의 전형적인 모습이다. 그 성곽 주변을 프랑스어로 포부르Faubourg라 했는데, 현재의 명품 거리인 파리의 포부르 생토노레Faubourg Saint-Honoré도 이때의 흔적이다. 수공업자들이 모여 살던 촌락이 명품 거리가 된 것이다. 유럽은 이 시대의 모습을 최대한 간직하면서 주변에 신도시를 만들어 왔기 때문이다. 그 덕분에 고풍스럽고 아기자기한 볼거리로 지금까지 관광 수입을 올리는 것은 덤이다.

들에서 가까운 촌락 입구에는 농노들의 허름한 집들이 있고, 성곽 가까운 곳에는 궁전의 귀족들을 위해 물건을 만드는 공방이나 작은 상점이 밀집해 있었다. 공방에서 생필품부터 각종 사치품까지 만들던 기술자들을 장인이라 했다.

장인 계층은 봉건주의가 굳건하던 중세에는 농촌의 무지렁이에 불과했지만, 12세기경이 되면서는 사뭇 달라졌다. 도시가 발달하며 일거리가 많아지고, 도시에 정착한 장인들은 권익 보호를 위해 분야별로 일종의 협동조합, '길드Guild'를 조직하기 시작했다. 공동의 이익을 보호하고 자신들의 기술을 전수하기 위해서였다. 소수의 귀족과 성직자를 제외하고 이 시대 민중의 대부분은 문맹이었으므로 기술 전수란 곧 구전으로 전하는 것을 의미했다. 이와 함께 수공업자들이 만든 물건을 팔아 중간에서 이윤을 챙기던 상인들 역시 분야별로 길드를 구성하기 시작했다.

상인들이 만든 길드보다 장인들이 모여 만든 길드는 현대의 협동조합보다는 훨씬 강한 결속력과 끈끈한 형제애로 뭉쳐진 조직이었다. 기술이 곧 밥그릇이므로, 비밀을 유지해야 했기 때문이다. 르네상스 시대가 되어 상업이 발달하고 도시의 규모가 커지자 길드도 점차 시스템을 갖추고 세력이 강해졌다. 길드의 힘이 강해진 이유는, 중세 장원에서는 장인이 영주 밑에서 일했지만, 도시에서는 흩어져 있는 장인들이 연대감을 갖고 이익을 대변할 조직이 필요했기 때문이다. 길드의 성격은 크게 두 개로 나뉘는데, 하나는 무역업이나 은행업, 법률가 등의 상인 길드였고, 또 하나는 수공업 길드로 기술 보전과 비밀 유지를 위한 것이었다. 이 중 돈줄을 쥐고 있는 상인 길드가 점점 세력이 커졌다. 상업 위주의 도시국가에서 경제력은 곧 권력이었기 때문이다. 자본이 축적되어감에 따라 상인 길드는 자신들이 속해 있는 도시의 자유와 자치권을 획득하기 위해 토지 소유주인 영주와 협상해 가격을 지불할 정도에 이르렀다. 도시공화국의 출발이었다. 자치권을 획득하고 공화국을 수립하는 과정에서 각 분야의 이익을 대변하는 길드는 자연스레 정당의 역할을 하게 된다. 특히 상업 도시의 표본이던 피렌체의 뼈대는 길드였다. 시민이면 적어도 하나 이상의 길드에 소속되어야 했고, 소속이 없는 사람은 무직자라 세금을 안 내거나 노예라는 의미니, 참정권도 없었다.

피렌체에는 21개의 길드가 있었는데, 이 중 7개는 대형 길드이고 나머지 14개는 중소형 길드였다. 은행업이나 양모업 등 자본이 많은 7개의 대형 길드가 자본을 출자해 땅을 매입하고 자치권을 획득했으므로, 이들 가운데 다수결로 우두머리를 선출해 도시공화국을 통치했다. 최초의 내각책임제라 할 수 있겠다.

피렌체를 이끌었던 길드 중에서도 모직 및 실크의 길드는 은행업과 연결된 피렌체의 돈줄이었다. 르네상스 시대부터 이탈리아의 섬유와 패션이 나라를 먹여 살리는 최고의 산업인 이유다.

메디치가도 모직업으로 돈을 번 후 은행업으로 재벌이 된 가문이었다. 피렌체 교외의 작은 마을에서 약재상을 하던 메디치가는 피렌체로 이주해 양모 사업에 뛰어들었다. 당시의 영국은 황량했고 양을 많이 길렀다. 도버해협 건너에 위치한 플랑드르에서는 영국으로부터 수입한 양모로 모직물을 제조하는 수공업이 발달하였다. 플랑드르는 현재 벨기에, 네덜란드 지역으로 지중해의 베네치아나 피렌체로부터 온 상품이나 발트해의 선박들이 교역하는 중간 지점이었다. 피렌체는 또한 동방과의 무역이 성했으므로 유럽에서 구할 수 없는 동방의 귀한 염료들을 구하기 용이했다. 플랑드르로부터 값싼 모직물을 들여와 동방에서 온 염료로 가공해 다시 태어난 피렌체의 모직물은 비싼 값에 유럽 왕족들에게 재수출되었다. 여기에 모직을 만들고 난 양가죽을 헐값에 들여와 가공한 후 질 좋은 가죽제품을 생산하니 구두나 가방 등의 수공업이 발달하게 되었다. 피렌체 장인정신의 기반은 이때부터 기초가 다져진다.

장인의 도시 피렌체의 베키오 다리 주변에는 수많은 공방이 모여있었다. 이 시대에는 화가나 조각가도 재단사나 푸줏간 주인, 이발사 등과 별다른 차이점이 없이 수공업자인 '장인'으로 분류되어 길드를 이루고 있었다. 장인들의 공방 시스템은 아주 엄격한 상하 관계를 이루었다. 이 시대에도 현재와 마찬가지로 명망 있고 잘나가는 장인 밑에는 제자들이 많이 몰려들었고, 그렇지 못한 곳은 수습생을 모으기 위해 애먹기도 했다.

기술을 배우기 위해 10대 초중반에 유명한 공방의 수습생이 되면 거기서 먹고 자면서 무상으로 각종 허드렛일은 다 맡아서 해야 했다. 이렇게 7년간의 수습 기간이 끝나면 직인이 되어 비로소 기술을 배울 수가 있었다. 하지만 여기서 끝이 아니다. 직인이 되어도 몇 년간 스승을 따라다니며 현장에서 실력을 연마해야 비로소 장인 면허시험이라 할 수 있는 콩쿠르Concours에 응시할 자격이 주어지니 말이다. 스승이 소속된 길드 위원회에 작품을 제출하여 심사를 받아야 했는데, 이때 심사에 통과한 작품을 바로 '명품Masterpiece'이라 하였다. 그림이건 조각이건 금속공예건 똑같은 절차를 밟아 장인이 되었다. 이 콩쿠르를 통과하면 자타가 공인하는 장인Master이 되어 독립된 공방Atelier을 운영할 수 있었다.

예술이 '기술'에 지나지 않았던 시대, 회화나 조각은 건축의 일부분으로 한쪽 귀퉁이를 장식하는 요소에 지나지 않았고, 건축가나 조각가는 석공이었으며 화가는 칠장이였다. 당연히 하찮은 집안 자제들이 화가나 조각가가 되었다. 귀족이 팔 아프게 그림을 그리거나 돌을 쪼아 조각하는 일에 종사할 이유가 없었다. 하인에게 시키면 되니까.

르네상스가 한창 꽃피던 15세기 초가 되어도 보수적인 사회의 인식은 크게 변하지 않았다. 일례로 가세가 기울어지긴 했으나 귀족 집안 출신인 미켈란젤로는 그림이 너무 좋아 화가의 작업장을 기웃거렸다. 이를 안 그의 아버지는 노발대발했다고 한다. 법관이나 성직자를 진로로 택하지 않았기 때문이다. 현재와 별 다를 바 없는 스토리다.

하지만 르네상스를 지나며 도시공화국의 궁전이나 성당의 벽과 천정을 꾸미던 레오나르도 다빈치, 미켈란젤로, 라파엘로 같은 화가나 조각가가 유명세를 탄다. 섬세한 보석을 만들던 첼리니 같은 수공업자, 아름다운 섬유와 옷을 만드는 직조공과 봉제공, 구두공 등의 인기도 치솟았고, 이들의 손을 통해 나온 물건은 천상의 아름다움을 표출한 듯한 신화가 되고 누구나가 욕망하는 작품으로 자리매김한다. 스타 장인은 이렇게 탄생했다. 무지한 수공업자들이 사회 변화를 통해 예술가로, 거장으로 탈바꿈한 것이다. 이탈리아어에서 '아르테[Arte]'는 예술이라는 뜻으로 영어의 '아트[Art]'와 같다. 즉, 예술이자 기술을 뜻한다. 예술과 명품은 동격이고, 예술과 명품은 한 배에서 태어난 형제이다. 그래서 카인과 아벨처럼, 장인은 artisan, 예술가는 artist가 된다. 이후 칠장이는 화가가, 석공은 조각가가, 금은 세공업자는 보석 장인이 되고, 재봉사는 오트쿠튀르의 디자이너가 된다.

다빈치의 후예들 : 페라리 VS 람보르기니

나는 위대한 기업가가 아니고,
그걸 꿈꾼 적도 없다. 나는 시골의 장인으로 남아있다.
- 엔초 페라리

로마 근교 카스텔 로마노Castel Romano의 시네치타 월드Cinecitta World는 유명한 영화 테마파크로, 이탈리아 영화산업의 중심지인 시네치타의 연장선이다. 흥행에는 참패했지만 2016년 리메이크된 〈벤허〉도 이곳에서 촬영했다.

2017년 이곳의 레이스 트랙에서 특별한 경주가 벌어졌다는 기사를 읽은 적이 있다. 페라리 458과 말 두 마리가 끄는 전차가 2천 년의 시공을 넘어 대결한 것이다. 레이서는 세계 챔피언을 두 번이나 한 파비오 바로네였고, 전차를 모는 기수는 로마 병사 옷으로 분장을 했다. 고대 로마의 시르쿠스 막시무스Circus Maximus에서의 전차 경주를 페라리와 경주마가 재현한 것이다.

최고 속고 324km/h, 거의 600마력인 페라리 458의 V8 엔진은 말 두 마리와는 비교 불가한 에너지를 낸다. 그래서 평형을 맞추기 위해 몇 개의 룰을 정했다. 전차가 반 바퀴 먼저 출발하고, 페라리는 바깥 라인을 돌며 커브에서 '트랙션 컨트롤Traction Control(가속 시 바퀴의 미끄러짐을 방지하는 장치)'을 사용할 수 없으며, 브레이크 잡기 힘든 모래 위를 달리는 등등이다. 결국 페라리가 승리했고, 말 두 마리가 끄는 전차와 나란히 선 페라리는 타임머신을 타고 로마로 간 듯 매혹적이었다. 영상을 보며, 이탈리아가 아니면 세계 어느 곳에서 이런 장면을 연출할 수 있을까 싶었다.

언젠가는 여행 중 시칠리아의 팔레르모에서 페라리 클럽Ferrari Club의 빨간 스포츠카 수십 대가 줄지어 달리는 모습을 본 적이 있다. 마침 페라리의 본고장인 북부의 모데나Modena를 다녀온 길인데 남쪽 끝에서 페라리 부대를 만나니 무척 반가웠다. 이탈리아 남성들답게 열린 창으로 손을 흔들며 "벨라 세뇨라!"를 외치며 지나가는 모습을 보니, '페라리가 다른 나라에서는 부의 과시지만 이탈리아에서는 스포츠구나' 하는 느낌이 들었다. 떼거리로 지나가는 걸 보니 부富에 대한 부러움 보다는 예술품 앞에서의 벅찬 감동이 느껴졌던 것이다. 슈퍼카는 산업혁명의 결과물이 아니라, 수천 년 쌓인 감각의 구현이며 공학과 예술이 어우러진 다빈치의 DNA임을 말이다.

'레오나르도 다빈치(1452-1519)는 공학자인가 예술가인가?' 라는 질문에 답을 해야 할 경우에 내 머릿속에서는 페라리가 떠오른다. 다빈치는 르네상스 최고의 화가로 존경받지만, 사실 생전에 완성한 작품은 20여 점 남짓하고 그것도 진품으로 치는 것은 15점밖에 되지 않는다. 그 시대에 67세면 일찍 세상을 뜬 것도 아닌데, 그러고 보면 그림을 거의 안 그린 거다. 생각이 많아 작업 속도가 느렸고, 대부분 시간을 공학적인 작업과 연구에 투자했기 때문이다.

수많은 연구 중에서도, 자동으로 움직일 수 있는 수레바퀴와 새의 날개에 영혼을 빼앗겼다. 그가 남긴 기록노트Codex에는 여러 개의 자동 기계 설계도가 수록되어 있어, 유럽에 가면 그 설계도대로 만든 모형들이 전시된 것을 심심치 않게 만날 수 있다.

마차나 내연기관이 발명되기 전인 15세기에, 사람이나 동물의 힘을 빌리지 않고 자동 추진되는 기계는 획기적이었지만 실험으로 끝나고 말았다. 시대와 사회가 필요로 해야 실용화되기 때문이다. 자동차란 산업사회의 필수품일 뿐, 시간은 느리게 흐르고 모든 것이 자연과 어우러지던 중세는 마차만으로 충분했을 것이다. 하지만 이탈리아 르네상스에서 탄력을 받은 자동 추진 장치는 계속 진화했고, 20세기에 이르러 미국의 포드사가 T 모델을 개발할 때 다빈치 자동차의 설계도를 참고하여 제작했다고 한다.

이탈리아는 북 · 서유럽보다 경제적으로 뒤지지만, 슈퍼카Supercar 분

람보르기니와 페라리
(출처 | KARENINE, Magazine Luxe)

야에서는 여전히 독일을 제치고 부동의 1위를 차지하고 있다. 페라리, 람보르기니Lamborghini, 알파 로메오Alfa Romeo, 마세라티Maserati, 부가티Bugatti 등 이름만 들어도 황홀해지는 슈퍼카들은 단기간에 기계공학 실험실에서 만들어낼 수 있는 류가 아니다. 오래된 유적과 자연의 곡선, 인문과 예술적 감성의 바탕 위에 이룩된 미적 감수성의 정수인 것이다.

이탈리아에서 슈퍼카를 상징하는 도시를 꼽으라면 단연 중부 에밀리아 로마냐의 작은 도시 모데나를 꼽는다. 음식을 명품으로 끌어올린 모데나의 발사미코Balsamico, 프로슈토Prosuitto, 파르미지아노 레지아노Parmigiano Reggiano 치즈의 본고장이자, 오페라의 제왕 루치아노 파바로티의 고향이기도 하다. 여기에 더욱 전설적인 것은 이 작은 도시가 보유한 자동차 산업이다. 페라리의 창업자 엔초 페라리Enzo Ferrari(1898–1988)가 이곳에서 태어났고, 람보르기니의 창업자 페루치오 람보르기니Ferruccio Lamborghini(1916-1993)도 모데나에서 30㎞ 정도 떨어진 르나초 디 첸토Renazzo di Cento에서 태어났다.

엔초 페라리의 아버지는 기계용 철근 공방의 책임자였는데, 철과 기계의 성격에 대해 해박해 자동차 수리점을 병행해서 운영했다. 모데나 기술학교에서 기계의 기초를 공부하던 엔초는 아버지의 수리점에서 실습하며 자동차에 관해 속속들이 알게 되었다. 아버지가 1916년에 결핵으로 세상을 떠나자 엔초는 학교를 그만두고 직업전선으로 뛰어든다. 견인차 정비부터 상품 배달차, 군용 폐차 재활용 회사 등을 전전하다가, 1919년부터 알파 로메오의 카레이서로 뛰며 명성을 날린다. 카레이서로서의 열정에 불탄 그는 급기야 1929년부터는 '스쿠데리아 페라리Scuderia Ferrari'라는 팀을 창단해 경기에 출전한다. 1947년 페라리는 모데나 근교의 마라넬로Maranello에 공장을 지어 자동차를 만들기 시작하는데, 목적은 자신의 경기팀인 스쿠데리아 페라리를 지원하기 위해서였다. 자동차의 역사에 한 획을 그은 페라리는 이렇게 시작했다.

스쿠데리아Scuderia가 마구간을 뜻하듯 페라리의 상징은 '뒷발로 서 있는 흑마Cavallino Rampante'다. 이는 이탈리아 공군의 영웅 프란체스코 바라카Francesco Baracca가 자신의 비행기에 달고 다니던 엠블럼이었는데, 어머니인 바라카 백작부인이 페라리에게 헌사한 것이다.

1차 세계대전에서 혁혁한 공을 세워 신화가 된 프란체스코 바라카는

1918년 전투에서 승리한 후 전사했다. 그가 흑마를 상징으로 삼은 데에는 여러 이야기가 있는데, 격추한 독일 군용기에서 떼어왔다는 설이 유력하다. 서 있는 흑마는 전사한 독일 조종사의 고향인 슈투트가르트의 상징이었기 때문이다. 그래서, 독일 슈투트가르트에 본사를 두고 있는 포르셰도 흑마가 그려진 이 도시의 문장을 로고로 쓰고 있다. 페라리는 흑마의 바탕에 모데나 시의 상징인 노란색을 깔았다.

페라리의 주된 색이 빨강인 것은 초기의 F1 그랑프리에서는 국가마다 상징색이 있어 이탈리아는 빨간색, 독일은 흰색, 프랑스는 파란색, 영국은 초록색 등으로 도색했는데 이때의 전통이 지금까지 이어진 것이다. 현재는 국가 상징색의 의미가 사라졌지만, 페라리는 여전히 경주용 모델에는 빨간색을 고수하고 있다.

하지만 고가의 스포츠카와 한정 판매만을 고집하다 보니 경영에 어려움이 많아 1969년에 지분의 50%를 피아트에 팔았고, 엔초가 죽은 뒤에는 남은 지분 중 40%를 또 넘겨, 현재는 10%만 엔초의 아들인 피에로 페라리 소유다. 현재 이탈리아의 슈퍼카 시장은 거대 기업인 피아트가 쥐고 있다.

슈퍼카 중 페라리와 막상막하인 람보르기니는 모데나 근교에서 태어난 트랙터 재벌 페루치오 람보르기니 Ferruccio Lamborghini(1916-1993)가 창립했다. 유복한 농부의 아들인 페루치오는 볼로냐 근처의 기술대학에서 공학을 전공한다. 기계에 관심이 많던 그는 2차 세계대전에서 공군 엔지니어로 전역한 후 스포츠카 레이서를 꿈꾸었지만, 사고가 난 후 고향으로 돌아와 자동차 정비 사업을 시작한다. 그런데 전쟁 후 군용 트럭들이 여기저기 어마어마하게 버려진 것을 보고, 이를 개조해 농기구 트랙터를 만들기 시작한다. 전쟁으로 초토화되어 복구가 한창이던 이탈리아에서 이 사업은 엄청난 성공을 거두었고, 이후 분야를 넓히며 굴지의 기업으로 성장한다. 사업이 크게 성공해 자본이 마련되자 그는 '아름답고 완벽한 자동차'를 향한 꿈, 페라리와 마세라티를 능가하는 슈퍼카 제조를 향해 달려간다.

페라리와 람보르기니가 앙숙이었던 것은 유명한 일화다. 둘 다 자동차를 뼛속까지 알고 있었고, 열정이 넘치는데다 카레이서의 경험이 있었던 경력도 비슷하다. 게다가 같은 분야에서 최고의 위치를 다투며 손바닥만 한 고장에 살고 있었던 거다.

18살이 어린 람보르기니가 페라리를 추월하는 것을 평생의 목표로 삼았던 것은, 마치 17살 연하의 미켈란젤로(1475-1564)가 레오나르도 다빈치(1452-1519)를 능가하려고 경쟁심을 불태웠던 것과도 같다. 미켈란젤로와 다빈치도 피렌체 근처에서 태어나 피렌체에서 활동했고, 서로 의식하고 약 올리며 피렌체 시청의 양면에 벽화를 그리는 경쟁이 붙기도 했다. 벽화는 미완성으로 끝났지만 희대의 천재들 사이에 일어난 유치한 일화가 작품 감상하는 재미를 더한다.

카레이서를 꿈꾸던 페루치오는 원래 페라리의 고객이었다. 박력이 넘쳐 과격하게 운전하는데다, 만족을 모르는 완벽주의자인 그는 페라리 모델마다 만족하지 못하고 경미한 결함을 발견하곤 했다. 이렇게 해서 소유한 페라리가 4대였다. 그러던 1960년 어느 날, 페라리 250GT의 클러치가 마음에 걸리던 중 고장이 나고 말았다. 페루치오는 마라넬로의 페라리 공장으로 차를 몰고 가 엔초 페라리와의 면담을 요청한다. 언제나 100%의 완벽을 요구하는 거장 페라리에게 공장 사람들은 물론이고 그 누구도 감히 비난한 적이 없었다. 그래서 사교적 수완이라고는 없는 페라리가 페루치오의 불평에 건조하게 대답했다. "자네는 트랙터 제조에는 재능이 있는데, 페라리 모는 데는 재주가 없나 보군. 각자 천직이 있는 법이지". 격노해서 전속력으로 집에 돌아온 페루치오는 가족회의를 소집했고, 스포츠카를 만들겠다고 선언한다. 이때부터 그의 나머지 일생은 페라리를 능가하는 것이 목표가 되었다.

엔초 페라리의 사업이 번창하고 있던 1963년, 람보르기니는 마라넬로에서 멀지 않은 산타 아가타Santa'Agata에 '람보르기니 자동차Automobili Lamborghini'를 설립한다. 온 재산을 단번에 털어 넣어 유럽에서 제일 근사한 공장을 짓고는 페라리와 마세라티에 있던 젊은 엔지니어들을 영입했다. 당연히 페라리를 능가하기 위해서였다. 로고는 자신의 별자리인 황소Taureau를 택했고, 이후에 오는 미우라Miura, 이즈레오Islero 등의 모델명도 모두 투우용 황소의 품종이다. 그의 야망은 페라리보다 나은 V12로 더 고성능의, 더 아름다운 자동차를 만드는 것이었다. 도색도 이탈리아의 색에 집착한 페라리와는 달리 주황, 노랑, 초록, 검정으로 컬러풀하다.

이후 엔초 페라리는 페루치오 람보르기니에 관해 단 한마디도 언급하지 않았지만, 1988년 페라리가 죽기 전까지 경쟁은 소리 없이 지속되었다. 람보르기니도 여러 부침을 거쳐 미국의 크라이슬러에 팔렸다가 1998년부터 아우디의 소유가 되었다. 그리고 두 사람 모두 이 세상을 뜬 이후에도 두 브랜드의 전쟁은 계속된다.

페라리나 람보르기니가 꿈의 슈퍼카로 떠 오를 수 있었던 것은 창업자들이 자동차 정비에서 부품, 조종까지 모든 것을 경험한 장인이었기 때문이다. 분업 공정을 통해 컨베이어 벨트가 돌며 조립하는 일반 자동차들과 달리, 슈퍼카는 대부분의 공정을 몇 개월에 걸쳐 손으로 조립한다. 내부는 시트의 디자인이나 색, 스티치 등을 고객이 원하는 대로 선택할 수 있어, 손바느질로 만드는 오트쿠튀르(고급 맞춤복)의 수트나, 에르메스의 핸드백처럼 고객의 취향을 그대로 살린다. 게다가 주문과 함께 제작에 들어가다 보니 돈을 지불하고도 꽤 오랜 시간 기다려야 한다. 인간의 욕망을 한없이 자극하는 이런 이유로 명품을 넘어 눈을 호사시키는 예술품으로 자리매김하고 있는 것이다.

남성 수트의 예술
: 비스포크

Bespoke; Su Misura; Sur Mesure
바늘과 실 그리고 골무와 가위만 있으면 된다.
- 빈센조 아톨리니

비스포크Bespoke는 영어 '서로 이야기하다(Be Spoken)'가 '예약하다, 맞춘다'는 의미인 Bespeak의 형용사화 된 단어다. 여성복의 오트쿠튀르Haute-Couture와 같은 의미로 남성복에 주로 쓰인다. 이탈리아어로는 수미주라Su Misura, 프랑스어로는 쉬르 므쥐르Sur Mesure라고 한다.

비스포크의 본고장 영국은 자연조건이 좋은 나라가 아니다 보니 틈만 나면 섬 밖으로 세력을 뻗쳤고, 이를 위해 막강한 해군력을 키웠다. 급기야 해상무역의 일인자가 되었고, 해가 지지 않는 영국을 건설할 수 있었다.

19세기 영국에서 산업혁명이 시작된 것은 우연이 아니었다. 필요는 발명의 어머니라 하듯, 농업이 발달하기 어려운 기후이다 보니 기술 발전에 주력했기 때문이다. 스코틀랜드나 아일랜드에서 양모가 많이 생산되었으므로, 처음에는 모직산업을 육성하기 위해 기술혁명이 시작되었다. 이어서 신대륙으로부터 엄청난 양의 면화가 수입되면서 이를 가공하는 면직공업으로 이어졌고, 가볍고 저렴한 면직물의 수요가 폭발하면서 직조기, 방적기 등의 발명으로 대량생산 체제를 구축한 것이다. 대단위 공장제는 대자본가를 등장시켰고, 이들은 상인 길드의 독점적 지위를 와해시키고 장인을 기술직 노동자로 고용했다. 1851년 런던의 제1회 세계만국박람회는 전 세계의 경제 패러다임을 바꾸는 시작이었다. 산업의 발달은 의생활에도 많은 변화를 가져왔다. 거추장스러운 왕정 시대의 의상은 바쁜 산업사회에 어울리지 않았다.

오늘날 전 세계의 남성들이 입고 있는 수트의 원형은 19세기 초 영국에서 탄생했다. 영국 댄디즘의 시초인 조지 브러멀George Bryan Brummell(1778-1840)이 입기 시작해 유행되었다. 그는 귀족 출신은 아니었지만, 워낙 옷을 잘 입고 유행을 선도해서 런던 사교계에서 프랑스어로 '멋쟁이 브러멀'이라는 별명으로 불렸다. 아직 모두가 궁정시절의 반바지에 긴 양말을 신고 치렁치렁한 상의를 입고 있을 때, 긴 바지에 조끼, 짧은 상의를 입고 사교계에 나타나 눈길을 끌었고, 점차 유행으로 번지게 되었다.

그가 시작한 남성만의 젠틀맨 클럽이 런던에서 성행하며 수트는 폭발적인 인기를 얻는다. 은행가, 법률가 등 성공한 부르주아들은 멋지게 차려입고 신사도를 자랑하는 것이 하나의 문화가 되었다. 그래서 정통 영국식 수트British Traditional Suit는 신사의 상징이다.

런던의 세빌로Savile Row는 왕실의 예복이나 군복을 만들어 납품하던 재단사 등의 장인들이 모여있던 지역이다. 왕족이 입는 옷은 가장 눈에 띄는 상징이었고, 시대의 유행을 주도했다. 그래서 로열 워런트Royal Warrant를 받은 양복점이 다수 있다. 로열 워런트란 12세기부터 중세의 수공업자들이 왕가에 물건을 납품하던 허가제도를 말한다.

로열 워런트를 받은 제품은 왕가에서 사용하는 제품이니 품질과 명예는 보증된다. 게다가 왕가의 취향이다 보니 유행을 타지 않고 품위가 있으며, 세월이 가도 변함없는 제품이라는 이미지가 강하다. 여왕과 에든버러 공, 그리고 웨일스 왕자인 왕세자가 각각 자신이 최소 5년간 거래해본 업체에 수여하는데, 세 명 모두에게 승인을 받는 것은 업체로서 아주 큰 영광이다. 식품에서부터 패션, 자동차, 도자기 등 모든 분야에 적용된다. 과거에는 영국뿐 아니라 다른 나라의 왕실에 납품하는 것 또한 큰 영광으로 여겼다.

그중에서도 비스포크Bespoke의 중심부인 세빌로는 왕가에서 특별한 위치를 차지했다. 의전이건 일상이건 연예인 이상으로 눈에 띄고 대중의 관심을 끄는 것이 '의상'이기 때문이다. 또한 치수를 재고 가봉을 하니 다른 직종보다 직접적이고 가까운 관계를 맺을 수밖에 없다. 그래서 이곳의 재단사들은 고객에 관해 절대 입에 올리지 않는 것이 철칙이다. 왕가의 납품업체에 주는 로열 워런트의 휘장도 신중하게 모셔놓고, 파파라치들의 회유에도 절대 넘어가는 법이 없다.

세월이 흘러 왕족들이 예복이나 군복 대신 수트를 입게 되자 재단사들은 수트 제작 기술을 익히게 되었다. 현대에는 복잡하고 무거운 수트보다는 가벼운 캐주얼을 즐기게 되면서 이 거리도 많이 퇴색해 폐업하는 곳도 있지만, 그래도 여전히 전통을 지키는 양복점들이 있다. 이들은 왕정이 지속하는 한 세빌로도 지속할 것이라 믿는다.

세빌로는 명품 쇼핑가인 메이페어Mayfair 지역의 리젠트 스트리트Regent Street와 본드 스트리트Bond Street 사이에 있는 작은 거리이지만 세상을 이끈 거물들은 모두 이 거리를 드나들었다. 1969년 비틀스가 예고도 없이 마지막 게릴라 공연을 한 곳도 이 거리의 한 건물 옥상이었다. 1번지부터 모든 양복점이 하나하나 역사와 명성을 지닌 곳이지만 그 사이사이에 로열 워런트의 유서 깊은 양복점들이 있다.

1번지의 깁스 앤 호크스Gieves & Hawkes는 주소 때문에 더욱 유명하다. 1785년에 설립된 깁스와 1771년에 세워진 호크스가 19세기에 합병되어 만들어진 양복점이다. 세빌로에서 처음으로 기성복을 선보인 곳이기도 하다. 현재 여왕과 에든버러 공작, 웨일스 왕자 셋 모두가 로열 워런트를 수여했고, 윌리엄과 해리 왕자가 수트를 맞추기도 했다.

11번지의 헌츠만 앤 손Huntsman & Son은 1849년에 헨리 헌츠만이 문을 열었다. 1865년 웨일스 왕자로부터 로열 워런트를 지정받고, 영화 〈킹스맨〉의 배경이 되었다. 게다가 수트의 시작 가격이 이 거리에서 가장 비싼 것으로도 유명하다.

1806년부터 온 가족이 뛰는 사업으로 양복점을 시작한 15번지의 헨리 풀Henry Poole & Co은 세빌로의 창시자로 불린다. 원래는 군복이 전문이었는데, 웨일스 왕자를 위해 현재는 턱시도로 알려진 짧은 이브닝 재킷을 제작하면서 유명하게 되었다. 고객 중에 그 유명한 처칠 수상이 있었고, 1858년 나폴레옹 2세와 1976년 엘리자베스 2세로부터 로열 워런트를 부여받았다.

16번지의 노튼 앤 선즈Norton & Sons는 1821년에 설립되었고 독일 황제 빌헬름 1세로부터 로열 워런트를 받는 영광을 누렸다. 현재는 오스트리아, 벨기에, 덴마크, 이탈리아, 스페인 왕실과 미국 대통령 등의 의상을 담당한다.

이 외에도 로열 워런트에 지정되지는 않았지만 현대적인 감각과 영국 전통의 미학을 혼합한 수트를 선보여 캐리 그랜트 등의 셀러브리티들에게 인기 있는 양복점인 8번지의 킬고어Kilgour와 톰 포드가 '세계 최고의 테일러'라고 격찬한 앤더슨 앤 셰퍼드Anderson & Sheppard 등도 빼놓을 수 없다. 현재는 올드 버링턴Old Burlington가로 이사를 했고, 알렉산더 맥

퀸이 수습생 생활을 해서 더욱 유명하다.

영국식 수트는 군복에서 착안하였다. 목에서부터 단추를 세 개 떼어내고 양쪽으로 젖혀 지금의 라펠lapel(양복 깃)이 된 것이다. 그래서 전통 영국식 수트는 조각처럼 각지고 격식이 있는 군복의 흔적이 남아있다. 어깨에 패드를 넣어 위엄을 주고, 허리는 타이트하게 조이면서, 소매는 좁고 짧아 와이셔츠 끝이 조금 보이는 형태로 단단한 조형미가 돋보인다. 처음에는 모든 공정을 수작업 하는 고가의 비스포크로 상류층의 전유물이었지만, 미국의 브룩스 브러더스Brooks Brothers에서 좀 더 편하고 실용적으로 기성복을 만들면서 수트가 대중화되었다. 그래서 미국식 수트는 품이 넉넉해 스타일은 덜 나지만 활동에 편한 것이 특징이다.

프랑스와 미국의 사교계를 통해 전 세계로 퍼진 영국산 수트와 양대 산맥을 이루는 명품이 이탈리아, 그 중에서도 나폴리 장인들이 만든 수제 수트다. 가난한 나폴리는 집마다 수공업으로 먹고 살았고, 시간이 가며 그 손재주로 명성을 얻게 되었다. -살바토레 페라가모도 나폴리의 가난한 구두공이었다- 게다가 북부의 피렌체나 밀라노보다 인건비가 싸다 보니 수트나 셔츠, 구두뿐 아니라 장신구 일체를 수작업으로 할 수 있는 것도 장점이었다. 그래서 21세기가 된 오늘날 우아하며 입기 편한 남성 수트의 대명사는 나폴리 스타일이다.

아름다운 바다와 로마 시대의 유적들, 게다가 해산물 요리가 풍부한 나폴리는 고대부터 귀족들이 서너 달씩 휴가를 즐기다 가는 도시였다. 근대까지도 귀족 자제들은 피렌체와 로마에서 역사를 견학하고 나폴리에서 휴식을 취하는 것을 교양인이 되는 필수 코스로 여겼다. 20세기가 되자 미국과 온 유럽의 상류층이 지중해의 '돌체 비타Dolce Vita(아름다운 삶)'를 즐기러 모여들었다. 상류층의 구미를 끌 섬세한 수공예가 발달하게 된 것은 당연하다.

나폴리 사교계에서 신사들은 세빌로에서 맞추어 입고 온 수트로 멋을 뽐냈다. 그런데, 그 비싼 영국식 수트가 문제였다. 각을 딱 잡아 옷 속에 사람을 가두어 놓는 이 수트는 멋있지만 지중해의 뜨거운 햇빛 아래 입기에는 답답하고 더웠다. 게다가 낭만적 휴식과는 어울리지 않고 겉돌았다.

당대의 유명한 재단사이던 빈센초 아톨리니VIncenzo Attolini와 젠나로 루비나치Gennaro Rubinacci는 개성과 라인을 최대한 살리면서도 편안한 수트를 만들기로 했다. 이것이 지금도 나폴리 수트를 유명하게 만드는 입체 재단법이다. 우선 영국식 복장의 외견은 그대로 유지한 채, 수트 안에 덧대는 심지나 패드를 모두 제거해 권위를 쫙 빼버렸다. 그리고는 작업판에 옷감을 펼쳐놓고 재단하는 것이 아니라, 세워놓고 인체의 굴곡을 따라가며 재단한 것이다. 이렇게 하면 옷이 몸을 구속하지 않고 한 몸이 되어 따라 움직인다. 여기에 지중해빛 컬러와 최고급 소재로 자연스러운 휴양지 수트를 완성했다. 나폴리 수트의 조화로운 무브먼트인 '논 메 라 센테 아 도소Non me la Sente a Dosso'가 완성된 것이다. '등에서 느끼지 못한다'는 뜻이다. 등에서 잡아당기지 않고 팔놀림에 따라 옷이 함께 움직여 내 피부 같다는 나폴리식 표현이다.

이탈리아어로 재단사는 '사르토Sarto', 양복점은 '사르토리아Sartoria'라 하는데, 최초의 사르토리아는 1800년대 살바토레 모르치에로Salvatore Morziello라는 사람이 열었다. 그전에는 재단사가 직접 방문해 치수를 재어서 옷을 만들어다 주는 형식이었는데 모르치에로는 고객이 직접 와서 옷을 맞추도록 한 것이다. 이 새로운 형식은 곧 귀족과 부르주아 사이에 인기를 얻었다. 이 숍에서 일하던 직공이 바로 최고의 손바느질 기술을 자랑하던 빈센초 아톨리니와 디자인과 스타일링을 담당하던 젠나로 루비나치였다. 전성기를 구가하던 이 상점이 1차 세계대전의 혼란 속에 문을 닫게 되자, 빈센초와 젠나로는 동업해서 '런던 하우스'라는 양복점을 열게 된다. 수트의 본산지이던 런던을 나폴리로 가져온 것이다. 런던이라는 전통에 젠나로의 디자인, 그리고 아톨리니라는 장인의 만남은 오늘날까지도 전 세계의 최고 남성복 라인은 바로 '나폴리 스타일'이라는 전설을 만들어 낸다.

전 과정이 핸드메이드로, 한 사람의 고객을 위해 한 땀 한 땀 짓다 보니 모든 양복이 조금씩 다르고, 수트의 깃을 따라 스티치가 모두 보인다. 셔츠의 버튼은 바늘이 나간 구멍으로 계속 들어가는 '닭발' 방식으로 꿰매는데, 나폴리의 유명한 셔츠 명장이던 뤼기 보렐리Luigi Borrelli

할머니의 삯바느질을 물려받은 거라고 한다. 할머니는 눈이 멀어 가면서도 계속 바느질을 해야 했기 때문에 손으로 더듬으며 한 구멍으로 바늘이 나오도록 단추를 달았다고 한다. 체사레 아톨리니Cesare Attolini, 키톤Kiton, 이사이아ISAIA, 브리오니Brioni 등의 기업 규모가 커지고 기계화되어도 최상급 라인은 아직도 '나폴리 쿠튀르Napoli Couture'인 이유가 이런 디테일에 있다.

이탈리아 대통령부터 조지 클루니, 리처드 기어 등의 셀럽이 즐겨 입는다는 나폴리 최고의 키톤은 아직도 100년 전 나폴리의 장인들이 사용했던 공구만을 고집하여 100% 수작업을 한다. 키톤이라는 이름은 고대 그리스인들이 입던 긴 가운인 '키토네Chitone'에서 유래됐다. 원단부터 실, 단추까지 최고급의 재료만을 쓰니 옷을 입지 않은 듯 가볍다는데, 양복 한 벌 완성에 4천 개 이상의 손바느질 땀이 들어간다고 한다. 비쌀 수밖에 없다.

키톤의 가장 비싼 라인은 1년을 기다려야 하며 그마저도 가격이 정해진 것이 아니라 시가나 공정에 따라 변한다고 한다. 생산량이 정해져 있어 마케팅은 하지도 않는데 전 세계의 상류층이 찾아온다. 이런 전통을 가진 나폴리다 보니 상류사회의 멋쟁이들은 '키톤의 수트에 보렐리 셔츠, 7번 접어서 만드는 세테피에게 실크 타이와 장인이 만든 수제화' 정도는 장착해 주어야 '멋있네요'라는 소리를 듣는다.

시간을 지배하다
: 파텍필립

당신은 파텍필립을 소유한 것이 아니라
다음 세대를 위해 잠시 맡아두고 있을 뿐입니다.
-파텍필립

동물은 시간의 흐름을 모른다. 다만 후각이나 시각을 통해 사물을 기억할 뿐이다. 하지만 인간은 사건과 인물, 환경 등의 관계 설정을 통해 기억하고, 시간의 흐름을 만들어낸다. 어찌 보면 시간이란 이 지구에서만, 그중에서도 인간에게만 의미가 있는 것이다. 우리가 외계인을 만나지 못하는 이유는 시간과 공간이라는 개념이 없는 존재를 이 개념 하에 파악하려 하기 때문일 수도 있다.

"하느님, 저는 정말 시간이 무엇인지 모르겠습니다"라던 중세 교부철학의 대가 성 아우구스티누스의 고뇌를 이해할 수 있을 것 같다.

시간을 현재처럼 분, 초 단위로 구분한 것은 언제부터 였을까? 고대에도 탄생과 성장, 삶, 죽음 등 시간의 흐름이라는 개념은 있었지만, 시간을 분, 초 단위로 쪼개어 살기 시작한 것은 긴 인류의 역사에 비해 불과 몇백 년 되지 않는다. 도시가 발달하고 사회가 복잡해지자 권력자가 알려주는 시간만으로는 상업이나 무역 활동이 불가능했던 것이다. 배가 출항을 하고, 물건을 내리는 등의 활동들에 정확한 시간은 필수였다.

르네상스 시대 중국이나 아라비아의 기술이 유럽으로 전파되고, 시계 기술이 시작된 것은 14세기 말이었다. 처음 발명된 기계 시계에는 단 하나의 시계침이 있었고, 그나마 정확하지도 않았다. 그것도 엄청나게 거대해 주요 도시의 광장에 하나 설치하면 온 나라의 자랑거리였다. 이어서 광장마다 시계가 설치되고, 규모도 점점 작아지며 귀족들은 가정용 벽시계를 소유할 수 있게 되었다.

1583년 피사 대학에 재학중이던 갈릴레이는 어느 날 대성당의 긴 줄에 매달린 램프 등이 일정한 주기로 흔들리는 것을 보고는, 이 원리를 시계에 적용하여 시간을 조절할 수 있다는 의견을 제시했다. 그러나 이는 실용화되지 못하고, 그가 죽은 후인 1657년 네덜란드의 천문물리학자인 호이헨스가 진자를 사용하여 시계를 만들었다. 이때부터 시계는 더욱 정밀화, 소형화되기 시작한다.

정밀화되던 시계가 개인 용도가 된 것은 17세기 즈음이다. 시간과 상관없이 빛이 있는 한 일하는 민중과 달리, 놀고먹는 귀족들의 일상은 바빴다. 아침부터 치장을 하고 매시간 단위로 식사와 사냥, 파티, 오페라 등에 가려면 시간이 중요했던 것이다. 이들은 시계 장인들에게 웃돈을 얹어주며 자신만을 위한 정밀한 시계를 가지려 안달이었다.

세계에서 가장 정밀함을 자랑하는 시계는 대부분 스위스 제품이다. 그것도 레만 호수를 둘러싼 쥐라 산맥 계곡의 제네바Genève, 라사뉴La Sagne, 르슈니Le Chenit, 르 브라쉬Le Brassus, 그리고 독일 국경의 샤프하우젠Schaffhausen 등에 유명한 공방이 밀집되어 있다. 이 지역은 프랑스어를 사용하므로 '스위스 로망드Suisse Romande' 지역이라 한다. 프랑스와 국경이 맞닿아 치즈나 와인도 비슷한 종류를 생산하고 정치적 국경과는 별개로 언어와 문화를 공유하는 지역이다. 이곳이 시계의 메카가 된 것은 종교개혁과 그 역사를 함께한다.

종교개혁 이후, 가톨릭이 국교이던 프랑스 왕가는 칼뱅 신교도파인 위그노Huguenots를 탄압했다. 위그노는 이를 피해 칼뱅이 자리잡고 있던 스위스 레만 호수 근처의 산악지역으로 피신했다. 이들 중에는 금, 은, 보석 세공 장인들이 대거 포함되어 있었다. 제네바를 중심으로 스위스 로망드 지역에 자리를 잡은 이들은 가내수공업으로 생활을 이어갔다.

그런데 1541년부터 칼뱅은 청교도정신으로 세워진 '신의 왕국'을 꿈꾸기 시작한다. 신처럼 군림하며 엄격한 공동체생활을 강요하던 그는 사치의 상징인 금과 은, 보석 등의 세공을 금지했다. 1566년에는 가톨릭의 미사에서 중요시 여기던 십자가나 잔에조차 세공을 금지했다.

오직 허락된 것은 정확한 제식을 위한 시계 제작 뿐이었다. 기술은 있지만 먹고 살 길이 막막해진 세공사들이 택한 것이 '시계 제작'이었다. 그런데 이것이 신의 한 수가 되었다! 네덜란드나 독일에서 발전되던 정밀 기술과 보석 세공사들의 만남은 '기술과 예술'이라는 환상의 궁합을 이루었기 때문이다. 모든 기술이 가내수공업으로 분업화되며 제네바 주변은 점점 정밀 시계로 명성을 더해갔다. 이 집에서 톱니를 만들면, 저 집에서는 시계 바늘을 만들고, 건너편 집에서는 시계가 들어갈 몸통을 만드는 식이었다. 여기에 세공사들의 손길을 거치면 시계는 보석을 능가하는 섬세한 명품이 되었다. 때로는 시계 안에 정말 '보석'을 상감해 넣기도 했다. 아이러니하게도, 근면함과 청빈함을 주장한 칼뱅 교도들에 의해 시작된 시계 산업은 지상 최고의 럭셔리가 되었다.

한국에서 잘 알려진 롤렉스, 오메가, 테그호이어도 모두 이곳에서 태어났다. 이들은 까르띠에와 함께 세계 10대 브랜드라 할 만한 최고의 시계지만, 이 위에 경매에서 수백 억에 낙찰되는 명품 위의 명품 세계가 존재한다.

제네바에 옹기종기 모여있는 블랑빵Blancpain, 바쉐론 콘스탄틴Vacheron Constantin, 브레게Breguet, 예거 르꿀트르Jaeger-Lecoultre, 오데마 피게Audemars Piguet가 그들이다. 블랑빵은 한동안 폐업한 적이 있지만 1735년에 설립되어 현재까지 이어진 가장 오래된 브랜드다. 그에 못지 않게 바쉐론 콘스탄틴은 1755년 설립되었고, 뒤를 이은 브레게는 고난도로 밸런스를 맞추며 오차를 수정하는 장치인 투르비용Tourbillon을 처음 개발한 아브라함 루이 브레게가 1801년에 설립했다. 그는 마리 앙투아네트 왕비를 위해 시계를 제작했는데, 1783년에 시작해 무려 44년만인 1827년에 완성했다. 또 1833년 무브먼트Movement 공방에서 시작해 190여 년간 정상을 지키고 있는 예거 르꿀트르, 1875년 설립된 오데마 피게는 혁신적인 럭셔리 스포츠 라인으로 유명하다. 그런데 이 5개의 최고업체 위에 또 하나의 신성이 빛나고 있으니, 바로 파텍필립Patek-Philippe이다. 그래서 흔히 1+5의 브랜드를 6대 명품 시계라 한다.

안토니 파텍Antoni Norbert De Patek(1812-1877)은 폴란드의 몰락한 귀족 가문에서 태어났다. 일찍이 군에 입대해 장교가 되어 국가 최고 훈장까지 받았지만, 정치적인 문제로 프랑스로 망명했다. 스위스로 이주하여 제네바에 정착한 그는 사교계를 드나들며 상류층에 술, 가구, 보석 등의 사치품을 중개하는 사업을 했다. 그러던 중 제네바에 밀집한 시계 공방들로부터 싼값에 무브먼트를 구입해, 케이스와 바젤을 세공사에게 맡겨 가치를 높인 후 비싼 가격에 파는 데에 눈을 뜬다. 1836년 동향인 폴란드 출신의 시계 장인 프란치세크 차베크Franciszek Czapek를 만나며 그의 기술을 바탕으로 1839년 차베크 시계회사 Czapek & Co를 설립한다.

하지만 이 둘의 조합은 불안의 연속이었다. 상류층의 감각을 꿰뚫고 영업하는 파텍은 품질 이상으로 외면을 포장하는 감각이 뛰어났다. 하지만 우직한 장인인 차베크는 정밀성과 품질의 완성도를 가장 우위에 놓았으므로 가고자 하는 길이 달랐다.

그러던 중 1844년 파리 만국박람회에서 파텍은 프랑스의 젊은 엔지니어인 장-아드리앙 필립[Jean-Adrien Philippe]을 만나게 된다. 필립은 시계의 태엽을 감는 크라운을 발명해 특허를 낸 장인이었다. 6년간의 계약이 끝난 차베크는 1845년 필립에게 자신의 지분을 양도하고 떠난다.

차베크 회사[Czapek & Cie]로 독립한 차베크는 실력을 인정받아 프랑스의 나폴레옹 3세에게 시계를 납품하는 로열 워런트를 지정받으며 왕가의 상징인 백합문양을 시계에 넣는다. 이어서 파리의 방돔 광장과 바르샤바에 시계숍을 열 정도로 승승장구했지만, 1869년 그가 세상을 뜨면서 브랜드는 사라지고 만다. 거의 143년 간 사장되어 있던 차베크는 2012년 3명의 기업가가 합자해 브랜드를 인수한 뒤, 크라우드 펀딩을 기획했다. 3년간 디자인과 생산 시스템을 준비한 후 2015년 제네바에서 론칭하여, 명품 시계 역사상 최초로 애호가들이 죽은 브랜드를 살린 역사를 썼다.

파텍과 필립은 1851년 자본가인 빈센티 고스토프스키[Wincenty Gostowski]의 출자를 받아 파텍필립[Patek Philippe & Co]을 설립한다. 설립한 해에 세계에서 가장 뛰어난, 가장 아름다운 시계를 만들겠다는 목표 하에 런던에서 열린 국제박람회에 참가한다.

성공 뒤에는 항상 운명의 여신이 손을 흔들어준 것일까? 이 박람회에서 빅토리아 여왕이 자신과 알버트 왕자를 위해 파텍필립의 시계를 구입한 것이다. 여왕이 시계를 차자, 전 세계의 왕족이 뒤를 이었다. 이집트, 에티오피아, 사우디 아라비아, 덴마크, 포르투갈 등의 왕족이 파텍필립의 고객이 되며 '로열Royal 브랜드'라는 이미지가 각인된 것이다. 물론 지금의 엘리자베스 여왕 일가도 예외가 아니다. 이후 차이코프스키나 바그너 등의 예술가, 아인슈타인 등의 과학자, 미국의 석유왕 록펠러까지 각 분야의 최고는 모두 파텍필립의 고객이 되었다. 1868년에는 헝가리의 코세비크Kocewicz 백작부인을 위해 빅토리아 여왕이 산 시계와 같은 모델을 팔찌로 만들었다. 세계 최초의 손목시계 중 하나가 탄생한 것이다. 현대에는 안젤리나 졸리가 브래드 피트에게 200만 파운드(한화 약 30억 원) 짜리 파텍필립을 선물해 세상을 떠들썩하게 했었다.

파텍이 세상을 뜨자 아들이 회사를 물려받은 후 소유주가 여러 번 바뀌며 침체기를 겪었지만, 1932년 부품을 납품하던 스테른 가문이 회사를 맡아 현재까지 그 전통과 명성을 이어오고 있다. 현재 CEO는 4대째인 티에리 스턴Thierry Stern이다.

파텍의 시계는 모든 공정이 수작업으로, 거의 1300~1500개의 단계를 거친다. 파텍만의 다양한 분야별 기술 특허로 쌓인 노하우는 이 회사의 자산이다. 2009년에는 제네바 인증보다 훨씬 까다로운 파텍필립 자체의 품질 인증을 개발해 모든 제품 공정에 적용하고 있다. 시계 하나를 생산하는 데 만 개 이상의 부품이 들어간다니 그 정밀도는 상상을 초월할 정도다.

파텍필립이 세상에서 가장 비싼 시계라는 명성을 얻은 이유는 콜렉터들이 가장 소유하고 싶어하는 브랜드이기 때문이다. 지상에서 가장 복잡한 손목시계라는 그랜드마스터 차임Grandmaster Chime 한 점이 제네바의 자선 경매에서 3천100만 스위스프랑(약 363억 원)에 낙찰된 기록을 보유하고 있으니 말이다. 이는 2014년의 제네바 소더비 경매에서 낙찰된 파텍필립의 1933년 모델 황금 회중시계의 263억 원을 갱신한 것이다.

그랜드마스터 차임은 30여 가지 이상의 기능과 특허 기술로, 개발에만 7년이 걸리고 7점을 제작하는데 2년이 걸렸다고 한다. 스케치북에 손으로 디자인을 그렸으며 무브먼트에 총 1천580개의 부품이 들어갔다. 다이얼이 360도 회전되며 두 가지 색으로 사용 가능하다고 한다. 7개의 완성품 중 1개는 파텍필립 박물관에 전시되고, 세상에 내놓은 것은 단 6개니 가격은 계속 올라갈 수밖에 없다. 이런 공정으로 파텍필립의 시계는 정밀기계를 넘어 예술품과 동등한 가치를 인정받게 된 것이다.

명품 중에서도 가장 꼭대기에서 군림하는 파텍필립은 돈이 있다고 소유할 수 있는 것이 아니라, 그들이 팔고 싶어야 살 수 있는 귀중품이 되었다. 특히 고가 라인을 구입하기 위해서는 리테일러와 면담을 하고 자신이 소유했던 시계의 이력까지 제출해야 한다니…, 파텍필립의 진가를 훼손하지 않고 소유할 자격이 있는지를 본사에서 심사한 후에 판매를 결정하는 것이다.

그 후에도 손목에 시계를 차기까지는 거의 일 년을 기다려야 한다. 이 까다로운 구매 과정은 더욱 인간을 갈망하게 한다. 시계는 슈퍼카처럼 '시간'과 '속도'를 지배하고 싶어하는 남성의 욕망을 비추는 거울이기 때문이다. 그래서 하늘 위에서 민중을 내려다보는 스위스의 명품 시계들은 여전히 '시간은 권력자의 것'이던 고대의 권력을 행사한다.

알아두면 쓸모 있는
시계의 구성 요소

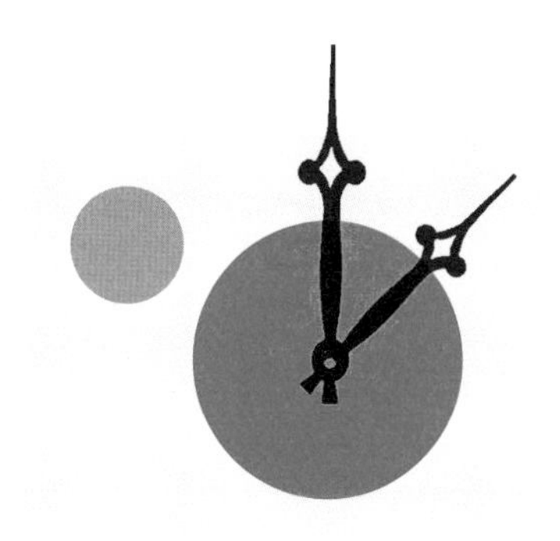

케이스(Case) 기계장치가 들어가는 몸통

케이스 백(Case Back) 불투명한 것은 솔리드 백, 투명한 것은 시스루 백

베젤(Bezel) 케이스의 테두리

다이얼(Dial) 시계의 얼굴, 인덱스, 핸즈 등이 올라간 디자인의 중심

러그(Lug) 케이스와 줄을 연결해 주는 다리

핸즈(Hands) 시, 분, 초침

크라운(Crown) 용두라고도 하며 밥을 주거나 날짜 등을 조절하는 나사

크리스탈(Crystal) 시계의 유리. 운모, 미네랄, 사파이어 등 소재가 다양하다. 스크래치 나지 않는 사파이어가 가장 명품이다.

인덱스(Index) 다이얼 위의 시간을 나타내는 표식

무브먼트(Movement) 부품과 태엽이 결합된 시계 구동 장치, 기계식과 배터리(쿼츠)식이 있음

로터(Roter) 오토메틱에만 있는 장치, 손을 흔들 때마다 태엽을 감아줌

주얼(Jewel) 무브먼트 안의 베어링 같은 완충장치

브래이슬릿(Bracelet) 메탈 시계줄. 가죽은 스트랩(Strap)이라 한다.

엔드피스(Endpiece) 링크(Link)라고도 하며 시계줄과 케이스가 맞닿는 부분

칼리버(Caliber) 구경, 직경

크로노그래프(Chronographe) 시간을 정확히 기록하는 장치. 초시계(Stopwatch)

문페이스(Moonface) 현재 달의 모양을 나타내는 기능. 미학적인 면이 강함

페퍼추얼(Perpetuel) 캘린더. 윤달도 표시 가능

사용할 수 있는 예술품을 만든다 : 에르메스

우리의 첫 번째 고객은 말이고,
두 번째 고객은 말을 탄 사람이다.
- 장 루이 뒤마

에르메스의 창업자 티에리 에르메스Thierry Hermès(1801-1878)는 라인강변의 크레펠트Krefeld에서 태어났다. 아버지는 프랑스인, 어머니는 독일인이었다. 나염 직물로 유명하던 크레펠트는 1815년까지 프랑스 영토였지만, 1816년 보불전쟁으로 독일 영토에 편입되었다. 전쟁으로 부모형제를 모두 잃은 티에리는 고향을 떠나기로 한다. 19살이던 1821년 프랑스 노르망디의 퐁 오드메르Pont Audemer에 정착한 그는 마구 공방의 장인 밑에서 수련하는 수습공이 되었다. 산 하나 없이 푸른 초원이 펼쳐진 노르망디 지역은 대대로 전 유럽 귀족과 부르주아의 말을 키우고 관리하는 것으로 명성을 날리던 지역으로 지금도 경마의 전통을 이어가고 있다. 이곳에서 기술을 연마한 티에리는 훗날 파리에서 공방을 운영하면서도 퐁 오드메르를 자주 드나들었고, 세상을 뜨기 얼마 전에는 이곳에서 칩거하기도 했다.

1837년 파리에 정착한 티에리는 마들렌 성당 근처 올랭피아 콘서트홀 자리에 마구상점을 열었다. 철도가 있었지만 도시 안에서는 주로 말을 사용하던 시대였다. 수도인 파리는 인구가 집중되며 급격하게 대중 마차가 늘었고, 상류층은 승마를 즐기고 개인 마차를 소유했다. 하네스Harness와 목줄, 안장Saddle, 고삐, 발걸이, 채찍, 승마부츠 등 당시에 사용되던 마구 용품도 다양했다. 티에리는 말의 목줄이 완벽하게 맞을 때까지 천 번도 더 매만지는 완고한 장인으로 곧 입소문을 탔다.

1867년 새로운 기회가 찾아왔다. 나폴레옹 3세가 파리에서 만국박람회를 개최한 것이다. 산업혁명이 한창이던 유럽에서 국제 박람회는 수많은 장인이 기술과 상업성을 견주는 일종의 기능올림픽과 같은 자리였다. 에르메스는 이 박람회에서 마구 부문 금메달을 획득했다(같은 해에 젊은 루이비통은 여행 부문 동메달을 획득한다). 러시아의 마지막 황제이던 니콜라이 2세는 티에리에게 자신의 말을 장식할 세공을 주문했다. 상류층 위의 상류층을 고객으로 두기 시작하면서 성공을 향한 문이 열린 것이다.

1878년 티에리가 사망한 뒤, 세상은 바뀌어 말 대신 자동차가 도시를 누비게 되었다. 가업을 승계한 아들 샤를 에밀Charles-Emile Hermes(1831–1916)은 미국의 포드나 독일의 벤츠 등 자동차 산업이 발전하는 것을 보며 마구 용품은 박물관에 전시되는 골동품이 될 것을 예감했다. 이때부터 에르메스의 주 제품은 여행용 제품과 패션 소품으로 변화를 모색하며 자동차용 가죽제품 라인을 론칭한다. 이 당시 그는 말 그림만 전문적으로 그리는 것으로 유명한 낭만주의 화가 알프레드 드 드뢰Alfred De Dreux의 작품 〈4륜 마차와 마부〉라는 그림을 수집하는데, 훗날 에르메스의 상징인 '칼레슈Calèche'의 모티브가 된다.

샤를 에밀의 아들인 에밀 모리스Emile Maurice Hermes(1871–1951)는 미국에서 발명되어 유럽에는 일반화되지 않았던 지퍼Zipper –1913년 미국 시카고에 사는 엔지니어 기디언 선드백Gideon Sundbäck이 최초의 완제품 특허를 냈다– 를 들여와 1923년 지퍼로 열고 닫는 최초의 백인 '볼리드Bolide'를 출시한다. 최초로 가방에 지퍼를 적용한 것이다. 프랑스어로 지퍼가 '번개같이 닫고 연다'는 의미라는 것을 알면 그 시대 사람들에게 지퍼가 얼마나 획기적으로 보였는지 이해할 수 있을 것이다.

에밀 모리스는 가업이 마구 용품이었다는 것에 자부심을 갖고 이를 상징화하는 데 노력했다. 이때부터 에르메스 제품에는 안장이나 마구를 만들 때 겉으로 굵게 박음질하는 새들 스티치Saddle Stitch 기법을 비롯해, 우아한 기마 도구들에서 얻은 영감들로 가득 채워졌다.

에밀 모리스는 아들이 없이 딸만 넷 두었다. 1951년 그가 세상을 뜨

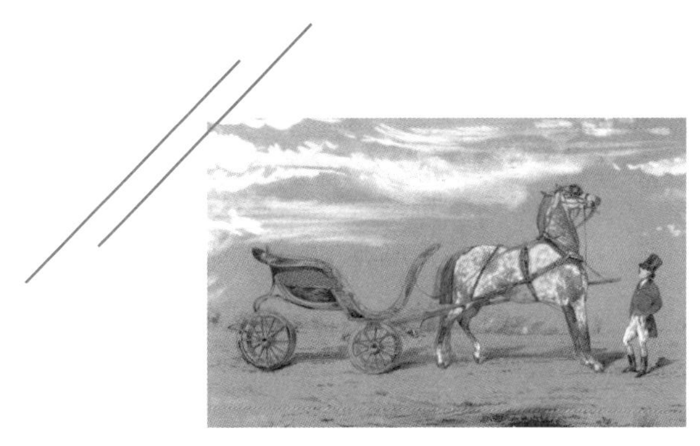

에르메스의 상징인 '칼레슈 Calèche'의 모델이 된
알프레드 드 드뢰 Alfred De Dreux의 〈4륜 마차와 마부〉

자 에르메스의 경영은 사위인 로베르 뒤마Robert Dumas가 맡게 된다. 그는 일찍부터 회사에서 일하며, 장인이 수집한 그림에서 영감을 얻어 실크 원단에 마차와 귀부인의 모티브를 프린트한 정사각형 스카프인 '까레 에르메스Carré Hermes'를 출시하는 등 감각을 발휘했다. 이 정사각형 스카프는 지금도 수많은 예술가와의 협업으로 출시되고 있다. 알프레드 드 드뢰의 그림 속에 있는 4륜 마차와 말, 마부를 오렌지 박스와 함께 에르메스의 엠블럼(상징, 문장)으로 만든 것도 그였다. 최고 경영자가 된 이후에도 그는 배를 고정하는 닻에서 영감을 받은 '셴 당크르Chaine d'Ancre'라는 은팔찌부터 벨트, 실크 블라우스, 장갑, 주얼리 등에 가업의 모티브를 상징화하는 데 더욱 공을 들인다.

에르메스의 엠블럼인 켈리백의 전신은 자동차가 일반화되기 전인 1892년도에 '오 아 꾸루아Haut À Courroies(위에 띠를 둘렀다는 뜻)'라는 이름으로 출시된 모델이다. 원래는 승마용 부츠와 안장을 넣는 직사각형의 큰 가방으로 대히트를 치면서 전 유럽에 에르메스의 이름을 알리는 계기가 되었다. 이후 자동차 시대가 열리자 1930년 크기를 줄여 여성용 오 아 꾸루아 핸드백으로 출시했지만, 그다지 인기를 끌지 못했다. 디자인이 단순한데다, 땅에 놓아도 스크래치가 안 나도록 네 군데에 징을 박았는데 이 때문에 무릎에 올리기도 불편했기 때문이다. 게다가 자물쇠가 달린 장식도 섬세한 느낌을 주지 못했다. 현재 이 시기의 오리지널 디자인은 여행용 가방으로 다양한 모델이 출시되고 있다.

이후 세계적으로 켈리백이 알려지게 된 계기는 모나코의 왕비이자 여배우였던 그레이스 켈리가 1956년 〈라이프〉지에 에르메스의 큼지막한 '오 아 꾸루아' 핸드백으로 임신한 배를 가린 사진이 대서특필된 때문이다. 그녀는 같은 모델로 검정, 갈색, 연갈색, 빨강, 짙은 초록색의 6개를 주문했다고 한다. 드라마틱한 반전이었다. 할리우드 여배우에서 일국의 왕비가 된 신데렐라의 사진은 각종 매스컴에 실려 세계를 한 바퀴 돌았고, 정면에 큼지막하게 들고 있던 핸드백은 없어서 못 팔게 되었다. 정식으로 '켈리백'이라는 이름이 붙여진 건 그로부터 20년 후로, '켈리 50'에서부터 15cm '켈리 미니미니Kelly Mini-Mini'까지 8개의 사이즈에 20여 가지의 최고급 소재를 사용한다. 처음부터 끝까지 파리의 공방에서 완전한 수작업으로 제작하며, 고객의 취향에 따라 소재부터 색상, 장식 하나하나의 디테일까지 200여 가지의 조합으로 만들

수 있다. 덧붙여 보석을 박을 수도 있고 진처럼 가공한 캔버스나 짧게 깎은 밍크털로도 만든다.

또다른 명작, 버킨백은 1981년 파리-런던 간 하늘에서 이루어졌다. 당시 에르메스의 경영을 담당하던 장 루이 뒤마가 런던 행 비행기를 탔는데, 옆자리에 영국 여배우 제인 버킨이 앉았다. 프랑스 가수인 세르주 겐즈부르그와 결혼해 10살 된 딸의 엄마이자, 파리와 런던을 오가는 여배우로 바쁘게 살던 그녀였다. 그러다 보니 가방에 수납하고 다닐 것이 많아, 비행기 안에서 뭘 꺼내다가는 자꾸 바닥에 내용물을 쏟곤 했다. 그녀는 장 루이 뒤마를 보며 말했다. “물건은 많이 들어가는데 가방이 참 불편해요”. 그러자 장 루이는 “제가 많이 들어가면서도 편한 가방을 만들어 드릴게요. 같이 연구해 봅시다”라고 말하며 스케치북을 꺼냈다. 그리고는 그녀에게 이상적인 가방을 그려보라고 한다. 창의력 있고 감각적이던 장 루이는 그녀의 그림에 켈리백이 주는 영감을 더해 크고 유연해서 각종 잡동사니가 다 들어가는 가방을 디자인했다. 뚜껑이 있어 내용물이 쏟아지지 않는, 물건을 많이 넣어도 우아한 가방을 들고 싶은 젊은 엄마들을 위한 백이었다. 켈리백은 의도치 않게 붙여진 이름이지만 버킨은 진정으로 셀러브리티와 함께 작업해 명명된 것이다.

에르메스의 가방을 구입하기 위해서는

돈을 지불하고도 오래 기다려야 한다. 에르메스는 아웃소싱을 전혀 하지 않고 파리 근교의 작업장에서 500여 명의 장인이 스페셜 오더만으로 제작하는데, 분업을 하지 않고 아웃소싱도 없는 것이 철칙이다. 장인 한 사람이 전 공정을 책임지며 일일이 수작업을 하고는 고유번호와 사인을 새겨 넣는다. 그러므로 수선 의뢰가 들어오면 그 가방을 만든 장인에게 가게 된다. 평생의 A/S를 책임지는 가방이라는 에르메스의 자부심이다. 그래서 에르메스는 여전히 전설의 인생 브랜드로, 전 세계 여성의 욕망을 자극한다.

프랑스 전역의 14곳에 2천400명의 장인을 고용하고 있는 에르메스는 숙련공을 양성하기 위해 가죽 학교를 설립해 운영하고 있다. 에르메스에서 일하고자 하는 젊은이는 이곳에서 3년간 가죽의 처리부터 수작업까지 모든 공정을 공부한 후 2년간의 수련과정을 거친다. 중세 장인의 전통이 그대로 살아있는 것이다.

이런 에르메스도 대기업으로 넘어갈 위기를 겪었다. 수십 명의 자손들 사이에서 재산 분쟁을 하던 에르메스는 1993년 기업을 공개하고 전문 경영인에게 회사를 맡긴다. 아무리 불경기가 닥쳐도 매출이 상승하기만 하던 에르메스가 시장에 나오자, 대기업들이 호시탐탐 눈독을 들이기 시작한다. 특히 기업 사냥꾼으로 유명한 LVMH의 회장 베르나르 아르노는 집요하게 에르메스를 넘보며, 주주를 개별적으로 접촉해 야금야금 지분을 늘려 2010년에는 23%까지 획득했다. 이에 정신이 번쩍 든 에르메스는 경영권을 방어하기 위해 거의 60명에 달하는 가족이 나누어 가지고 있던 지분을 모두 합쳐 LVMH의 몫을 8.5%까지 내리는 데 성공한다. 적대적 인수합병에 대항하는 오랜 소송 끝에 패배하고 벌금까지 문 베르나르 아르노는 2017년 에르메스 인수를 포기했다. 현재 에르메스 그룹은 가문의 대주주 52명이 모여 만든 H51이라는 지주회사가 거의 63%의 주식을 소유하고 있다. 게다가 외부 자본을 방어하기 위해 창업주의 직계 10여 명이 경영에 참여해 다양한 시스템을 구축하고 있다.

에르메스는 현대 명품의 흐름과 절대 타협하지 않고, 170년 전 창업자 티에리 에르메스가 만들던 바로 그 품질의 제품을 전략으로 택했다. 파텍필립의 시계처럼 아무나 가질 수 없고, 평생 지니다가 물려줄 수 있는 전통과 영속성이라는 이미지는 그 어떤 광고보다도 강렬하다. 생산량이나 기업의 성장률, 기본 디자인 모두 거의 정체되어 있고 마케팅도 하지 않는데 불구하고 올드한 느낌을 주지 않는 것이다. 그 자체로 명품 위의 명품이라는 이미지 때문이다.

장 루이 뒤마의 아들이자, 현재 에르메스의 아트 디렉터인 피에르 알렉시스 뒤마Pierre Alexis Dumas는 말한다. 에르메스가 만드는 것은 상품이 아니라 '사용할 수 있는 예술품', 즉 '장식예술'이라고.

실용성에 창의력을 더하다
: 루이비통

내가 상상할 수 있는 가장 슬픈 일은
사치가 습관이 되는 것이다.
-찰리 채플린

이미테이션이 난무하는 가운데도, 루이비통이 전 세계 장인정신의 표본으로 상징되는 이유는 뭘까. 마케팅의 힘도 컸지만 무엇보다 창업자 가문의 기氣가 워낙 남달라서가 아니었을까. 모든 장인의 스토리는 감동적이지만, 루이비통처럼 목수에서 이삿짐센터 인부를 거쳐 럭셔리 가방 브랜드, 그것도 창의적인 모노그램 브랜드의 주인공으로 진화한 사례는 찾아보기 쉽지 않다. 한 시대의 장식미술사를 읽는 느낌이랄까.

루이비통Louis Vuitton(1821~1892)은 프랑스 동부의 산골, 쥐라Jura 지방에서 목수의 아들로 태어났다. 루이의 놀이터는 나무를 가공하는 목공소였다. 페라가모가 10살부터 구둣방에서 일했듯, 루이는 요즘 같으면 중학교 다닐 나이인 14살에 성공을 꿈꾸며 파리를 향해 떠난다. 무일푼으로 무작정 떠난 길이었다. 중간중간 거치는 도시에서 일하며 먹고 자고 걸어서 여행한 400여 킬로미터의 여정은 나폴레옹이 알프스를 넘는 것이 이만큼 어려웠을까 싶을 정도다. 1837년 2년여에 걸쳐 파리에 도착한 그는 여행 짐 공방의 수습공이 된다. 이곳에서 17년을 보내며 나무로 골격을 짜는 것부터, 궤짝을 만들고 짐을 꾸리는 것까지 기술을 익힌다.

당시의 상류층은 마차에 짐을 가득 싣고 여행을 다녔다. 치렁치렁한 수십 벌의 드레스와 수트, 액세서리, 구두, 화장품, 소소한 일상용품까지 드레스룸 하나가 통째로 이동했다. 이 중에는 절대로 접어서는 안 되는 것도 있었을테고, 고객의 취향이나 요구에 따라 눕히거나 세워 놓아야 하는 물품도 있었을 것이다. 게다가 말도 안 되게 까다로운 상류층 고객들은 저마다 정리와 수납 방식이 다르다는 것을 경험한 루이는 여행 짐을 다루는 일이 고도의 럭셔리 매니지먼트라는 것을 알았다. 나무 다루는 기술이 좋은 그는 인기가 있었고, 1852년 나폴레옹 3세의 부인인 유제니Eugenie 왕비의 짐을 담당하면서 최고의 상류층 고객을 유치하게 된다.

산업혁명과 함께 교통 혁명이 일어나며 기차나 증기선으로 국제교

류가 활발해지자 루이는 새로운 시대가 오고 있음을 직감한다. 상류층의 장기적인 국제여행을 위해 뭔가 획기적이면서 수준 높은 트렁크를 고안해야 함을 느낀 것이다. 그리고는 자신만의 원칙을 세웠다. '럭셔리할 것, 기능적일 것, 혁신적일 것'. 1854년 그는 드디어 파리 방돔 광장 근처 뇌브 데 카푸신Neuve Des Capucines가 4번지에 자신의 이름인 루이비통 간판을 걸고 '패션용 트렁크' 전문점을 열었다. 현재의 '카푸신Cappucines' 라인은 이 시절을 기념하기 위한 컬렉션이다.

당시의 트렁크는 윗부분이 식빵처럼 둥글게 불룩 솟아있는 모양이었다. 비가 내리면 물이 떨어지도록 고안한 것이지만 이 때문에 운반과 적재가 힘들었다. 루이는 1858년, 트렁크의 위아래를 평평하게 하여 정육면체로 만들었다. 여기에 17, 18세기 대저택의 벽이나 가구에 쓰이던 천인 트리아농 캔버스Trianon Canvas 원단에 풀을 먹여 방수처리를 했다. 이는 획기적이었다. 나무의 무게가 줄어들며 가벼워지고, 오물이나 빗물이 스며들지도 않으면서 화물칸에 쌓기도 편리하게 되었으니 말이다. 이 최초 모델이 '그레이 트리아농 캔버스Gris Trianon Canvas'로 이후 줄무늬 캔버스Toile Rayée 라인도 출시한다. 이 줄무늬는 지금 우리가 잘 알고 있는 다미에 캔버스Damier Canvas의 모티브가 된다. 명성이 높아지며 주문이 밀리니 물량을 댈 수 없을 정도가 되었다.

1859년 루이비통은 파리 근교의 아니에르쉬르센Asnières Sur Seine에 별도의 작업장을 마련한다. 서울로 치면 김포쯤 되겠다. 아니에르는 센 강변의 선착장에 있으면서 최초의 파리 발 철도인 '생 라자르Saint-Nazare–생제르멩 앙 라이예Saint-Germain En Laye' 라인 상에 있어 나무와 캔버스, 제품 등의 저장과 이동에도 용이하고, 자물쇠공, 목수, 마구 장인 등 수십 명의 직원들이 출퇴근하기에도 편리했다. 이곳에 시대의 주류이던 구스타프 에펠의 건축 스타일로 공방을 건축하고, 한쪽에는 가족들이 생활하는 집을 지어 가문의 자손들도 함께 작업하며 기술을 익혔다.

1867년 만국박람회에서 트렁크 부문 동메달을 수상한 후(이때 에르메스는 마구 부문 금메달을 땄다), 루이비통은 매 전시회 마다 발명품과 특허품을 전시했다. 게다가 이는 전시용이 아니라 곧바로 제작해서 부티크에서 팔 수 있는 실용성을 갖추었다. 특허와 상표 등록, 도면 등은 지적재산이지만, 상품화되지 못하는 특허는 무용지물이었기 때문이다. 1889년에는 두더지의 가죽을 사용해 새로운 공정으로 제작한 작품으로 금메달을 수상하였다.

1886년, 작업장에서 기능을 배우던 루이의 아들 조르주 비통Georges Vuitton은 트렁크에 사용하는 특수 자물쇠를 개발했다. 장식적으로도 아름다웠지만, 원본 열쇠가 아니면 절대로 열 수 없는 구조라 큰 인기를 얻었다. 장기간의 여행 동안 안심하고 귀중품을 싣고 다닐 수 있게 되었기 때문이다. 루이비통이 유명해지자 모조품이 많아졌다. 모조품이 극성인 것은 그때나 지금이나 별 다를 것이 없었다. 이에 맞서기 위해 조르주는 1888년 브랜드의 아이덴티티를 증명하는 체크무늬의 '다미에 캔버스Damier Canvas'를 고안했다. 귀족들의 고급 오락이던 체스판이나 궁전의 바닥을 장식하던 대리석 타일의 이미지였다.

1892년 루이비통이 세상을 뜨자 경영권을 물려받은 조르주 비통은 1896년, 루이비통 하면 떠오르는 상징인 '모노그램 캔버스Monogramme Canvas'를 디자인해 아버지에게 헌사한다. 루이비통의 이니셜인 L과 V를 결합하고, 네 잎의 뾰족하고 둥근 꽃무늬를 반복한 이 모노그램은 당시에 유럽인들을 매혹하던 동양에서 영감을 받은 모티브였다. 당시의 유럽은 오리엔트에 이어 일본풍이 휩쓸고 있었다. 훗날 비약적인 경제 성장을 한 일본이 루이비통 최고의 단골이 된 이유가 여기에 있다.

이 모노그램은 지금도 여전한 루이비통의 상징으로, 창업자에 대한 철저한 예우의 표시다. 원단을 재단할 때 꽃은 잘라도 LV의 이니셜은 절대로 자르지 않는 전통도 그 때문이다. 모서리나 끈 등 정말 어쩔 수 없는 경우를 제외하고는 LV를 훼손하며 재단하는 경우는 드물다. 1997년부터 2013년까지 루이비통의 크리에이티브 디렉터를 담당하던 마크 제이콥스Marc Jacobs는 스테판 프루스Stephen Sprouse, 다카시 무라카미Takashi Murakami 등의 아티스트와 협업해 모노그램을 재해석한 새로운 라인을 창조해 루이비통의 이미지를 혁신하기도 했다.

1936년, 조르주 비통의 아들 가스통 비통Gaston Vuitton(1883-1970)이 가업을 이어받았고, 대륙을 오가며 비즈니스 여행을 많이 한 그는 제

위) 루이비통 여행 가방 앞에
포즈를 취한 모델
아래) 초창기 루이비통 공방

품에 대한 안목이 좋았다. 당시 대륙을 횡단하던 열차나 배에서 다양한 스타일의 가방을 생각해 낸 것이다.

하지만 제2차 세계대전 이후, 루이비통은 기존 고객에 연연해 재빠르게 전후 세대의 취향을 반영하지 못하고, 올드한 이미지가 되기 시작한다. 가스통 비통이 사망한 후 회사를 물려받는 딸 오딜Odile은 힘겹게 루이비통을 운영하다가 1977년 남편인 앙리 라카미에Henry Racamier(1912–2003)에게 경영권을 맡긴다. 라카미에는 프랑스 최고의 그랑제꼴Grand Ecole(프랑스의 명문 정치 · 경영대학) HEC 출신으로, 푸조[Peugeot] 자동차를 거쳐 자신의 철강 회사를 운영하는 등 비즈니스 감각이 특출난 인물이었다.

라카미에는 리테일숍을 모두 정리하고 뉴욕과 아시아의 주요 도시에 직영점을 열었다. 새로운 라인을 내놓고 이미지 혁신을 위해 노력했던 이 시도는 성공적이어서, 10년 만에 루이비통은 유럽을 넘어 다국적 기업으로 성장한다.

하지만 루이비통 또한 자본주의적 욕망의 승리자이자 희생양이었다. 1987년, 야망에 찬 앙리 라카미에는 회사를 파리 주식시장에 상장한 후, 샴페인과 코냑 회사인 모에 헤네시[Moët Hennessy]를 합병해 LVMH[Louis Vuitton Moët Et Hennessy]라는 그룹으로 몸집을 키웠다. 프랑스인이라면 영원한 꿈인 샴페인과 꼬냑을 손에 넣은 것이다. 1988년에는 지방시[Givenchy]를 인수했다. 하지만 돈 놓고 돈 먹는 금융 자본주의의 파고는 비껴갈 수 없었다. 결국 1989년 LVMH 그룹은 당시 크리스찬 디올을 인수하며 명품 산업에 맛을 들인 베르나르 아르노[Bernard Arnault]에게 경영권을 빼앗긴다.

이제 이 그룹에 루이비통의 자손은 아무도 경영에 참여하고 있지 않다. 5대손인 파트릭 비통[Patrick Vuitton]이 조상이 살던 아르니에 공방에서 스페셜 오더[Special Order]를 담당했었지만, 2019년 68세로 세상을 떴다. 욕심 없이 직원으로나마 가업을 이어가는 것에 만족한다던 기사를 언젠가 읽은 기억이 나 씁쓸했다. 현재 그의 아들 둘이 루이비통에서 근무 중이라 한다.

루이비통은 현재 프랑스 전역에 13개의 가죽공방을 운영하며 창업자의 장인정신이 담긴 작품을 제작하고 있다. 스페셜 오더Special Order 형식으로 '100% 메이드 인 프랑스Made In France'를 자랑한다. 물론 대중적인 라인은 OEM을 운영하는 것이 공공연한 비밀이지만, 200여 명의 숙련공이 희귀하고 이국적인 가죽으로 된 여행 가방이나 특별한 모델을 주문 제작하는 것이다. 가죽도 화학 처리가 아닌 탄닌을 사용해 무두질하고, 식물성 염료를 사용한다.

이곳에서 루이비통이 1869년 아프리카 식민지를 개척한 피에르 사보르낭 드 브라짜Pierre Savorgnan De Brazza(1852-1905)의 침대 트렁크를 제작한 것은 유명한 일화다. 옷장처럼 의류를 걸어서 수납하고, 펼치면 침대가 되는 트렁크를 제작한 것이다. 남성용 브라짜 장지갑에 그 흔적이 남아있다. 그 이후 유명한 음악가나 스포츠 스타를 위한 악기, 서재의 책장, 보석 상자, 운동기구 케이스, 와인이나 시가 케이스 등을 주문 제작했는데, 디자이너 칼 라거펠트Karl Lagerfeld는 아이패드Ipad용 가방을 주문하기도 했다.

구두가 아닌, 과학을 실현하다 : 페라가모

디자인은 모방해도 편안함은 모방할 수 없다.
- 살바토레 페라가모

나폴리의 허름한 변두리 골목을 지나며 〈시네마 천국〉이 생각났다. 이 영화는 시칠리아의 작은 마을이 배경이지만, 역사적으로 시칠리아와 나폴리는 같은 문화권에 속한 양시칠리아라는 왕국이었다. 시네마 천국의 주인공은 토토라 불리는 어린 소년으로, 본명은 살바토레다. 살바토레는 우리나라의 철수나 동수처럼 유행 지난 이름이지만, 이 영화를 생각할 때면 왠일인지 감동적으로 읽었던 살바토레 페라가모의 전기가 생각난다. 영화에 푹 빠진 까무잡잡하고 자그마한 어린 소년과 구두에 푹 빠진 페라가모의 어린시절이 오버랩 되는 것이다.

살바토레 페라가모Salvatore Ferragamo(1898-1960)는 초등학교 교육도 제대로 받지 못했다. 가난한 살림에 형제자매가 14명이나 되다 보니 어린 나이에 돈을 벌어야 했기 때문이다. 손재주가 많은 그가 어릴 때부터 유독 흥미를 보인 것은 구두 만드는 일이었다.

〈시네마 천국〉의 토토가 영화관을 드나들며 기술을 동경하듯이, 페라가모는 6살 때부터 매일 동네의 허름한 구둣방에 들러 장인이 구두 수선하는 것을 지켜보곤 했다. 이때부터 시작된 그의 인생은 구두가 모든 것이고, 인간의 발에 관한 생각 외엔 없었다. 10살 남짓부터 구두 장인의 밑에서 수습 생활을 시작한 페라가모는 영재 수준으로 발전이 빨랐다. 곧 장인의 실력을 따라잡았고, 어설픈 장인은 페라가모의 수많은 의문에 답을 주지 못했다. 장인이 해결하지 못하는 기술은 페라가모가 처리하다시피 한다.

페라가모는 16살 어린 나이에 형들이 이민 가 있던 미국으로 가기로 결심한다. 가난한 20세기를 맞은 이탈리아에는 아메리칸 드림을 향해 미국으로 떠나는 이들이 많았다. 혈혈단신 무일푼으로 미국 행 배를 탄 살바토레는 바닥에서부터 시작한다.

형들과 함께 캘리포니아 산타모니카에서 구둣방을 연 그에게 어느 날 행운이 찾아 왔다. 가게 옆의 영화 스튜디오에 촬영용 신발을 만들어 납품하게 된 것이다. 당시 촬영용 신발들은 보잘 것 없고 불편하기 짝이 없었다. 배우들의 발 모양을 조사하니 티눈과 굳은살 및 각종 통증으로 고생하고 있고, 정상적인 발을 가진 배우는 1%도 안 된다는 것을 알게 되었다. 그는 오랜 시간 촬영을 하며 서서 일해야 하는 배우들의 발을 어떻게 하면 조금이라도 편하게 해줄까 고민에 고민을 거듭했다.

고객의 발을 편하게 해주겠다는 일념으로 페라가모는 UCLA 야간대학에서 해부학을 공부한다. 이뿐 아니라 가죽을 다루기 위한 화학공학, 정확한 치수를 재기 위한 수학, 여기에 소재 응용법 등 끝없는 탐구로 '구두의 과학'을 실현한다.

그가 야간대학에서 해부학을 듣던 시절의 일화는 유명하다. 서툰 영어로 끊임없이 질문하는 그를 교수가 맘에 들어할 리 없다. 어느 날 교수가 물었다. "자네는 왜 그렇게 발 뼈에 관심이 많은가?" 그가 대답했다. "저는 구두장이라 발에 관심이 많거든요." 교수는 어이없다는 듯이 비아냥거렸다. "이보게, 여기는 대학교 강의실이야. 발 말고 머리를 써야지." 하지만 얼마 후 페라가모가 만든 구두를 한 번 신어본 교수와 학생들은 그의 구두를 신으려고 줄을 서게 된다.

그러던 중 불행한 사고를 겪어 형을 잃고, 자신도 다리 한 쪽이 짧아지는 사고에 부도의 위기까지 몰리지만, 살바토레는 의지를 꺾지 않았다.

본격적으로 할리우드의 시대가 열린 1930년대부터 그의 신발은 영화 제작에서 영감을 받았다. 그레타 가르보, 캐서린 햅번, 마를렌 디트

세계적인 스타 고객들의 발 모형
사이에 있는 살바토레 페라가모

리히, 에바 가드너, 게리 쿠퍼 같은 전설 속의 스타들이 모두 그의 구두를 신었다. 세실 B 데밀 감독은 찰턴 헤스턴과 율 브리너가 주연한 〈십계〉에 출연하는 모든 배우의 신발을 그에게 주문했다. 이 영화에서 그는 새로운 스타일의 여성용 샌들을 창조한다. 발을 다 드러내며 발목을 감아올라 끈을 매는 코트 웨지힐 샌들이었다. 발을 꽁꽁 감싸고 있던 보수적인 시대에 획기적인 발 노출 샌들이었다.

이는 곧 에로틱한 상상력을 불러일으켰고, 편안하고 안락한 착용감으로 입소문을 탔다. 1936년 시판되자 전 세계의 구두제작자들은 페라가모를 모방하는 데 정신이 없었다. 1938년에는 주디 갈란드가 주연한 〈오즈의 마법사〉를 위해 세무 재질의 단화를 창조했다. 그는 다만 사업가가 아니라 자신의 작품에 그 시대의 예술을 접목하는 감각을 발휘한 다다이즘적인 디자이너로 평가받았다. 마릴린 먼로에게는 타조 가죽과 악어 가죽을 사용했으며, 오드리 햅번에게는 완전히 새로운 굽을 달아 '오드리 샌들'을 만들어 주었다. 페라가모의 성공 비결은 끊임없는 공부와 진정한 고객사랑이었다. 고객 각각의 발바닥의 형태에 따라 역학을 고려해 신발을 만들었고, 성공 후에도 직접 손으로 제작하는 것을 가장 행복하게 생각했던 진정한 구두 장인이었다. 게다가 그의 학구열은 소재에 대한 창의력을 무한하게 열어주었다.

구두과학을 실현한 페라가모는 구두 한 켤레를 만드는 데에 280여 가지의 작업 공정을 거쳤다. 하지만 현재 이 모든 공정을 다 거쳐 제작하는 신발은 없다. 그나마 살바토레 페라가모나 마놀로 블라닉이 180개 과정을 거치며, 기본적인 페라가모의 신발은 134개 과정을 거친다.

이 중 특이한 것이 트라메자Tramezza라는 공법이다. 구두의 밑창과 깔창 사이에 늙은 소가죽을 넣어 특수 접착제 처리한 실로 스티칭을 하는 작업이다. 이는 아주 섬세한 수작업으로 조금만 오차가 나도 바깥의 가죽에 접착제가 묻게 되어 실패작이 되므로 다른 업체들은 꺼리는 작업이라고 한다. 그러나 성공하면 방수와 유연성, 그리고 내구성을 동시에 잡는다. 발의 움푹 파인 부분을 '장각'이라고 하는데, 이곳을 받쳐주어 체중을 지탱해주니 발이 편하지 않을 수가 없다. 여기에 밑창과 깔창을 좀 더 높여 쿠션 효과를 주며, 구두의 변형을 막기 위한 과정으로 오븐에서 7일간 구두를 숙성시킨다. 이렇게 만든 구두는 처음 신을 때부터 발이 편한데다 궂은 날씨에도 발이 뽀송뽀송하니 페라가모에 중독될 수밖에 없다.

할리우드에서 성공을 거둔 그는 피렌체로 돌아온다. 아르노 강가에 공방을 만들어 어린 직공들을 가르치며 꿈을 심어주었다. 그리고 메디치나 피티가를 비롯하여 가장 부유한 가문들이 소유하던 르네상스의 아름다운 성 스피니 페로니Spini Feroni 궁을 매입해 매장을 연다.

"꿈은 이루어진다"라는 말은 나폴리의 촌놈이던 그를 두고 한 말이었다. 기성복 라인에, 호텔, 와이너리까지, 토스카나는 그의 땅이 되었고, 그의 왕국은 아직도 이탈리아의 대표적인 가족 경영 기업으로 유지되고 있다.

가죽으로 마음을 훔치다 : 구찌

사람들은 아주 오래도록
가격보다는 품질을 기억한다.
- 구치오 구찌

양계장 철망같이 엇갈린 G자 두 개가 마주 보며 솟아오른다. 구찌GUCCI의 창업자인 전설적인 구치오 구찌Guccio Gucci(1881–1953)의 이니셜이다.

작은 공방에서 시작해 세계적인 명품으로 뛰어오른 브랜드 장인 중 피렌체 토박이는 뭐니 뭐니 해도 구치오다. 구찌 집안은 승마용 가죽용품을 다루는 마구 장인이었다. 하지만 페라가모 가족과는 달리 서로 싸우고 헐뜯어 그리 행복하지 못했다. 시끄러운 집을 나온 구치오는 17살이 되던 해인 1898년, 무작정 런던 행 배를 탄다.

살 길을 찾던 그는 유럽 최고의 호텔로 명성을 날리던 '사보이Savoy'의 주방에서 설거지 아르바이트를 시작한다. 19세기 말, 사보이 호텔은 유럽과 미국의 최상류층 인사들이 드나들던 사교의 명소였다. 당시 서양 요리사에 한 획을 그은 프랑스의 오귀스트 에스코피에가 이곳의 총주방장이었고, 리츠칼튼의 신화를 이룬 호텔왕 세자르 리츠Cesar Ritz(1850-1918)가 이곳의 총지배인이었다. 얼마 후 구치오는 드디어 주방을 벗어나 고객의 짐을 나르는 벨보이가 되는데, 여기서 인생의 전환점을 맞이한다.

마구상 집안에서 자라 누구보다 가죽을 잘 아는 그는 고객의 가방을 들면서 촉감과 디자인을 통해 상류층의 감각을 꿰뚫게 된 것이다. 1904년 런던을 떠나 피렌체에 돌아온 구치오는 가업을 이어 소규모의 승마 제품 마구상을 개업한다. 그는 가죽에 대한 이해도를 높이기 위한 공부를 게을리하지 않았고, 트렌드를 읽는 데도 빨랐다.

세상이 바뀌어 승마가 상류층의 레저에서 벗어나고 자동차나 자전거가 일반화되자, 루이비통처럼 여행용 가방이나 핸드백 등을 만들기 시작한다. 1921년 피렌체에 가죽제품 전문점을 열었고, 이때부터 사업은 승승장구였다. 승마로부터 영감을 받은 장식을 단 다양한 컬렉션은 곧 패션 아이콘이 되고 입소문을 타게 된다.

2차 세계대전 후 원자재 부족으로 가죽 수급이 어려워지자 그는 창

구찌의 창업자, 구치오 구찌

조적인 힘을 발휘해 오히려 전화위복의 기회로 삼는다. 직선의 대나무를 둥글려 손잡이로 사용하고, 피렌체의 특산물이던 굵은 캔버스 천을 사용하여 백을 만드는 등의 창의력을 발휘한 것이다. 즉, 면직물이 발달한 피렌체의 직물을 가방에 맞는 직조로 생산해서 가방에 응용한 것이다. 이는 크게 히트를 했다.

하지만 구찌의 신화는 1953년 구치오가 사망하자 그림자가 드리운다. 워낙 싸움이 잦던 집안이라 4명의 아들이 이후 몇십 년을 서로 속이고 속으며 갈라선 것이다. 1990년대에 구치오의 손자인 파올로 구찌Paolo Guicci는 한술 더 떠 자기 이름으로 무려 2만 개에 달하는 라이선스를 남발했다. 스카프, 향수, 커피잔, 심지어 열쇠고리에까지 구찌 마크가 박히며 브랜드 가치는 추락했다. 지금처럼 명품이 한국에 많이 들어오지 않던 시절 한국의 백화점에도 어수룩하고 값싼 구찌가 많이 풀렸고, 수건이며 주방 집기에까지 '파올로 구찌'라는 라벨이 붙어 돌아다니던 기억이 난다. 같은 길을 걸은 '피에르 가르댕Pierre Cardin' 짝이 난 것이다.

다행히 추락하던 이미지를 만회하기 위해 톰 포드Tom Ford를 영입하며, 구찌는 그 옛날의 명성을 서서히 되찾기 시작한다. 하지만 끊임없는 구찌 가문의 사건은 이 또한 지키지 못했다. 1995년 3월 어느 날 아침에 세상을 떠들석하게 한 사건이 일어나고 만 것이다. 당시 구찌GUCCI의 회장을 맡고 있던 마우리치오 구찌Maurizio Gucci가 출근길에 밀라노의 집 앞에서 네 발이나 되는 총탄을 맞고 즉사했다. 46세의 젊은 나이였다. 엽기적인 것은 전처인 파트리치아 레자니Patrizia Reggiani가 청부업자를 고용한 교살이었다는 사실이다. 마우리치오가 어린 여성과 재혼하는 것을 질투해 벌인 일이었다.

구찌 가문에서 태어난 금수저에다 용모까지 출중한 마우리치오는, 사랑에 눈이 멀어 전혀 신분이 어울리지 않는 세탁소집 딸인 파트리치아 레자니와 결혼했다. 가족의 거센 반대 속에 일약 신데렐라가 되어 신분상승을 한 그녀의 사치와 욕망은 끝이 없어, 제트족으로 상류사회를 휘젓고 다녔다. 그러나 욕심이 과해져 경영에 지나치게 간섭하다 1985년 결혼 13년 만에 이혼당하고 만다.

그녀의 사치가 어느 정도인가 하면, 경찰이 그녀를 잡았을 때 잠깐 옷 갈아입을 시간을 줬는데 모피코트를 입고 나타나 모두를 놀라게 하고, 재판 내내 명품으로 몸을 감고 나와 세간의 이목을 끌었다. 게다가 수감된 후에는 가석방까지 거부했다. 이제 무일푼으로 감옥에서 나가면 직업을 가져야 할 텐데, 본인은 일생 일해 본 적이 없다는 것이 이유였다. 이탈리아 언론은 그녀를 '검은 과부'라고 부르며 비아냥거렸다. 오랜 재판 끝에 26년형을 받은 그녀는 18년 만인 2016년, 18년의 감옥 생활을 마치고 나와 다양한 사회활동을 하고 있다.

장인정신에서 출발한 이탈리아 명품 중, 구찌만큼 불화와 반목으로 콩가루가 된 가문도 없을 것이다.

결국 구찌는 이탈리아 정부까지 개입하여 정리되는 수순을 밟았다. LVMH가 그토록 염원했지만, PPR Pinault-Printemps-Redoute(프랑스의 다국적 지주회사)에 인수합병되었고 구찌 일가는 모두 경영일선에서 쫓겨났다. 현재 구찌는 PPR에 속한 브랜드로, 프랑스식 마케팅과 감각으로 세계 최고의 명품으로 우뚝 섰다. GG 로고, 말의 안장 끈에서 영감을 얻은 그린-레드-그린의 줄, 그리고 구치오가 직접 디자인한 '대나무 백'은 여전히 구찌의 상징으로 남아있다.

잘 나가던 구찌가 어찌 이렇게 되었을까? 살바토레 페라가모Salvatore Ferragamo나 구치오 구찌 모두 개천에서 용난 전설의 주인공이다. 그런데 비슷한 시기에 피렌체에서 빈주먹으로 시작한 이들의 후손은 전혀 다른 길을 걸었다

구찌나 페라가모가 위대한 것은, 한갓 무지렁이 장인이었던 이들이 전 세계 여성들의 마음을 사로잡아 무한정으로 지갑을 열게 하는 신화를 이루어 냈다는 데에 있다. 자기 자신의 이름을 걸고 품질을 보증하며, 여기서 더 나아가 그 이름이 가치를 창출하는 새로운 의미의 물건을 만들어냈다는 것이다.

운도 따랐다. '브랜드 산업의 시조새'라 볼 수 있으니. 하지만 운과 기술만 가지고는 현재의 이 브랜드들이 존재할 수 없었을 것이다. 절대로 주저앉지 않는 의지와 일상을 넘어서는 상상력, 여기에 최고의 품질을 고집하는 피렌체의 장인정신이 가미되어 엄청난 폭발력을 발휘했던 것이다

벨 오포크를 넘어 오트쿠튀르의 문을 열다

오트쿠튀르(Haute Couture)는 입을 수 있는 예술이다.
- 소피아 시다

르네상스가 정점에 달했던 콰트로첸토(15세기)에 라파엘로는 바티칸 교황청 벽에 '아테네 학당'을 그렸다. 마치 고대 그리스의 아테네처럼 한 도시에 수많은 천재 철학자들이 세상을 논하던 시대가 되돌아온 것 같다는 의미였다. 피렌체는 바로 그런, 천재 예술가들로 가득 찬 도시였다. 그래서 플라톤의 얼굴에는 레오나르도 다빈치를, 헤라클레이토스의 얼굴에는 미켈란젤로를 그려 넣었다. 그런데 또 하나의 시대가 있었다. 마치 콰트로첸토의 피렌체가 부활한 듯, 이름만 들어도 '심쿵'한 모든 분야의 천재들이 한 도시에 모여 서로 교류하던, 20

세기의 파리였다.

혁명을 통해 왕정에서 민주주의로 나가고, 산업혁명을 통해 자본주의로 탈바꿈하며 숨 가쁜 시기를 지낸 유럽은 1차 세계대전까지 안정과 평화의 시대를 맞았다. 대중이 이렇게 물질적으로 풍요로웠던 적이 있었던가? 유럽은 그야말로 꽃길만 걸을 듯한 희망에 들떠 삼삼오오 예술과 문학을 논했다.

그중에서도 파리는 전 세계로부터 온 날고 기는 천재들이 모여 열정을 불태우는 도시였다. 예술가, 문인, 철학자, 정치가 등 다양한 계층의 이데올로기가 세기말의 퇴폐와 뒤섞여 치명적인 매력을 내뿜었던 것이다. 게다가 이탈리아나 독일이 19세기에 정치·경제적으로 엄청난 변화를 겪은 것과는 대조적으로, 귀족이 찬란하게 이루었던 문화가 낙숫물처럼 대중에 흘러내려 도시 전체에 스며든 고급스러움이 있었다. 그래서 프랑스어로 이 시기를 〈벨 에포크Belle-Epoque(아름다운 시절)〉라 한다.

이런 자유로운 정신적 분위기에서 다윈을 필두로, 프로이트, 카를 마르크스, 아인슈타인 4명의 유물론 전사들이 출동한다. 이들은 그 동안 서구 세계를 이루고 있던 기독교라는 대들보를 통째로 흔들었다. 천동설의 시대에 코페르니쿠스가 지구가 태양을 돌고 있다고 주장한 것에 버금가는 충격이었다.

다윈이 말했다 "인간이 신의 모습을 본떠 만든 줄 알지? 아냐, 사실은 원숭이 자손이야."

그러자 프로이트가 한술 더 떴다. "신처럼 순결한 영혼이 있을거라 생각해? 사실 인간의 머릿속은 성적 욕망으로 가득 차 있다구."

카를 마르크스가 거들었다. "신은 없어. 세상은 불평등으로 가득 차 있고, 자본가가 노동자의 피를 빠는 현실만 있을 뿐이지"

아인슈타인이 화룡점정을 찍었다. "뉴턴이 정리해 놓은 우주의 법칙이 다가 아니었어, 시간은 상황에 따라 빠르게도 느리게도 흐르고, 우주 공간은 중력 때문에 구부러져 있어."

이제 20세기의 인간은 철석같이 믿던 우주의 법칙과 신, 영혼의 순수성, 자유와 자본주의 등의 환상이 존재하지 않는 세상에 내던져졌다. 이는 모더니즘의 서막이었고, 현대의 IT 세계에서 그렇듯, 한편에서는 두려움으로 변화에 적응하지 못하는 세대도 있었을 것이다.

이 시대의 혼돈과 방황, 변화, 낭만을 모두 담아낸 것이 파리였다. 몽파르나스와 몽마르트르의 카페들, 압생트와 담배 연기로 가득 찬 카바레와 샹송, 그리고 미국에서 건너온 재즈와 한 평의 자리만 있어도 일어나 춤을 추는 여자들. 표현의 자유를 찾아 몰려온 예술가들….

파리가 이런 폭발력을 지니게 된 것이 우연은 아니다. 중세부터 파리는 신학과 인문학이 발달했고, 스콜라 철학의 중심지였다. 한편 로마 교황청이 있는 이탈리아가 신학이 발달하지 못한 이유는 엄격한 종교재판의 감시 하에 있었기 때문이다. 그래서 이탈리아의 대학은 신학이나 철학보다는 법학이나 의학이 발달하게 되었다. 하지만 파리는 거리상으로 로마에서 멀어 비교적 자유롭게 신학을 논할 수 있었고, 당시 이슬람이 지배하던 스페인과 국경을 접해 이단적인 사상들이 넘나들었다. 그래서 교황청의 눈 밖에 난 지성들은 이곳으로 모여들었다.

이런 분위기에 자유와 평등, 그리고 관용을 외치던 대혁명의 정신은 프랑스를 예술과 사상의 보호구역으로 만들었다. 사치의 정점인 왕정과 피의 혁명, 전체주의와 민주주의, 사회주의와 자본주의가 교차하며 스펙트럼이 넓어진 파리의 자유로운 공기는 '모든 것이 허용되는' 그런 곳이었다. 그래서 지난 세기까지 유럽의 모든 도시 중 파리만큼 문화에 강한 영향력을 행사한 도시는 없었다. 스콧 피츠제럴드Scott Fitzgerald, 어니스트 헤밍웨이Ernest Hemingwa도 프랑스에서 작품을 썼고, 본국에서 외설적이라는 이유로 출판이 거부되었던 헨리 밀러의 〈북회귀선〉, D.H. 로렌스의 〈채털리 부인의 사랑〉, 훗날 블라디미르 나브코브의 〈롤리타〉 등도 파리에서 초판을 출간했다.

파리에 모인 보헤미안들은 19세기까지 믿었던 정신적인 지주가 흔들리자 혼돈에 빠졌다. 친숙하던 일상의 파괴는 존재에 대한 실존적 불안을 주었다. 그 동안 가지런했던 예술의 정형성이 무너지기 시작한 것이다. 눈에 보이는 사물을 있는 그대로, 신이 만든 아름다운 비율 그대로 화폭에 담고, 이상화하는 것이 예술이었던 수천 년의 미의식은 도전 받았다.

시초는 인상파였다. 그들은 새로 발명된 물감과 캔버스를 들고 가벼운 차림으로 자연으로 나갔다. 그리고는 눈에 보이는 그대로가 아니고 색과 빛을 통해 마음에서 느끼는 대로 화폭에 담기 시작한다. 대상을 있는 그대로 그리는 것은 사진기가 하게 되었으므로, 예술은 형태의 윤곽에서 자유로워진 것이다.

예술에 특권처럼 부여한 '숭고함'을 부정하고, 작품 속에 작가의 철학과 의견을 담는 것이 예술이 되었고, 더 나아가 미학의 파괴가 예술이 된 것이다.

이런 다양한 예술 중에, 인간의 라이프스타일과 밀접하게 연관되어 건축부터 실내장식, 공예, 패션까지 지대한 영향을 준 예술의 장르가 있었는데, 바로 아르데코Art Deco였다. 모더니즘Modernism의 시작이자 완성이라는 평가를 받는 이 장식미술은 1차 세계대전이 끝난 1920년대의 유럽을 휩쓸었다. 실제로 유행한 기간은 길지 않았음에도, 르 코르뷔지에부터 피카소, 게다가 음악의 스트라빈스키까지 아르데코의 영향을 받지 않은 분야는 없었다.

기계화된 시대에 과도한 장식이나 구불거리는 곡선은 공정에 맞지 않았다. 아르데코 양식은 곡선을 과감히 펴고, 장식과 디테일을 쳐냈다. 이는 이후 내내 계속되는 미니멀리즘의 시초가 되었다. 하지만 지난 세기의 로코코나 아르누보의 구불구불한 장식에 익숙해 있던 사람들은 그 단순함이 허전했다. 그래서 아르데코는 그 허전함을 소재의 고급화로 꽉꽉 채워 넣었다. 스타일의 단순함이 고급스럽고 독특한 소재를 돋보이도록 한 것이다. 이런 과감함이 아이러니하게도 패션 쪽에서는 더욱 주목을 받게 된다.

이제 마차가 달리던 시대에 상류층의 마구馬具나 구두를 만들던 1세대 장인의 시대는 끝났다. 풍요로운 시대에 태어난 랑방, 파투, 폴 푸아레, 비오네, 샤넬, 스키아파렐리 등의 디자이너들은 오트쿠튀르Haute-Couture(Haute는 영어의 'high'로 '높은', '고도의', '상류층의'란 의미이고 'Couture'는 '바느질'이란 의미. 즉, '고도의 정교한 맞춤 바느질'을 말한다)라는 새로운 문을 열었다. 1925년 파리 그랑팔레Grand Palais에서 열린 제1회 국제장식미술박람회Exposition Internationals des Arts Decoratifs를 계기로 오트쿠튀르 외에 까르띠에와 쇼메의 보석, 세브르의 도자기, 생 루이의 크리스탈 등도 장인 개인을 넘어 디자인 럭셔리로 브랜드화했다. 이제 과거 귀족들이 누리던 사치는 장식예술의 한 장르가 되어 유행을 이끌어가기 시작할 것이다.

혁명적 패션, 아방가르드로 피어나다 : 스키아파렐리

전 세계 어디서나 여성들은 모두 같은 방식으로
옷을 입는다. 다른 여성들을 짜증나게 하면서 말이다.
-엘사 스키아파렐리

20세기 파리에는 전설적인 여성 디자이너가 둘 있었다. 바로 엘사 스키아파렐리와 코코 샤넬이었다. 오늘날에는 샤넬이 훨씬 유명하지만, 당시 두 여인은 파리 상류층과 예술, 사교계를 평정하며 치열한 경쟁 각을 이루었다. 1920년대에 샤넬이 한참 정상을 향해 오르고 있는 때에 젊고 무모한 이탈리아 디자이너가 끼어든 것이다(샤넬이 스키아파렐리보다 7살 많다). 한 성격하는 이 두 여성은 곧 '오트쿠튀르의 여왕' 자리를 놓고 다투었다.

둘은 태생만큼이나 감각적으로도 극과 극으로 스타일이 달랐다. 어두운 유년기를 보낸 샤넬이 블랙이라면 상류층 출신으로 반항적으로 살아온 스키아파렐리는 파격적인 핑크랄까. 샤넬이 동경하던 상류층의 클래식과 우아함에 집착했다면, 스키아파렐리는 보수적인 집안에서 억눌렸던 끼를 발산하듯 기발했다. 샤넬이 〈N°5〉 향수를 아르데코 스타일의 아주 심플한 사각형 병에 담아 출시하면, 스키아파렐리는 할리우드의 섹스 심볼이던 메이 웨스트의 가슴을 주조한 병에 담긴 향수 〈쇼킹Shocking〉을 내놓아 스캔들을 일으키는 식이었다. 또 샤넬이 인조 보석을 박은 우아한 모자를 공개하면 스키아파렐리는 하이힐 모양, 표범 머리 등의 기괴한 모자로 이목을 집중시키곤 했다. 게다가 스타일이 극과 극인데도 이상하게 그레타 가르보, 마들렌 디트리히, 로렌 바콜 등 고객층이 겹쳐 더욱 라이벌 의식을 부추겼다.

매스컴의 주목을 끄는 스키아파렐리를 파리 패션계는 경이롭게 보기도 했지만, 근성 있는 전문가들은 뒤에서 '옷 만드는 이탈리아 예술가'라고 냉소적으로 표현하곤 했다. 스키아파렐리가 바느질이나 재봉틀은 근처에도 가본 적이 없고 패션을 정식으로 공부하거나 의상실에서 일해 본 경력도 없는 이방인이었기 때문이다. 게다가 업계 사람들보다는 예술가들과 어울리는 데 열심이었다. 그런 의미에서 스키아파렐리는 '원단으로 작업하는 아티스트'라는 표현에 가까울 수도 있다. 감각으로 만든 그녀의 옷들은 일상에서 입고 움직이는 기능보다는 예술품에 가깝기 때문이다.

엘사 스키아파렐리는 1890년 이탈리아 로마의 상류층 가정에서 태어났다. 아버지는 로마의 유서 깊은 린체이Lincei 도서관 관장이자 동양학 교수였고, 삼촌은 천문학자였다. 게다가 외가 쪽은 메디치가의 후손이니, 그녀가 자란 분위기를 미루어 짐작할 수 있다.

엘사는 배우가 되고 싶었지만, 집안의 의견을 따라 로마 대학의 인문학부에서 철학을 전공했다. 철학이 훗날에는 도움이 되었겠지만, 이 시기의 그녀는 도피할 기회만 엿본다. 끼를 발산하지 못하던 그녀는 부모님 몰래 1911년 애로 시집 〈숲의 요정Arethusa〉을 출판하는데, 이를 알게 된 부모님은 노발대발해 그녀를 스위스의 수녀원으로 보낸다. 단식투쟁 끝에 수녀원에서 나온 엘사는 1913년 친구와 함께 잠시 체류하기 위해 런던으로 떠난다.

고삐 풀린 자유가 시작되었다. 스위스 귀족 출신이자 신지학자인 빌헬름 벤트드 켈러Wilhelm Wendt de Kerlor 백작의 콘퍼런스에 참가했다가, 그와 사랑에 빠진 것이다. 이듬해 결혼한 이들은 1916년 뉴욕으로 떠난다. 사교성 좋은 엘사는 뉴욕 행 여객선에서 프랑스의 아티스트인 가브리엘 피카비아와 친분을 쌓게 되고, 이는 훗날 파리에서 먼레이, 마르셀 뒤샹 등의 다다이스트들과 친해지는 계기가 된다.

그러나 다시 로마로 돌아가지 않으려던 도피성 결혼은 행복하지 못했다. 일이라고는 해본 적이 없는 이름만 백작인 남편은 가정을 돌보지 않았다. 게다가 어렵게 얻은 딸 이본느는 소아마비에 걸리고 만다. 남편의 보헤미안적인 삶, 혼자 감당해야 하는 육아…, 결국 발레리나

엘사 스키파렐리

이사도라 던컨의 품으로 간 남편과 이혼 후, 엘사는 1922년 파리로 이사한다. 딸아이의 치료에 당시 발전된 유럽의 의료체계가 더 낫다고 생각했기 때문이다. 생계를 위해 그녀는 파리의 벼룩시장을 돌며 선정한 물건들을 엔틱숍에 파는 일을 하면서, 저녁에는 사교계를 드나들었다. 예술을 논하며 정신없이 사는 가운데 아티스트 친구들은 점점 늘어났다.

그런데 운명의 여신이 그녀를 불렀던 것일까? 어느 날 엘사는 상류층 친구와 함께 당시 오트쿠튀르로 명성을 떨치던 폴 포아레paul Poiret 의 부티크에 가게 된다. 친구가 가봉하는 동안 기다리며, 의상 몇 점을 입어보았다. 가족에게서 떨어져 나와 결혼과 이혼을 반복하며 파리에 정착한 그녀는 우연히 경험한 오트쿠튀르의 세계를 통해 잠재되어 있던 자신의 열정을 발견한다. 디자인과 소재, 바느질, 색, 자수, 이 모든 경험이 엘사의 마음속에 섬광을 일으켰고, 또 다른 삶의 변곡점을 만든 것이다.

아직도 장인정신이 남아 있던 시대에, 경력도 없이 갑자기 뛰어들었다는 핸디캡이 있었지만, 그녀에게는 누구도 따라올 수 없는 창의력이 있었다. 첫 번째 시도는 친구와 동업으로 망해가는 브랜드를 인수한 것이다. 하지만 곧 자신을 완전히 표현하기 위해서는 독립이 필요하다는 것을 느끼게 된다. 그러던 중 이탈리아에서 솜씨 좋은 장인이 뜨개질하는 것을 보고는 '바로 이거다'하는 영감을 받았다. 단순하고 급진적인 그녀의 천재성이 머릿속에서 요동쳤다. 유럽 교회의 벽화에서 자주 보는 원근법의 '눈속임Trompe L'oeil'을 니트에 적용할 생각을 한 것이다. 즉, 실제로 있지 않은 모양을 눈속임을 통해 색감과 뜨개질로 니트에 표현하는 거다. 지금이야 소니아 리켈 등 니트 전문업체들이 많이 하는 기법이라 새롭지 않지만, 이 시대에 그녀의 발상은 보그에 〈명작〉으로 소개되고, 대서양 건너 미국에서까지 히트 상품으로 떠올랐다.

엘사는 1927년 자신의 이름을 건 독립된 숍을 열었고, 〈스키아파렐리 스포츠Schiaparelli pour le Sport〉라는 컬렉션을 내놓는다. 당시 여성들이 한창 사회로 진출하며 다양하게 욕구를 표출하던 시기에, 특이하게도 니트를 사용해 수영복, 바캉스웨어, 액세서리 등을 내놓은 그녀의 컬렉션은 곧 보그 등 패션지의 찬사를 받았고, 온 파리 여성을 매료시켰다.

엘사는 장 콕도, 달리, 반 동겐, 먼레이 등의 아티스트들에 둘러싸여 예술을 패션으로 재해석했다. 특히 친했던 살바도르 달리와 함께 초현실적인 테마로 우아하면서도 전통을 파괴하는 스타일을 창조했다. 1937/38 겨울 컬렉션에 내놓은 '구두 모자'나, 서랍 모양 주머니가 달린 투피스, 표범 머리를 그대로 머리 위에 올려놓은 듯한 모자, 가재나 해골의 갈비뼈가 그려진 이브닝드레스, 루이 14세의 향수병 등 그녀는 마르셀 뒤샹처럼, 일상적인 오브제를 다른 각도로 사용해 쇼크를 주는 재능이 있었다. "어떻게 저런 생각을 했을까?" 하는 발상의 전환은 천재적이었다.

소재 역시 그 시대에는 패션과 연결하지 못할 상상력의 한계를 뛰어넘었다. 유리처럼 투명하고 얇은 원단, 나뭇결처럼 구깃구깃 주름진 크레이프 원단, 트위드 원단을 사용한 이브닝드레스 등. 게다가 튀는 색은 기본이고, 남성복처럼 어깨에 심을 넣은 재킷이나 치마바지 등으로 끊임없이 보수적인 상류층을 경악하게 만들었다. 지금이야 이런 패션이 흔하지만, 그 시대는 원단이나 옷에 대한 개념이 조선 시대 한복만큼이나 제한적이었다.

훗날 패션계의 악동으로 불리며, 스키아파렐리의 〈로즈쇼킹〉 향수병의 남성 버전을 창조한 장 폴 고티에는 이렇게 말한다 "그녀는 최초로 지퍼를 장식의 위치에 올려놓았다. 마치 자수 같다."

하지만 그녀의 자유분방한 창의력은 2차 세계대전으로 위기를 맞는다. 공습이 계속되는 파리에서도 자신의 의상실을 최대한 유지하려 노력하지만, 무솔리니가 통치하던 '이탈리아 국적'의 배경은 파리에서 위험했다. 결국, 사업체를 측근에게 맡기고 뉴욕으로 떠나지만, 맥을 놓지 않기 위해 계속 파리의 부티크를 원격으로 경영한다. 한번은 미국을 횡단하며 〈여성의 의복〉이라는 주제로 콘퍼런스를 개최했는데,

청중이 3만6000명에 달했고 유럽 여성 처음으로 패션에 이바지한 공로로 니만 마커스 상Neiman Marcus Award을 받았다. 그래서 MoMAThe Museum of Modern Art(뉴욕 현대미술관)의 디자인 디렉터 제의도 받았지만, 마음은 언제나 파리에 있던 그녀는 1945년 2차 세계대전 종전과 함께 파리로 돌아온다.

파리에서 엘사는 젊은 디자이너 위베르 지방시를 아트 디렉터로 기용하고 새로운 비즈니스에 열정을 불태웠다. 미국 순회 마네킹 패션전시Théâtre de la Mode에 참가하고, 파리 근교에는 향수 공장도 세웠다.

특히 미국과 유럽을 자주 오가던 그녀는 여성들을 위한 경량 여행세트로 센세이션을 일으켰다. 배로 대서양을 횡단하던 시대에, 멋쟁이 상류층 여성들은 거의 드레스룸을 통째로 배에 싣고 여행해야 했다. 그런데 엘사는 6kg 미만의 가방에 원피스 6벌, 뒤집어 입을 수 있는 외투 1벌, 접이식 모자 3개 등으로 구성된 옷장을 내놓은 것이다. 1949년에는 오트쿠튀르 아뜰리에 종사자들이 파업하는 와중에 컬렉션을 감행하기도 했다. 제대로 마무리도 하지 못해 의상에 핀이랑 시침 선이 보일 정도였다. 그런데도 뉴욕의 〈뉴스위크〉는 엘사를 커버로 장식했고, 〈타임〉지도 극찬했다. 선글라스, 향수 등의 라이선스로 미국 시장에서 성공도 맛보았다.

하지만 예민한 그녀는 오트쿠튀르의 세계가 변한 것을 감지한다. 크리스챤 디올의 '뉴룩New Look'이 파리를 평정하고 있었고, 자신은 이미 늦었다고 판단한 것이다. 1954년 스키아파렐리 부티크는 문을 닫았고,

그녀는 나머지 시간을 뉴욕에서 자서전 〈놀라운 인생Shocking Life〉을 집필하며 보내다 1973년에 세상을 떠난다.

엘사 스키아파렐리의 아방가르드한 도발은 때로는 천성적이기도 했고, 때로는 의도적이기도 했다. 앞뒤 가리지 않고, 패션을 예술적 표현의 도구로 사용한 그녀의 작품은 소화하기 쉬운 옷은 아니었다. 더욱이 일하는 여성들이 입기에는 좀 과했다. 자신을 표현하는 끝없는 감성이 누구에게나 허용되는 것은 아니기 때문이다. 하지만 기능적 차원을 떠나, 패션을 미학적 차원으로 올려놓았다는 점에서 그녀는 동시대의 다른 디자이너들과 맥을 달리한다. 그리고 샤넬과 결이 다른 페미니스트였다. 이런 앞뒤 안 가리는 열정은 이후에 오는 입생로랑, 존 갈리아노, 장 폴 고티에 등을 통해, 그리고 맥을 달리하지만 미우치아 프라다의 작품에 이르기까지 혁명적인 패션 철학의 DNA로 이어지고 있다

샤넬과는 달리 말년에 은둔의 삶을 택한 그녀는 거의 60년 동안 사람들의 기억에서 잊혔다. 박수칠 때 내려놓고 떠나는 것이 성공한 인생인지, 아니면 끝까지 자신의 목표를 위해 경쟁하고, 쉬지 않는 것이 성공한 인생인지는 그 누구도 판정을 내릴 수 없다. 다행히 2007년 이탈리아 토즈Tod's 그룹이 스키아파렐리 브랜드를 매입해, 2012년 파리 방돔 광장 21번가에 다시 매장을 오픈했다. 스키아파렐리의 예술혼이 현대적으로 해석되어 다시 한번 세상을 놀라게 했으면 하는 바람이다.

단지 명품이 아니라, 자유를 선사하다 : 샤넬

럭셔리란 가난의 반대말이 아니라,
천박함의 반대말이다.
- 코코 샤넬

흔히 엘사 스키아파렐리와 비교되며 20세기 전반 파리를 뒤흔든 또 하나의 예술 같은 인생이 있다. 바로 코코 샤넬(1883-1971)이다. 그녀의 본명은 가브리엘 샤넬Gabrielle Chanel로 스키아파렐리가 금수저라면, 샤넬은 그 흔한 흙수저조차 제대로 입에 물어보지 못한 미천한 태생이었다.

샤넬의 고향은 프랑스 중부의 소뮈르Saumur로, 중세 프랑스 왕들의 궁전이 그림처럼 루아르강을 따라 늘어선 아름다운 고장이다. 하지만 그녀의 유년기는 어린 나이에 일그러졌다. 12살에 어머니가 폐병으로 세상을 뜨자, 가정을 돌보지 않던 떠돌이 아버지는 그녀와 두 여동생은 수녀원 산하의 보육원으로, 두 남동생은 빈민구제소로 보내버렸다. 유럽이 가장 흥청망청하던 시대에 세상에 홀로 버려진 아이. 그렇게 우아한 울림이 있는 성姓을 준 아버지가 왜 딸을 버렸을까? 그녀의 가슴 속에 이 아름다운 고향은 깊은 상처로 남았다.

성공한 후 샤넬은 자신의 어린 시절을 인생에서 도려냈고, 그 누구에게도 이야기하지 않았다. 그래서 샤넬의 어린 시절에 관해서는 거의 알려진 것이 없다. 게다가 버려진 것에 대한 트라우마로 그녀는 일종의 허언증 증세를 앓았다. 인터뷰에서 그녀는 "아버지는 모험을 좋아하는 분으로 뉴욕에서 포도주 중개업을 했고 돈 많은 친척집에서 지내던 나에게 멋진 선물을 보내곤 했다"고 꾸며대곤 했다.

샤넬에게 삶의 희망을 준 것은 보육원에서 습득한 봉제기술이었다. 밤낮을 안 가리고 열심히 배웠다. 이 시절 보육원에서의 기억은 훗날 샤넬의 창작활동에 무의식적인 영감의 원천이 되었다. 수도원의 회색 벽돌, 헐렁하지만 활동성 있는 수녀들의 회색 옷차림, 게다가 수도원 창문의 스테인드글라스의 곡선은 샤넬의 C가 반대로 겹쳐진 로고의 모티브가 되었다.

18살이 되어 수녀원을 떠난 샤넬은 중부지역 물랭에 있는 이모집으로 간다. 지역 수녀원 부속 봉제 학교에 학비를 낼 여력이 없어 고아

보조금으로 다니며 부잣집 학생들과는 차별을 받았다. 하지만 이곳에서 봉제기술을 제대로 익힌 후 1903년에 양장점의 봉제사로 일하게 된다. 다른 지역의 친척집에서 먹고 자며 하녀일을 했다는 설도 있지만, 이 시절의 스토리는 확실치가 않다.

샤넬은 특히 물랭 시절의 기억을 떠올리기 싫어했다고 한다. 더 나은 미래를 꿈꾸며 돈을 벌어야 했던 그녀는 물랭 시내의 뮤직홀에서 노래를 부르며 생계를 이어갔다. 이때 즐겨 부르던 것이 '누가 트로카데로에서 코코를 보았나Qui qu'a vu Coco dans le Trocadéro?'라는 샹송이었고, 군장교들은 그녀를 코코Coco라 불렀다. 그녀는 자신을 이 시궁창에서 구원해줄 돈 많은 왕자를 꿈꾸며 여러 남성을 전전했다. 그리고 마침내 신데렐라의 꿈은 이루어졌다.

예비역 장교로 사교계를 드나들던 에티엔 발장을 만난 것이다. 파리에서 30km쯤 떨어진 지역에서 경주마 목장을 하는 그는 샤넬에게 성城에서의 상류층 생활을 처음으로 접하게 해주었고, 바짝 마른 논바닥처럼 갈망에 불타던 그녀는 고급한 라이프스타일을 허겁지겁 흡수했다. 경마장이나 사교계에 갈 때면 샤넬은 자신이 만든 간결한 옷이나 모자를 쓰고 나가, 당시 여성들이 입던 우아한 옷 사이에서 오히려 눈에 띄곤 했다. 하지만 이 목가적인 사랑은 오래가지 못했다. 25살의 샤넬에게 이곳의 삶은 지루했고 눈물로 지내는 날이 많아졌다. 그래서 에티엔은 그녀에게 파리 17구에 모자 상점을 차려주었다. 따로 공부한 적이 없다 보니, 모자를 사서 자신의 상상력을 리터치하는 방식

코코 샤넬

으로 팔았는데, 그 천부적인 감각은 입소문을 타, 고향의 이모들을 불러올 정도로 뜻하지 않은 성공을 거두게 된다.

하지만 에티엔과의 관계에 싫증이 난 그녀는 사교계에서 알게 된 영국인 유부남 보이 카펠(본명 Arthur Capel)과 내연의 관계가 되어 파리에서의 생활을 시작한다. 폴로 경주용 마구간을 소유한 거부인 그의 투자로 샤넬은 1910년 파리의 깡봉Cambon가 21번지에 '샤넬 모드Chanel Mode'라는 모자숍을 오픈하고, 얼마 뒤에는 노르망디 해변가의 휴양도시 도빌Deauville에도 가게를 연다. 하지만 샤넬의 욕망은 모자 가게가 아니었다. 1915년 그녀는 카펠과 스페인 국경의 휴양지 비아리츠

Biarritz로 여행을 간다.

전 세계의 상류사회 인사가 모여드는 비아리츠는 파리와는 또 다른 별세계였다. 비아리츠는 지금도 수많은 부호가 찾는 휴양지이지만, 19세기 말에는 나폴레옹 3세와 유제니 왕비의 별장이 있어 더 유명했다. 벨기에, 모나코, 스페인의 왕족, 비스마르크 등 유럽 최고의 권력자들이 왕과 왕비를 만나러 이곳에 왔다. 그러다 러시아 왕조가 몰락하자 러시아의 귀족들이 이곳으로 몰려왔다. 럭셔리한 호텔, 카지노, 경마장 등이 즐비하게 들어섰다. 가장 아름답고 가장 독창적으로 별장을 짓고 옷을 입는, 과시의 경쟁이 일상인 도시였다.

샤넬은 이곳에서 미래를 보았다. 그리고는 신의 한 수를 던진다. 최고급의 값비싼 드레스를 파는 첫 오트쿠튀르Haute-Couture(고급 맞춤복) 의상실을 연 것이다.

그녀의 판단은 옳았다. 비아리츠 상류사회 부인들은 너도나도 샤넬의 옷에 열광했고, 얼마 지나지 않아 주문량을 감당하지 못할 만큼 폭발적인 성공을 거두게 된다. 샤넬이 몇 단계를 껑충 뛰어올라 상류사회 한가운데로 진입할 수 있었던 것은 바로 비아리츠에서의 성공이 뒷받침되었기 때문이다. 그런데, 이런 행운 속에 불행이 찾아왔다. 10년간 진지하게 사랑하던 카펠이 운전 도중 타이어가 터지는 사고로 세상을 뜬다. 하지만 샤넬에게 이것이 정말 불행이었을까?

가장 밑바닥에서 올라와 이제 바로 목표를 향해 출발선에 선 여자.

절대로 다시는 떠난 곳으로 돌아가지 않겠다는 단호함에 슬픔은 잠시일 뿐, 그녀의 상승욕구는 끝이 없었다. 카펠이 죽은 바로 그 해 샤넬은 친구의 소개로 당시 파리 사교계에서 '파리의 여왕'이라 불리던 미지아를 알게 된다. 미지아는 피아니스트로, 뛰어난 미모와 화술로 자신의 사교 살롱을 운영하고 있었다. 이곳에는 당대의 유명한 아티스트와 엘리트들이 드나들었다. 툴루즈 로트렉, 르누아르, 피카소, 에릭 사티, 꼴레뜨, 말라르메, 푸르스트, 장 콕도…, 샤넬은 날개를 달았다.

새로운 연인도 생겼다. 비아리츠에서 만난 러시아의 왕자 드미트리 파블로비치Demitri Pavlovich 대공이었다. 드미트리는 로마노프 왕조의 마지막 황제 니콜라이 2세의 조카로, 소문난 미남에 양성애적 취향을 가진 바람둥이였다. 하지만 샤넬은 자신을 최정상까지 신분상승시켜줄 기회를 놓치지 않았다. 게다가 드미트리의 주선으로 과거 러시아 궁정의 전속 조향사였던 에르네스트 보를 만나게 된다. 에르네스트 보는 당시 세계적 향수 제조 도시인 프로방스의 그라스Grasse에서 일하고 있던 터였다. 샤넬은 그에게 자신의 첫 향수를 만들어 달라고 의뢰한다. 이것이 바로 1921년 탄생한 샤넬 〈N° 5〉다.

달콤한 꽃향기가 주를 이루던 시대에, 합성 향인 알데하이드를 사용해 알 수 없는 매혹적인 향을 조합한 것이다. 게다가 영리한 신비주의 마케팅은 이 향수를 더욱 궁금하게 만들었다. 샤넬 N° 5를 출시하지 않고 한동안 샤넬 자신이 조금씩 뿌리고 다닌 것이다. 만나는 사람마다 물었다. "이게 무슨 향수죠?"

샤넬은 전통적인 프랑스 상류사회 여성들의 취향을 잘 알고 있었다. 당시 상류층 여성은 일하지 않았다. 일은 하녀나 하는 것이었다. 그녀들의 일상은 사교계라는 자신들만의 세계에서 돌고 돌았다. 아침에 느지막이 눈을 뜨고, 하녀가 차려다 준 차나 커피로 간단하게 아침식사를 한 뒤 미장원에 들러 외모를 다듬는다. 평상복을 입고, 같은 부류의 친구들과 시내에서 점심을 먹고는 쇼핑을 한 후 집으로 돌아온다. 이브닝드레스를 입고 화장을 고치기 위해서다. 저녁에는 오페라나 클래식 발레를 관람한 후 근사한 레스토랑에서 식사하거나 파티에서 사교를 즐긴다. 샤넬은 이런 라이프스타일을 존중했다. 하지만 밑바닥부터 치열하게 살아온 그녀가 이런 무료한 삶을 그저 존중만 했을 리는 없다. 상류층의 고급스러운 취향에 목을 매고 가식의 페르소나를 쓰고 살았지만, 실제로는 자신의 옷에 '일하고, 흑인 재즈를 들으며 담배를 피는 여성'의 독립적 자아를 형상화시키려 노력했다.

19세기 아르누보나 빅토리안풍의 드레스는 르누아르 등의 인상주의 화가들의 그림에 나오는 모습이었다. 영화 〈바람과 함께 사라지다〉에서 비비안 리가 손바닥만 한 드레스를 입기 위해 하녀에게 허리를 조이고 또 조이게 하는 모습을 기억할 것이다. 레이스로 온몸을 휘감고 땅에 질질 끌리는 궁정 시대의 유물은 고색창연 아름답지만, 활동하기에는 거추장스러웠다. 그런데 시대가 바뀌어 부르주아 여성도 가정에서 나와 점점 일터로 나가고, 스포츠와 레저를 즐기기 시작했다.

산업혁명으로 변화된 20세기 초의 흐름은 여성의 의복에도 대안을 요구하고 있었다.

샤넬은 이 시대 새로운 장식예술의 흐름에 주목했다. 기계적인 것들이 손맛과 만나는 바우하우스와 아르데코의 단순한 선, 그 밋밋함을 살리는 고급스러운 소재였다. 그녀는 여성복에서 불필요한 라인을 모두 제거한다. 코르셋을 벗어 던지고 조여져 있던 허리 라인을 넉넉하게 하고, 치렁치렁한 치마는 무릎 선에서 과감하게 잘라버렸다. 좁은 옷에 구겨져 있던 인어공주가 다리를 얻었다! 자연스럽고 편안하면서도 우아할 수 있고, 실용적이면서도 고급스러울 수 있는 패션의 모더니즘, '샤넬 스타일'을 창조한 것이다.

현재까지 샤넬의 트레이드 마크인 트위드 재킷은 우연한 기회에 만들게 되었다. 1954년, 74세의 샤넬은 여전히 일했고, 컬렉션을 위한 창작열을 불태우고 있었다. 그녀는 어느 날 스코틀랜드의 웨스트민스터 공작의 성을 방문했다. 이곳에서 간간이 다른 올이 섞여들어가 있는 모직인 트위드를 보게 된다. 주로 남성의 재킷을 만드는 원단이었다. 이를 여성복에 적용해 보자는 아이디어가 번쩍 떠올랐다. 그리고는 오스트리아 군복에서 영감을 받아 기교 없이 직선으로 떨어지는 투피스를 디자인했다. 샤넬 라인의 스커트에 남성의 바지처럼 주머니를 달고, 일자로 재단된 짧은 재킷에는 커다란 패치 포켓을 달았다. 여기에 샤넬의 로고가 새겨진 고급스러운 단추와

샤넬숍의 디스플레이를 보는 파리지엔

실크 안감을 넣었다. 결과는 대성공이었다. 매스컴에서는 모던하면서도 우아한 스타일이라며 격찬하기 시작했고, 일하는 여성이건 상류층의 부인들이건 모두의 욕구를 충족시켰다. 당대의 대스타 브리지트 바르도도, 로미 슈나이더도 입었다.

다음 해에는 샤넬 백의 엠블럼인 2.55 플랩 백Flap Bag을 출시한다. 이 백이 나오기 전까지 여성들은 손에 백을 들었다. 그래서 핸드백Hand Bag 아닌가. 샤넬은 여성의 양손이 백으로부터 자유롭기를 바랬다. 그래서 1920년대 군용 가방에서 착안해, 어깨에 걸고 다니는 핸드백을 디자인했다. 실용성을 주기 위해 내부를 칸으로 나누고, 작은 물건을 수납할 수 있도록 세 개의 포켓을 달았다. 백의 내부는 보르도색의 안감을 댔는데, 보육원에서 입던 유니폼 색에서 영감을 받았을 것으로 추측한다. 그런데 전쟁 후라 가죽이 많이 모자랐기 때문에 남은 가죽들을 꼬아 그 사이로 금속 체인을 넣어 끈을 달았고, 1955년 2월에 디자인했다는 의미로 샤넬 2.55라는 이름을 붙였다.

샤넬은 장수해서 1971년 88세의 나이로 눈을 감았다. 죽을 때까지 일을 손에서 놓지 않았던 워커홀릭. 그녀가 위대한 것은 언제나 흔들리지 않는 현실감각으로 사회를 읽으며 트렌드를 주도했다는 것이다. 그녀는 남성을 발판으로 계단 아닌 엘리베이터를 타고 수직 상승했지만, 자기 인생의 주인의식은 절대 버리지 않았다.

샤넬이 죽기 전에 한 말이 있다. "나는 20세기 파리의 마지막 쿠르티잔Courtisane이었다". 쿠르티잔은 원래 '궁정인'이라는 의미인데, 20세기 초에 상류층 남자의 등을 타고 신분 상승하는 고급 창녀를 가리키던 말이다. 샤넬이 스스로 이 말을 했다는 것은 쿠르티잔 역시 자기가 선택한 일과 인생의 일부분이었다는 것이리라. 그녀는 남성을 이용은 하되 의지하지 않았고, 언제나 여성의 입장을 생각하며 옷을 만들었다. 그녀가 여성에게 준 선물은 단지 명품이 아니라 '자유'였던 것이다.

이런 의미에서 샤넬은, 옷은 상류층에게 팔았지만 마음은 일하는 여성에게 있었던 페미니스트였다. 무無에서 유有를 창조한 그녀에게, 2천 년 전 예수가 말했듯, 그 누가 저 여인에게 돌을 던질 자격이 있는가.

뉴룩으로 클래식을 소환하다 : 크리스챤 디올

신의 창조물 중
여성 다음으로 아름다운 것이 꽃이다.
- 크리스챤 디올

옆모습이 살짝 알프레드 히치콕을 닮았다는 크리스챤 디올 Christian Dior (1905-1957)이 프랑스 여성들에게 어떤 존재였는지는 그의 죽음에서 드러난다. 1957년 디올은 이탈리아의 휴양지 몬테카티니Montecatini의 호텔 카지노에서 심장마비로 사망했다. 지인들과 카드놀이 도중 손에 카드를 든 채 테이블에 머리를 숙여버린 것이다. 앰뷸런스와 구급대원들이 오고 병원으로 실려갔지만 영영 깨어나지 못했다. 디올의 친구이자 입생로랑Yves Saint Laurant의 삶의 동반자였던 피에르 베르제Pierre Berge는 이렇게 쓰고 있다.

"프랑스가 멈춘 거 같았다. 크리스챤 디올의 장례식은 국장國葬 같았다. 전국에서 추모의 꽃이 메종으로 보내졌고, 디올 메종은 이 꽃들을 개선문이 있는 에뚜알 광장Place d'Etoile으로 보냈다. 디올의 장례 행렬이 장지로 가며 도시와 마을을 지날 때면, 온 지역의 여성들이 꽃을 들고 나와 그의 마지막 길을 지켰다."

패션 대통령이라 할만한 추도였다. 크리스챤 디올은 여성도 모르는 여성의 꿈을 읽었고, 여성이 패션에 원하는 것을 알고 있었다. 그를 규정하는 세 개의 키워드가, '여성성, 우아함, 섬세함'이듯, 그는 천부적인 탐미주의자로, 여성복에 새로운 세계를 연 마에스트로였다. 작가 장 콕도Jean Cocteau는 '디올Dior'은 프랑스어로 신을 뜻하는 디외Dieu의 'Di'와 금을 뜻하는 'or'를 합쳐 축약한 것이라 할 정도로 그를 숭배했다.

크리스챤 디올은 프랑스 노르망디 지역의 항구도시 그랑빌Grandville에서 태어났다. 이 지역의 이름에 남아 있듯 중세에는 바이킹인 노르만족이 지배했던 지역이라 유전자 속에 북구적인 요소가 많이 섞인 지역이다. 아버지는 비료와 락스를 생산하는 부유한 기업가였고, 삼촌은 국회의원과 상업 장관을 역임한 집안이었다.

재미있는 이야기 하나가 전해지는데, 어느 날 노르망디의 한 역술가가 디올을 보고는, "여자들이 널 도와줄 거다. 여자 주변에 있어야 성공하느니라"라는 예언을 했다고 한다. 그는 건축을 공부하고 싶었지만 완고한 어머니는 외교관이 되길 원해 1923년 파리의 명문 정치학 그랑제꼴인 '시앙스포Ecole des Sciences Politiques'에 들어간다. 하지만 영 적성에 맞지 않아 3학년 때 자퇴하지만, 이곳에서의 공부가 훗날 비즈니스와 미디어를 능숙하게 이용하는 데 도움을 준 것은 확실하다.

디올의 외교적인 수완은 파리의 예술계 탐험으로 시작했다. 아버지의 도움을 받아 친구와 함께 파리에 작은 갤러리를 운영했는데, 훗날 자서전에 이렇게 쓰고 있다.

"우리의 야망은 가장 존경하는 위대한 예술가인 피카소Picasso, 브라크Braque, 마티스Matisse, 뒤피Dufy나 천재성 있는 친구들인 크리스챤 베르나르Christian Bérard, 살바도르 달리Salvador Dali, 막스 자콥Max Jacob, 베르망 형제les frères Berman 등의 작품을 전시하는 것이었다."

실제로 달리가 처음으로 자신의 첫 초현실주의 회화를 전시한 것도 디올의 갤러리에서였다. 어머니와 형이 세상을 뜨고 대공황의 파동으로 아버지 사업이 어려워지자 젊은 디올은 갤러리를 닫고 개인 돈으로 수집했던 브라크나 피카소 수집품을 헐값에 판다.

하지만 이 시기의 심각한 재정적인 어려움과 실패는 결과적으로 '행운'의 여신이 돌본 것이 되었다. 패션계로 들어선 계기가 되었기 때문이다. 그림을 공부하던 당시 그는 영국 디자이너 에드워드 몰리뇌Edward Molyneux와 샤넬Chanel에 심취해 있었고, 성공을 향한 우상으로 삼고 있었다. 그는 드로잉에 천부적인 재능이 있었다. 1935년 군 제대 후 처음

왼쪽) 1950년대 New H-Line
오른쪽) 크리스챤 디올

으로 스케치한 모자와 원피스 스타일화가 의상실에 팔리고, 이어 〈피가로 일러스트Figaro Illustre〉에도 실리게 되었다. 이후 당시 고급 의상실이던 로베르 피게Robert Piguet, 뤼시앙 르롱lucien Lelong 등의 아틀리에에서 피에르 발망Pierre Balmain과 함께 디자이너로 일한다.

1945년 '직물의 황제'라 불리던 텍스타일 재벌 마르셀 부삭Marcel Boussac과 알게 되었다. 디올의 재능을 알아본 그는 쓰러져 가는 패션 브랜드를 인수하려던 중 그에게 함께 일하자는 제의를 하지만 디올은 한물간 디자이너 브랜드를 살리는 일을 하고 싶지는 않다며 거절했다. 결국 부삭은 60만 프랑을 투자해 크리스챤 디올의 이름을 건 회사를 설립하고, 1946년 몽테뉴Montaigne가에 메종을 개업한다.

1947년 12월 12일 크리스챤 디올은 수석 재단사인 피에르 가르댕과 함께 구성한 '꽃받침 라인Corolle Line'이라는 테마로 첫 번째 컬렉션을 연다. 몽테뉴가의 메종에는 전 세계의 상류층이 모여들었다. 당시 최고의 여배우이던 리타 헤이워즈rita Haywarth와 이슬람 왕족 아가칸Aga Khan 왕비도 참석했다. 특히 미국의 〈하퍼스 바자〉 편집장 카멜 스노우Camel Snow를 비롯해, 〈엘르〉 등의 미디어 기자들과 사진작가들도 대거 출동했다. 결과는 '대박'이었다. 카멜 스노우는 디올의 첫 컬렉션을 본 후 외쳤다. "디올 씨. 계시를 받았어요. 이건 뉴룩New Look이예요!" 그녀는 기사를 전송했고, 패션 역사에서는 이 첫 컬렉션을 '뉴룩'이라 명명하게 된다.

그런데 디올의 뉴룩은 결코 앞서가는 새로운 스타일이 아니었다. 그는 오히려 클래식한 귀족풍의 여성미를 다시 소환했다. 2차 세계대전 후 여성의 의상은 심플하고 우중충했다. 이런 분위기에 질려 있던 찰나에, 마치 예전 화려하던 벨 에포크의 시대로 돌아간 듯한 실루엣으로 여심을 압도한 것이다. 아치처럼 조여 가는 허리를 강조하는 곡선, 꽃처럼 풍성하게 퍼지는 골반, 부드럽게 떨어지는 어깨, 강조된 섹시한 가슴 볼륨과 조형미는 잊고 있던 화려한 궁정 시대를 떠오르게 했다. 그래서 디올의 옷은 원단이 많이 들었다. 당시 3m 길이면 원피스 한 벌을 만들었는데, 뉴룩 스타일은 12~20m가 들었다고 한다.

뉴룩의 핵심은 투피스로, '따이외르 바Tailleur Bar'라는 재단법을 사용했다. 여성의 곡선을 따라 도자기를 빚은 듯하면서도 조형미가 넘치는 이 둥그스름한 윤곽을 재현하려면, 일류 재단사가 500시간 이상 작업을 해야 제대로 된 한 벌을 만들 수 있다고 한다. 70년이 지난 지금도 디올의 그 유명한 재단법은 지속되고 있다.

그는 '클래식한 동시에 인습을 타파한' 디자이너로 떠올랐다. 모두가 움츠려 절약하던 시대에 억누르고 있던 '사치'라는 이슈를 드러낸 것이다. 여성들의 욕망에 불이 붙었다.

뉴룩은 세상을 평정했고, 특히 미국에서의 성공은 하늘을 찔렀다. 할리우드의 스타 에바 가드너나 마들렌 디트리히도 뉴룩을 입고 영화에 등장했다. 이와 함께 미국 시장에 진출, 세계를 향한 행보를 시작한다.

뉴욕에 숍을 연 그는 수많은 라이선스, 프랜차이즈, 로열티 등으로 디올 왕국을 건설한다. 스타킹에까지 라이선스를 주어 당시 가장 잘나가는 각선미 여신 마들렌 디트리히를 모델로 썼다. 올리비아 하빌랜드, 리즈 테일러, 리타 헤이워드, 에바 가드너, 마릴린 먼로, 로렌 바콜 등이 모두 디올을 고집했다. 미국을 사로잡은 디올은 창업 11년 만에 세계 15개 국가에 진출해 프랑스 패션 수출의 반을 차지할 정도로 성공했다. 〈타임〉지는 왼손잡이용 가위를 든 그의 사진으로 1면을 장식했고, 프랑스 최고의 디자이너로 소개했다.

디올이 대단한 것은 디자이너 이상으로 비즈니스라는 직업을 이해했다는 데에 있다. 그는 스타 디자이너이자, 최고의 비즈니스맨이었다. 그를 넘어서는 비즈니스맨은 없었다. 세상의 변화를 재빨리 감지하고, 시즌마다 새로운 스타일의 실루엣을 선보였다. 특히 라인의 개념을 오트쿠튀르에 도입해 컬렉션 마다 중심 콘셉트가 되자, 패션계는 디올이 제시하는 새로운 라인을 기다리게 되었다.

운명을 예감한 걸까? 그는 어시스턴트였던 젊은 입생로랑에게 "나의 후계자는 자네일세"라는 말을 하곤 했다. 그리고 이는 얼마 지나지 않아 현실이 되고 말았다. 1956년, 과도한 업무로 지친 그는 쉬면서 회고록도 쓸 겸 프로방스의 라꼴레 누아르 성Château de La Colle Noire에 머물렀다. 10년 전에 향수 〈미스 디올Miss Dior〉을 출시하며 향수의 메카인 그라스 근처에 사둔 성이었다. 그리고는 1957년 10월 입생로랑과 함께한 '방추형 라인Fuseau'이라 명명한 컬렉션을 연 후 이탈리아 토스카나의 휴양지로 요양 차 떠났고, 이곳에서 심장마비로 삶을 마감한다. 남겨진 디올은 21살의 앳된 천재 입생로랑이 이끌게 된다.

디올은 현재 LVMH 소속이다. 회장인 베르나르 아르노는 소유하고 있는 그 수많은 브랜드 중 크리스챤 디올에 가장 공을 들인다. 기업 가치의 몇 배를 준다 해도 팔지 않는다고 말한다. 그가 디올에 애착을 갖는 이유는 처음 사들여 키운 브랜드라는 의미 이외에, 아티스트를 넘어섰던 크리스챤 디올의 비즈니스 감각이 그와 맞기 때문이 아니었을까.

스트리트 럭셔리, 거리에서 생명력을 찾다 : 입생로랑

나는 부르주아 여성들을 싫어해요.
그들의 비타협성과 정신이 싫어요.
그녀들은 항상 어디엔가 브로치를 달고,
머리는 아주 단정하게 빗고 있지요.
- 입생로랑

"언젠가 내 이름이 상젤리제 거리에서 빛나게 될 거야." 입생로랑은 고등학생 때부터 장담했다. 그리고 이 꿈은 마술처럼 예기치 않게 다가왔다. 1957년 10월 24일 전 세계에서 가장 영향력 있는 패션 디자이너이자 사업가이던 크리스챤 디올이 심장마비로 갑자기 세상을 떠난다. 그로부터 4주 후, 21세의 입생로랑은 디올의 후계자가 된다.

"디올을 위해 일하게 되다니 기적이 실현된 것이었다. 나는 그를 한없이 존경했다. 이 시대의 가장 유명한 디자이너였지만 기업가로서의 능력도 뛰어났다. 내 예술의 뿌리인 그에게 나는 인생의 큰 부분을 빚지고 있다. 그 이후의 삶에도, 나는 그 옆에서 보낸 지난 세월을 결코 잊지 않았다. 디올은 나에게 패션과 디자인뿐 아니라, 옷 만드는 직업의 기본인 고귀함을 사랑하는 법을 가르쳐 주었다."

입생로랑(1936-2008)은 당시 프랑스의 식민지였던 알제리의 오랑Oran에서 태어났다. 이렇게 아프리카의 식민지에서 태어난 프랑스인을 '검은 발'이란 의미의 '피에 노아Pieds Noirs'라 하는데, 아프리카 대륙에 그 뿌리와 영혼을 둔 프랑스인이라는 의미다.

아버지는 보험회사의 사장이었는데, 북아프리카 여러 도시에 극장 체인을 소유하고 있는 유지 집안이었다. 하지만 내성적이고 몸이 약한 데다가, 모호한 성적정체성 때문에 어린 시절은 편치가 않았다. 그래서 혼자 있는 시간에 그림을 그리거나 종이 인형을 만들고, 여동생과 어머니의 옷을 디자인하는 등 예술적 영감을 발휘했다. 이런 문화적 배경은 그의 삶을 통해 관습에 굴하지 않는 진보적인 성향으로 나타났다. 최초로 아프리카와 아시아의 모델들을 기용하고 이국적인 문화를 디자인에 반영하는 등. 상류층 출신이었지만 경제적으로 낙후된 북아프리카에서 보낸 유년 시절과 아웃사이더적인 성향이 비주류의 아름다움에 눈뜨게 한 것이다.

크리스찬 디올와의 만남은 거의 운명적이었다. 사랑이라면 첫눈에 반한다는 것이 이런 경우일 것이다. 당시의 패션계는 디올, 지방시, 발렌시아가가 주름잡고 있었다. 패션에 관심이 많던 입생로랑은 고등학생이던 17살에 잡지 〈파리마치Paris Match〉를 보다가 파리 국제양모사무국에서 콩쿠르를 주최한다는 광고를 보게 된다.

별생각 없이 디자인을 출품했는데 덜컥 1등에 당선이 된다. 1955년 오랑에서 고등학교를 졸업하고 다시 파리에 온 그는 파리 의상조합 패션학교에 등록했지만 지루함만 느꼈다. 다시 한번 파리 국제양모사무국의 콩쿠르에 디자인을 출품하는데, 이번에는 칼 라거펠트Karl Lagerfeld와 공동 수상을 한다. 이때의 심사위원이 피에르 발망Balmain과 지방시Givenchy였다. 처음 입생로랑이 콩쿠르에 당선되었을 때부터 그의 재능을 눈여겨보던 프랑스 〈보그Vogue〉지의 사장 미셸 브뤼노프는 그를 몽테뉴가 30번지, 메종 디올로 데려갔다. 크리스챤 디올은 그 자리에서 입생로랑을 어시스턴트 겸 패턴 디자이너로 고용한다.

패션학교에는 흥미를 느끼지 못해 달랑 3개월이 최종 학력인 그가 디올에 입사해서는 수많은 컬렉션과 라이선스를 이루어냈다. 짧은 시간에 입생로랑은 디올에게 없어서는 안 되는 동반자가 되어가고 있었다. 하지만 디올은 점점 과중한 업무와 패션업계에 스트레스를 받았고, 1957년 10월 심근경색으로 갑작스레 사망했다.

슬픔이 채 가시기도 전에 디올의 왕국을 물려받은 21살의 이 어린 디자이너는 전 세계의 패션 잡지를 도배하게 된다. 디올의 다음 시즌 컬렉션이 한 달 밖에 남지 않은 때였다. 입생로랑은 디자인을 구상할 때마다 고향인 오랑으로 날아가곤 했는데, 이번에도 습관처럼 오랑으로 갔다. 15일 만에 돌아온 그의 트렁크 안에는 600장의 스타일화가 들어있었다.

첫 번째 컬렉션, 기대와 호기심이 반반인 초대객들로 메종이 가득 찼다. 입생로랑은 디올의 A라인을 연상하게 하는 사다리꼴의 '트라페즈 라인Trapeze Line'을 내놓았다. 당시 파리에 유행하던 재즈 바와 클럽들에서 영감을 받은 것이었다. 디올이 몸의 곡선에 붙는 라인을 선호한 것과 달리 입생로랑의 라인은 훨씬 넉넉하고 자유로웠다. 원단도 줄어들었다. 옷에서 모든 장식과 절개선을 걷어내고 오직 라인만이 돋보이는 이 디자인은 다시 한 번 자유롭고 적극적인 여성을 상징했다.

검은 수트에 두꺼운 뿔테의 안경을 쓴 날씬한 젊은이가 모델들 가운에 무대에 오르자 환호성이 울려 퍼졌다. 미디어는 아직 어리고 수줍은 청년인 그를 10여 년 전 비행기 사고로 세상을 뜬 생떽쥐페리의 소설 주인공인 '어린 왕자'라 명명했고, 디올의 죽음 이후 회사를 살릴 파리 최고의 디자이너, 국민 영웅으로 추켜세웠다. 그의 성공은 거의 세계적이 되었고, 냉전 중이던 그 시대에 모스크바에까지 매장을 열 정도였다. 디올에 있는 동안 입생로랑은 한 저녁 모임에서 연인이

자 비즈니스 파트너가 될 피에르 베르제Pierre Berge를 알게 되고 이는 평생 지속된다.

하지만 자기 색이 강한 입생로랑이 디올 없는 디올을 오래 이끌기에는 추구하는 바가 너무 달랐다. '젊음의 룩Youth Look', '비트 룩Beat Look' 등으로 스트리트 패션을 디자인에 삽입하고자 하는 그의 성향은 보수적인 여성성과 우아함을 강조하는 디올의 DNA와 점점 멀어진 것이다. 특히 악어 가죽과 비종 가죽으로 제작된 바이크 점퍼는 마침내 투자자인 마르셀 부삭을 노발대발하게 했고, 디올에서의 마지막 컬렉션이 되었다. 3년 남짓, 6번의 컬렉션 동안 그의 과감하고 혼합적인 스타일은 디올에 깊이 새겨졌고, 세계적인 성공을 거두었다.

디올과의 만남은 아름다웠지만, 회사와의 결별은 그렇지 못했다. 1960년 입생로랑은 군 입대를 하게 된다. 그 시기는 알제리 독립운동으로 인한 프랑스-알제리 간의 전투가 한창이던 시대였다. 프랑스 국적이지만 알제리 태생인 입생로랑은 전쟁에 파병되자 우울증에 시달렸고, 3개월 만에 귀국해 파리의 국군병원에 입원하게 된다. 미디어는 분노해서 날뛰며 그를 물어뜯었다. 투자자는 그를 해고했고, 마크 보한Marc Bohan을 새로운 아트 디렉터로 영입했다.

디올과의 지저분한 종말은 결국 입생로랑의 제대 후 부당해고에 대한 소송으로 이어졌고, 승소한 그는 때마침 미국 백만장자의 투자를 받아 피에르 베르제와 함께 1961년 자신의 이름을 건 '입생로랑'을 설립하게 된다.

파리는 중심을 가로질러 흐르는 센강을 기점으로 좌안Rive Gauche(리브 고슈)과 우안Rive Droite(리브 드루아트)으로 문화나 라이프스타일이 확연히 나뉜다. 우안은 루브르 박물관부터 오페라하우스, 그리고 상젤리제와 몽테뉴, 생토노레 거리의 명품숍들, 16구의 고급 저택과 아파트 등 상류층의 라이프스타일을 대변한다. 반면 좌안은 소르본 대학과 학생들의 거리, 상대적으로 저렴한 노동자들의 아파트 등으로 진보적인 거리 문화를 상징한다. 하위로 치부되는 문화의 치명적인 매력을 잘 아는 입생로랑은 우아함으로 포장된 속물근성을 경멸했고, 활기로 가득한 좌안의 거리에서 영감을 얻었다.

그는 상류층 뿐 아니라 모든 여성에게 자신의 옷을 입히고 싶었다. 화려한 몽테뉴가에 자리를 잡고 있던 그가 1966년 '리브 고슈Rive Gauche'라는 기성복 라인을 발표했을 때, 패션계 사람들은 놀라서 설마 저런 옷이 성공할까 하는 눈으로 바라보았다. 리브 고슈는 그 동안 오트쿠튀르가 가졌던 느낌과는 전혀 다른 자유분방한 옷이었다. 고리타분했던 패션을 거리로 끌어내린 것이다.

입생로랑은 파리 좌안에 이름 그대로 로드숍을 오픈했고, 대 히트를 했다. 그리고는 "나는 사람들이 들어와서 만져보고 싶은 마음이 드는, 정감 어린 부티크를 원해요" 라고 선언한다. 기성복의 시작이었다. 패션계의 놀라움은 곧 부러움과 질투로 바뀌었다. 그 이후 너도나도 리브 고슈의 젊은이들을 대상으로 프레타 포르테 라인을 운영하기 시작한 것은 말할 것도 없다.

게다가 그는 사회가 여성에게 바라던 이미지 마저 혁명적으로 뒤집었다. 보수적이던 1960년대에 내놓은 '스모킹Le Smoking'은 남성의 상징이던 수트를 여성에게 입혀 의상의 경계를 무너뜨린 기념비로, 입생로랑의 상징이 된다. 그는 이 스모킹에 가장 애착을 보여 패션계를 떠날 때까지 매 시즌 새로운 스타일을 선보였다. 이로써 바지는 여성의 일상으로 들어왔고, 바쁘게 일하는 독립적인 여성이 섹시하다는 또 하나의 모델을 제시하였다. 그 외에도 사파리 재킷, 브라크, 고흐, 마티스, 몬드리안의 그림을 적용한 디자인, 팝아트적인 컬러, 노브라의 시스루 블라우스 등 그의 작품은 언제나 화제를 몰고 다녔다.

21살의 어린 나이에 '디올'라는 막중한 책임을 지고 달려온 이브는 너무 일찍 최정상에 오른 사람들이 갖는 신경쇠약증에 시달렸다. 천부적인 재능과 예술성에도 불구하고 정신은 극도로 소비되었고, 무대에서 내려온 후의 허탈감, 더 새로운 것을 창조해야 한다는 강박관념은 결국 약물중독이라는 돌아올 수 없는 강으로 그를 이끌었다. 1990년대 초반부터 시작된 경영 부진과 엘프 사노피에의 매각, 1999년 케링Kering 그룹에의 인수합병 등은 창업자인 그에게 많은 고통을 주었을 것이다. 2002년 그는 디올이 자신을 후계자로 삼았듯이 신예 디자이너에게 자리를 물려주고 은퇴한 후 2008년 세상을 떠났다.

그의 죽음 또한 크리스찬 디올 못지않게 프랑스 국민들에게 충격을 주었다. 생로슈Saint Roche 성당에서 열린 장례 미사에서는 수백 명의 조문객이 화환으로 뒤덮인 그의 마지막 모습에 작별 인사를 건넸다. 장지로 떠나는 그의 관에는 프랑스의 삼색기가 덮였다. 이날 전 세계의 입생로랑 부티크는 애도를 표하기 위해 문을 닫았다. 그리고 유골은 그가 북아프리카에서 가장 좋아하던 도시 마라케시에 피에르 베르제와 함께 일군 식물원 마조렐 정원에 뿌려졌다.

입생로랑은 자신이 '검은 발'의 북아프리카 출신이라는 비주류적인 감성을 사랑했다. 뼛속까지 예술가였던 그는 모든 작품에 이 감성을 녹였고, 꾸며진 상류층의 삶보다 거리의 내추럴한 생명력을 사랑했다.

20세기 초반의 위대한 디자이너들로 시작해 입생로랑을 거치며 오트쿠튀르는 기성복이 되어 대중에게로 성큼 다가왔고, 여성들의 패션은 더 많은 자유를 얻게 되었다.

변화에 대한 확신, 명품에 실용을 더하다 : 프라다

내가 무엇을 좋아하는지 알고, 좋아하는 것을 만들기는 아주 쉽다.
하지만 나의 '고급스러운 취향'은 너무 지루하다.
나는 '나쁜 취향'을 기초로 작업하고자 한다.
-미우치아 프라다

2012년 뉴욕 메트로폴리탄 뮤지엄에서는 〈불가능한 대화〉라는 주제의 패션 전시회가 열렸다. 혁신적인 삶을 산 이탈리아 출신의 두 여성 디자이너 엘사 스키아파렐리와 미우치아 프라다를 한 자리에 만나게 한 것이다. 시간과 공간을 초월한 자리에서 이 두 거장은 어떤 대화를 나누었을까? 패션계의 인텔리[Uno intello della moda]인 미우치아는 극도로 절제된 생활을 한 것으로 유명하다. 여전히 정치에 관심을 가지고, 다른 사람과 닮는 것은 싫다는 주체성 강한 그녀는 사람들이 명품 기업의 총수에게 기대하는 것과는 정반대의 모습으로 기억된다. 민 얼굴에, 사교계에 모습을 잘 드러내지 않으며, 사진 찍히는 것도 싫어한다. 그래서 옷도 철저하게 지성적이고 건조하다.

반면에 예술적 영감에 따라 옷을 만든 스키아파렐리는 사교계를 드나들며 예술가 친구들과 어울리며 작업했다. 미우치아는 후원은 하지만 예술가와 작업하는 것은 거부한다. 그런데도 이 둘은 묘하게 닮아 있다. 둘 다 상류층 출신이면서도 소신대로 삶을 살았다는 점에서 닮았고, 소재와 형태를 선택함에 있어 관습을 넘어 혁신적이라는 점도 닮은 꼴이다. 그녀들 가운데에 입생로랑이 서 있다면 완벽한 조합이 되었을 것이다.

경건한 가톨릭 가풍을 지닌, 보수적인 롬바르디아의 부르주아 집안에서 자란 미우치아는 로마 대학에서 철학을 공부한 스키아파렐리 만큼이나 특이한 배경을 지녔다. 밀라노 대학에서 정치학을 전공해 박사 학위를 받았고, 공산당에 가입해서 활동했으며, 페미니스트 단체인 이탈리아 여성연합에 가입해서 활동했으니 말이다. 또 취미로 피콜로 떼아트로Piccolo Teatro에서 마임Mime을 공부한 후 돈을 벌기 위해 피콜로 스칼라Picolo Scala의 오페라와 TV 광고에서 공연을 하기도 했다. 그녀는 마임에 아주 심취했는데, 훗날 '극장은 아방가르드가 현실화되고, 사물이 지나가는 장소였다'고 회상한다. 그녀의 중심은 극장과 대학 그리고 정치였고, 부모님의 사업은 안중에도 없었다.

미우치아 프라다

부르주아 집안의 딸이 공산당원으로 활동했다니 의아할 수도 있지만, 1960년대의 유럽은 자유, 여성해방 등 다양한 변화의 물결이 퍼지고 있던 시대였다. 그런데 그 와중에도 청바지와 유니폼을 입지 않은 사람은 그녀 뿐이라 어디서나 눈에 띄었다. 입생로랑 원피스를 입고 명품백을 든 모습이 기자들에게 포착되어 미디어의 조롱을 받기도 했지만, 이런 모순은 그녀가 사물을 다른 관점에서 볼 수 있게 해주었다. 어린 시절, 미우미우MiuMiu라는 가상의 자신을 만들어 혼자 놀이를 하곤 했던 것도 이런 모순을 표출하기 위한 페르소나였던 것이다. 훗날 그녀는 이 이름을 따 '미우미우'라는 라인을 만든다.

미우치아 프라다Miuccia Prada의 외할아버지인 마리오 프라다는 1913년 비토리오 엠마누엘레 2세 거리에 '프라텔리 프라다Fratelli Prada'라는 고가의 가죽용품 회사를 창업했다. 섬세한 수작업과 품질 좋은 재료로 만든 여행용 가방과 액세서리 등은 곧 이탈리아 엘리트 상류층과 유럽의 귀족들에게 인기를 얻었다. 1919년에는 이탈리아 왕실 공식 납품업체로 선정되어 사보이 왕실 문장을 회사 로고 옆에 넣을 수 있게 되었다. 하지만 2차 세계대전 이후 변화하는 시대를 따르지 못해 사업은 축소되었다. 1958년에 마리오 프라다가 세상을 떠나고, 미우치아의 어머니와 이모가 가업을 이었지만 1970년대 말 거의 파산 직전까지 가게 된다.

이런 상황에서 패션을 소비의 도구로 여겨, 비즈니스에는 관심이 없던 미우치아가 프라다를 떠맡게 된다. 정치와 사회적 참여를 좋아하던 그녀는 말도 안 된다 했지만, 상황은 그녀를 집안의 가업으로 이끌었다. 하지만 그녀의 내면에 창작의 본능이 잠재되어 있었음을 깨닫는 데는 얼마 걸리지 않았다.

프라다를 성공으로 이끈 것은 그녀를 보완해주는 남편과의 만남이었다. 1978년 밀라노에서 국제 피혁박람회가 열렸는데, 미우치아는 토스카나의 한 업체가 프라다의 디자인을 카피한 것을 발견했다. 그녀는 담판을 짓기 위해 업체의 사장인 파트리치오 베르텔리Patrizio Bertelli를 만난다. 그런데 이 상황에서 오히려 미우치아는 파트리치오에게 묘하게 설득을 당해 오히려 협업하기에 이른다. 그 업체는 프라다에 납품하게 되었고, 얼마 지나지 않아 사랑에 빠진 둘은 결혼을 한다. 비즈니스 감각이 뛰어난 파트리치오는 사업을 별로 좋아하지 않는 미우치아를 격려하고 보완하며 프라다를 일으켜 세운다. 현재 프라다는 가업을 잇고 있는 몇 안 되는 회사 중 하나다.

고객으로 소비만 했지 한 번도 스타일화를 그리거나 재봉을 해보지 않은 미우치아에게 패션은 전적으로 지적인 작업이다. 기술적인 지식이 없는 것이 오히려 신선한 아이디어를 주기 때문이다. 1990년대 말에, 안 들면 간첩이라는 말까지 들을 정도로 전 대륙에 히트한 까만 나일론 백이 바로 그랬다. 진품부터 모조품까지 전 지구를 덮었던 이 백은 우연의 산물이었다.

1996년 그녀는 창고에서 할아버지가 고급 가죽 트렁크를 보호하기 위해 덮어놓은 윤기 나는 검은색의 방수천을 보게 된다. 이 방수천은 포코노Pocono라는 소재로 군용 낙하산이나 텐트를 만드는 소재였다. 미우치아는 이 천을 보자마자 '앗! 이거다"라는 생각이 들었다. 포코노 원단은 부드럽고 튼튼한데다 가볍고, 때도 타지 않았다. 게다가 방수가 되니 커피나 와인을 엎질러도 쓱쓱 닦아내면 된다. 스크래치도 나지 않고 시간이 갈수록 광택이 살아나기까지 했다. 천연 소재가 아니라는 것 외에는 이렇게 장점만 있는 원단이 어디 있으랴.

미우치아는 이런 포코노 원단에 모서리만 가죽으로 감싼 토트백을 디자인한 후, 외할아버지 때부터 사용해오던 '프라다 밀라노'의 로고가 들어간 삼각 금속 장식을 더해 전통과 명품의 이미지를 얹었다. 그리고는 값비싼 가죽 소재의 라인은 그대로 유지하면서, 70만 원 내외의 저가(?) 라인으로 출시한 것이다.

처음엔 별 특색 없고 미니멀한 천 가방이 그다지 인기를 끌지 못했다. 그간 최고급 가죽으로 된 전통적인 명품 가방에 익숙했던 고객층에, 나일론 가방은 경악에 가까운 것이었다. 하지만 미우치아는 포기하지 않았고, 계속 만들었다. 이 믿음은 90년대에 이르러 빛을 발했다. 미국의 실용주의로부터 출발한 미니멀리즘Minimalism에 일본의 젠Zen을 탑재한 디자인이 인테리어부터 패션까지 전 세계를 강타한 것이다. 사실 젠이란 '명상'이라는 동양의 그저 일상적인 행위였는데, 서양의 미학을 만나 새로운 움직임인 듯 포장된 것이다.

프라다의 단순함과 간결함은 이런 문화적인 흐름과 맞물리며 출시된 지 10여 년이 지난 90년대 초 전 세계 여성들의 머스트 해브Must Have

아이템으로 떠오른다. 시대는 프라다를 받아들였고, '실용적'이라는 한 마디에 전 세계 여성들이 지갑을 열어젖혔다.

20세기 초 일하는 여성들을 위한 패션이 샤넬이었다면, 1990년대 일하는 여성들을 위한 실용성은 프라다였다. 포코노 백은 청바지면 청바지, 정장이면 정장, 드레스에까지 어디에나 어울렸다. 모피코트 걸치고 벤츠 타는 상류층 여성뿐 아니라 지하철 타고 출퇴근하는 여성들까지, 게다가 모두가 진심으로 실용적이라고 느꼈다는 것이다.

한술 더 떠서 이미테이션 시장은 어마어마했다. 그런데 다른 명품과는 달리 모조품은 프라다의 인지도를 높여주는 역할을 한다. 검정의 나일론 천에는 프라다 천이라는 이름이 붙어, 프라다 바지, 프라다 오버코트 등 다양한 파생 상품이 프라다라는 이름으로 쏟아져 나온 거다.

이때부터 명품 핸드백의 역사는 'Before Prada & After Prada'로 바뀌었다. 판화나 팝아트가 처음 예술이라며 나타났을 때 사람들은 의아해했다. 수없이 찍어낼 수 있고, 또 모조도 쉬웠기 때문이다. 이후 예술이 무엇이냐에 대한 사회적 합의점을 찾아야 했듯, 이제 명품이란 무엇이냐에 대한 사회적 합의점을 찾아야 했다. 명품이 높은 곳에 존재하는 왕자님의 성이 아니라, 누구나 한 번쯤은 가질 만한 물건이 된 것이다. 명품은 프라다를 통해 눈에 보이지 않게 그어져 있던 계층의 벽을 허물었고, 장인과도 이별했다. 실제로 프라다는 장인정신을 크게 강조하지 않는다 '기발한 아이디어와 스타일' 만으로 명품을 창조한 것이다.

미우치아 프라다의 재능은 그녀가 지난 세대의 전투적 페미니스트였음을 증명하는 '변화'에 대한 '확신'이다.

기성세대의 명품에 대한 모든 이미지를 뒤집어 접근하는 것이다. 그리고는 다양한 요소들을 서로 믹스앤매치해 끝없이 변화하고 진화한다. 하늘 위에 고고하게 떠 있는 명품은 유행에 쉽사리 몸체를 바꾸기가 어려워 소극적인 시도 밖에 할 수 없지만, 프라다는 그 유행에 자신을 맡긴다. 아니 유행을 주도한다. 그러면서도 명품의 스타성을 유지하는 것이다. 무엇보다 일하는 지성적인 여성들의 심리를 잘 알기 때문이다. 그게 바로 프라다의 매력이다. 패션을 위한 아이템이 아닌 패션 그 자체로서 존재하는 것 말이다. 프라다의 원대로 명품의 공산화가 이루어진 것이다.

이제 겉보기로는 상류층과 일반인의 차이를 구분할 수 없어졌다. 이는 마르셀 뒤샹의 작품을 보며 "아, 예술? 저거 나도 할 수 있겠네?"라며 예술을 물건으로 끌어내렸듯이, 미우치아의 선택은 "명품? 저건 나도 들 수 있겠네?"라는 친밀함으로 명품을 지하철역에 내려놓은 것이다.

로마제국,
LVMH로 부활하다

만족하지 못한다는 것은 매순간,
모든 것에 대해 스스로에게 질문하는 조건 중 하나이다.
그렇지 않으면 우리는 잠들어 버린다.
- 베르나르 아르노

유럽이 지금의 문화를 누릴 수 있게 된 것은 기원전 1세기경 로마가 서유럽에 식민지를 개척하면서부터였다. 당시 서유럽은 게르만족과 켈트족 등이 부족을 이루며 살던 미개한 지역이었다.

BC 54년 줄리어스 시저는 대군을 이끌고 서유럽을 향해 떠났다. 로마 북부 알프스의 울창한 삼림을 넘어 현재 프랑스 영역인 갈리아Galia 지역을 향했다. 프랑스와 이탈리아, 스위스에 면해 있는 알프스 산맥은 빙하로 덮인 4810m의 최고봉을 지나 프로방스의 지중해변에서 완만해진다. 하지만 이 시대에는 이 루트도 여전히 험준한 고개였다. 시저는 카르타고의 한니발이 코끼리 부대를 이끌고 닦아놓은 길을 지났다. 로마인은 이 길을 프랑스로 가는 길이라는 의미의 '비아 프란치제나Via Francigena'라 명명했다. 이 길은 팍스 로마나Pax Romana를 거치며 영국의 캔터베리까지 연장되었다. 그리고 1800여 년 후 나폴레옹도 이 길을 지났다.

시저가 갈리아 원정을 시작한 이후 로마는 서유럽의 식민지 개척에 힘을 쏟았다. 천성적으로 테스토스테론이 넘치는 군사국가이던 로마는 토목에 능했다. 정복한 지역마다 길을 놓고 도시를 건설하고 수도 로마의 미니어처를 만들었다. 작은 콜로세움과 신전, 포럼, 모눈종이처럼 정교한 도로망 등 그 흔적은 로마가 지배했던 광대한 지역에 마치 DNA 처럼 남아있다.

원주민의 저항도 만만치 않았다. 숲에 숨어있다가 기습적으로 로마 병영을 공격해댔던 것이다. 이런 원주민의 공격으로부터 방어하기 위해 주변의 숲을 개간해 키가 작은 포도나무를 심었다. 덕분에 싹트게 된 와인 문화는 온 서유럽으로 퍼져 대대손손 먹고 사는 유산이 된다.

동쪽으로는 그리스와 이집트, 페르시아까지 헬레니즘 세계를 제패하고 서쪽으로는 영국까지 이르는 대제국을 건설했던 로마는 서유럽인의 DNA에 가장 위대했던 선조로 남았다. 이는 중세 '신성로마제국'이라는 해괴한 이름을 가진 독일연방의 꿈으로 나타났고, 나폴레옹의 꿈이 되었다.

이탈리아 코르시카의 하급 귀족의 아들로 태어난 나폴레옹은 코르시카가 프랑스 영토에 편입되며 프랑스인으로 성장한다. 육군사관학교를 졸업한 후 보병 장교가 된 그는 혁명의 혼란한 시대에 탁월한 군인정신으로 곳곳의 전투에서 눈에 뜨이는 승리를 이끌었다. 그의 쿠데타Coup d'Etat가 한국 현대사 뿐 아니라 수많은 개발도상국의 모델이 되었으리라. 자크 루이 다비드Jacques-Louis David가 그린 '위대한 지배자'에서 백마를 타고 알프스를 넘는 모습, 앵그르Dominique Ingres의 〈나폴레옹 황제의 초상〉은 그가 얼마나 신성로마제국의 꿈에 사로잡혀 있는지를 말해준다. 히틀러 역시 세계를 향해 위대한 로마제국을 꿈꾸었다. 유럽공동체도 미국도 이 꿈에서 결코 자유롭지 않다.

전쟁을 통해야만 제국의 꿈이 실현되는 것은 아니다. 언론은 흔히 루이비통을 손에 넣고 에르메스까지 넘보며 명품왕국을 건설한 LVMH의 회장 베르나르 아르노Bernard Arnault(1949–)를 보나파르트 나폴레옹에 비유한다. 코르시카의 촌뜨기이던 나폴레옹이 처음부터 황제를 꿈꾸지는 않았을 것이다. 운명이 그의 편이었고, 자꾸 높은 곳으로 올라가다 보니 눈앞에 권좌가 보였을 것이다.

베르나르 아르노는 프랑스 북부 벨기에 국경 근처의 루베Roubaix에서 태어났다. 건설회사를 경영하는 아버지와 피아니스트인 어머니 밑에서 유복한 어린 시절을 보냈다. 피아노에 소질이 있었지만 포기하고,

파리의 명문 공대인 에꼴 폴리테크니크Ecole Polytechnique에서 공학을 전공한다. 졸업 후 집안의 회사인 페레-사비넬Ferret-Savinel에 합류해 경력을 쌓던 중, 천성이 용의주도한 그는 27살에 벌써 계열 회사를 좋은 가격에 매각하는 수완을 발휘한다. 아버지로부터 회사를 물려받아 핵심 사업인 주택 건설로 회사를 키우지만, 1981년 사회주의 정부가 들어서며 기업활동에 불안을 느낀 그는 32세에 회사를 정리하고 미국으로 건너간다.

뉴욕에서 몇 년을 보낸 후 규제가 완화되자 프랑스에서 사업을 재개하기 위해 모색한다. 건설업을 다시 하고 싶지 않았던 아르노는 1984년, 크리스챤 디올Christian Dior과 잡지사 등을 거느린 섬유 전문의 부삭 그룹Groupe Boussac을 인수한다. 그런데, 이 과정은 공정성이 결여되어 당시의 기업윤리에서 상당히 벗어나 있었다. 하지만 외부의 이목에 개의치 않는 아르노는 점점 더 '소시오패스적 기업사냥꾼'의 면모를 드러낸다. 심리학자들은 소시오패스가 부정적으로 풀리면 범죄자가 되지만, 그 성향이 긍정적으로 풀리면 사회적으로 매우 유능한 사람이 된다고 한다. 실제로 재계나 정계에는 긍정적인 힘을 발휘하는 소시오패스 성향의 인물이 많다. 이해가 되는 것이, 공감 능력이 너무 크다 보면 큰 일을 할 수 없는 경우가 많기 때문이다. 베르나르 아르노 같은 사람에게 아주 걸맞은 분석인 듯하다.

이 당시의 크리스챤 디올은 이름만 디올이지 과거의 영광은 이미 퇴색하고, 욕실용품부터 주방소품까지 라이선스 남발로 브랜드 신용도는 땅에 떨어진 상태였다. 라이선스를 준 지역에 따라 품질도 엉망이었다. 아르노는 일관성 없는 지엽적 경영을 종결하고, 본사에서 모든 것을 일괄 통제하기 시작했다. 점점 디올의 매출이 안정되자 그는 나폴레옹이 꾸었던 꿈을 꾸기 시작한다. 로마제국, 아니 '명품제국'을 건설해 세계를 평정하겠다는 꿈을.

그의 기업 인수합병 방식은 전통적인 도식을 깼다. 인맥을 활용해 앞에서는 우호적인 척하면서 뒤에서 그 기업의 라이벌과 협상해서 공격한다. 즉 웃으며 등 뒤에서 칼을 꽂는 비겁한 방식이다. 게다가 명품기업을 인수한 뒤에는 창업자 가문의 사람들은 가차 없이 길바닥으로 내쫓았다. 그가 구상하는 명품사업은 창업자 가문의 애착이 걸림돌이 되었기 때문이다. 비록 망해가는 사업이지만, 후손들은 본능적으로 '장인정신'에 가치를 두었고, 아르노는 오직 '이윤창출'에 가치를 두었다.

1989년 LVMH를 인수합병한 후 의류, 잡화, 시계, 보석, 여기에 와인과 코냑, 보드카까지 20년 동안 60여 개가 넘는 럭셔리 브랜드를 독식했다. 비록 막판에 포기하긴 했지만, 에르메스 정복의 목전까지 가며 명실공히 명품 브랜드 왕국을 건설하기에 이른다.

그가 인수한 브랜드는 머리끝에서 발끝까지 그의 방식대로 경영방식을 바꾸었다. 공장에서의 제조 단계부터 유통, 마케팅까지 일률적으로 본사에서 통제했다. 그리고 브랜드 각각이 그 동안 쌓아온 이미지를 더욱 포장하고 극대화해서 명품 브랜드는 잘 하지 않는 광고에 엄청난 비용을 퍼부었다. 그 효과는 적중했고, LVMH는 상류층뿐 아니라 중산층에까지 사이비종교처럼 스며들었다.

로마제국의 부활을 꿈꾸며 전 유럽을 제패한 나폴레옹이 치른 대가는 혹독했다. 황제의 꿈은 오래가지 못했고, 천문학적인 전쟁 비용에 비참한 몰락이 기다리고 있었다. 하지만 베르나르 아르노는 피 한 방울 흘리지 않고 세계를 손에 넣었다. 앉아서 돈을 긁어 담으며 세계 여성의 마음을 빼앗은 그는 나폴레옹을 넘어서고 있는 것이다.

베르나르 아르노의 야성에 제동을 건 사람은 PPR[Pinault Printemps Redoute] 그룹의 프랑수아 피노[François Pinault]였다. 아르노는 1990년대에 들어서며 구찌를 인수하고자 야금야금 주식을 사 모으고 있었다. 당시의 구찌는 원래도 좋지 않은 형제 사이가 더욱 복잡한 싸움으로 번져 점입가경이었다.

다행히 천신만고 끝에 마우리치오가 죽기 몇 년 전 영입한 총괄이사 돈 멜로와, 크리에이티브 디렉터 톰 포드, 그리고 변호사 데솔레는 구찌를 혁신하고 브랜드 이미지를 명품 계열로 올려놓는 데 성공한다. 이때부터 아르노는 구찌를 인수하고 싶어 안달이 났다.

하지만 구찌를 이끌던 팀은 아르노에 정면으로 도전하며 반항한다. 결국 톰 포드와 데솔레는 당시 PPR의 회장이던 프랑수아 피노와 은밀히 협상해 구찌 그룹을 살리기에 이른다. 이는 승부욕이 남다른 아르노의 첫 번째 패배였다. 그것도 서로 오가며 친분이 있었던 피노에게 자신이 했던 동일한 방법으로 등 뒤에서 칼을 맞은 것이다.

PPR은 현재 케링Kering이라는 지주회사로 성장해, 구찌를 비롯해 입생로랑, 쁘렝땅 백화점, 크리스티 경매, 홈쇼핑인 라 르두트La Redoute, 서적 및 음반 유통사인 프낙FNAC, 세계 2위의 가구 가전 매장인 콩포라마Conforama 등을 거느리고 있다.

19세기부터 20세기를 지나며 장인과 예술의 세계를 넘나들던 거장들은 역사 속으로 사라졌다. 하지만 '브랜드'라는 이름으로 만들어진 스타가 되었다. 인간은 추앙할 신성한 대상이 없이는 공허한 존재다. 그 대상이 종교적이건, 대중문화의 우상이건, 아니면 사랑하는 사람이건 우리가 살아가는 현실이 각박할수록 내면의 신성을 어딘가 투사해야 한다. 럭셔리를 대변하던 거장들도 기독교의 성인처럼 하늘의 별이 되었다.

자연이 준 최고의 사치 : 로마네 콩티

세상의 모든 책들보다
와인 한 병 안에 더 많은 철학이 담겨있다.
-루이 파스퇴르

18세기 프랑스의 법률가이자 미식가였던 브리야 사바렝이 말했다. "당신이 오늘 먹은 것이 무엇인지 말해주면, 당신이 어떤 사람인지 말해 줄 수 있어." 지구상의 모든 유기체가 그렇듯, 인간은 섭취하는 음식물을 소화해 '해당작용Glucolysis'이라는 물질대사를 통해 에너지를 만들고, 생명을 유지한다. 그러므로 음식은 곧 생명의 원료다. 정신 또한 이 에너지로 유지되니 음식의 품질이 그 사람을 결정한다는 것이다.

돈으로 외형을 포장할 수는 있지만, 입맛을 포장하기는 어렵다. 엄마나 할머니가 해주신 요리의 기억이 평생 가는 것은, 입맛이 문화적

조기 가정교육에 해당하기 때문이다. 그래서 1대가 잘 살면 옷을 잘 입고, 2대가 잘 살면 집을 꾸미고, 3대가 잘 살면 미식을 한다는 말이 있지 않던가. 캐비어를 막걸리와 먹는다면 그저 비릿한 생선알일 뿐이다. 샴페인과 어울린다는 것을 알아야 비로소 그 황홀함을 느낄 수 있는 거다. 그래서 인간이 누릴 수 있는 호사의 정점은 '미식'이다.

인류학자인 레비스트로스가 요리 삼각형Culinary Triangle이라는 문화적 단계를 설명하며, 식문화 중 가장 발전한 단계는 발효음식이라고 했다. 동물처럼 수렵생활을 하던 인간이 날것을 먹다가 불을 알게 되며 직화에 구운 맛을 알게 되고, 이어서 그릇을 발명하며 물을 끓여 조리하는 법을 알게 된다. 여기에서 좀 더 복잡한 단계의 그릇을 만들며 증기를 사용한 찜이나 중탕으로 발전하게 된다. 그런데 발효음식은 또 하나의 단계를 넘어야 한다. 인간이 혼자 하는 일이 아니라 곰팡이나 박테리아 같은 미생물과의 협업이기 때문이다.

발효와 부패는 종이 한 장 차이다. 둘 다 미생물이 관여한다는 공통점이 있지만, 미생물을 제어하지 못하면 곧바로 부패로 진행되고 다시 되돌릴 수 없다. 인간이 먹을 수 있는 방향으로 진행하면 발효, 먹을 수 없으면 부패가 된다.

이 가장 발전한 단계의 발효음식 중에서도 정점에 위치하는 것이 와인이다. 세상의 모든 양조주(효모를 사용해 곡식이나 과일을 자연적으로 발효한 술. 알코올 도수가 낮아 최대 14%를 넘기가 힘들다)는 효모[Yeast]라는 곰팡이와의 협업으로 만든다. 민족마다 다양한 원료를 사용해 양조주를 빚어왔지만, 와인만큼 섬세하게 품종과 카테고리가 나뉘는 술은 없다. 세계에서 가장 럭셔리하다는 프랑스 요리도 와인이 없었다면 지금과 같은 명성을 누리지는 못했을 것이다. 함께 있어 빛이 났다. 요리가 피아노라면, 와인은 오케스트라가 되어 협주곡을 연주한다. 청각으로 음악을 듣듯, 미각으로 느끼는 와인은 아는 만큼 보이고 아는 만큼 인생이 풍부해진다.

사실 유럽에서 와인의 원조는 프랑스가 아닌, 이탈리아다. 고대 그리스인들은 이탈리아를 오이노트리아[Oenotria], 즉 '와인의 땅'이라고 했다. 어디건 포도나무를 심기만 하면 좋은 와인이 쏟아진다는 말이다. 제일 먼저 그리스인이 이집트와 메소포타미아에서 받아들인 와인 문화를 지중해변에 퍼뜨렸지만, 서유럽에 직접적으로 와인을 전파한 것은 로마인이다. 로마는 유럽을 식민지화하며 가는 곳마다 하늘이 보이지 않을 만큼 울창한 숲을 개간해 키가 작은 포도나무를 심었다. 군대에 보급품을 조달하는 동시에, 숲에 숨어 있다가 공격하는 야만족의 공격을 막기 위해서였다. 이렇듯 오랜 와인의 역사를 이룬 이탈리아건만, 19세기까지 통일 국가를 이루지 못했고, 가장 중요한 근대화의 시기를 놓쳤다. 현재는 품질관리 시스템이 정착했지만, 1980~90년대까지만 해도 완벽하게 관리가 되지 않는 것이 현실이었다. 때문에 시골 농장의 장인이 묵묵히 대를 이어 만든 와인이 마케팅 잘한 수백 만원 짜리 이상의 맛을 내는 경우도 많았다. 이 사실을 알았던 와인 애호가들은 진흙밭에서 순백의 진주를 발견하듯, 골라먹는 재미에 매료되곤 했다.

반면에 이탈리아가 전수한 와인과 요리라는 실탄을 장착한 프랑스는 중앙집권이 안정되어 가며 전략적인 힘을 발휘했다. 무엇보다 프랑스는 위치가 좋았다. 와인을 만드는 포도나무 성장의 기본 조건은 일조량이 좋아야 하며, 여름과 가을에 비가 내리지 않아야 한다. 또 검은 포도는 날이 따뜻해야 잘되고, 청포도는 약간 서늘해야 잘 자란다. 이 모든 기후가 혼합된 지역이 프랑스였다. 게다가 포도라는 과일이 오묘해서, 일조량이 무조건 많다고만 좋은 것이 아니고 연간 서늘한 날이 교차해야 섬세하고 고급스런 맛을 품는다. 햇볕만 무조건 따갑게 내리쬐면 포도 껍질이 농익어 산도가 떨어지고, 맛 또한 건포도처럼 과유불급 되어버리기 때문이다.

그래서 프랑스의 와인은 열망의 대상이

었다. 영국도, 독일도 프랑스에서 가장 탐낸 것이 황금알을 낳는 포도원들이었다. 중세 말, 끝날 줄 모르던 영국과의 백년전쟁도 결국은 프랑스 제일의 와인 산지인 보르도를 둘러싼 싸움이었고, 독일이 프랑스를 점령할 때 가장 먼저 찾아다닌 것도 지하 저장창고에서 숙성 중이던 포도주였다. 아름다운 시가지와 지하의 와인들, 미식과 문화 모든 것을 통째로 소유하고 싶어했던 거다. 하지만 프랑인들이 가장 먼저 빼돌려 숨긴 것도 금은보화가 아닌 와인이었다.

프랑스의 고급 레스토랑들은 좋은 와인을 리스트에 올리기 위해 많은 공을 들인다. 레스토랑마다 잘 설비된 셀러에 오래되고 희귀한 와인을 구비하고 있어야 음식의 격이 올라가기 때문이다. 그래서 최고급 레스토랑들은 와인업계의 큰손으로, 각 와인 산지 등에서 열리는 시음회나 앙프리뫼르En Primeur(선물시장) 등에 참가하며 자기 레스토랑만의 특별한 와인 셀렉션에 힘쓴다. 아무리 좋은 요리라도 궁합이 맞는 와인과 함께 해야 제힘을 발휘하기 때문이다.

레스토랑에서 와인을 관리하고 수집하는 담당자를 소믈리에Sommelier라 하는데 그 어원은 중세 프랑스어에서 왔다. 과거 왕정 시대의 왕은 항시 적의 독살에 노출되어 있었다. 이에 대한 방지책으로 우리나라에도 기미상궁이 있었듯이, 왕이나 왕세자의 음료를 관리하고 맛보는 담당관이 있었다. 와인 생산이 중요한 농산품이 되던 중세 프랑스에서는 궁정의 전반적인 여행짐과 와인 등을 책임지는 공식적인 임무를 담당하는 관리를 두어, 소믈리에라 하였다.

프랑스어로 와인과 요리의 조합을 '마리아주Mariage'라 하는데, 결혼이라는 뜻이다. 프랑스의 테이블에서 와인은 단순한 반주의 역할을 넘어서 요리와 동등한 의미를 지니기 때문이다. '결혼'이라 함은, 와인과 요리의 만남이 인생의 배우자를 선택하는 것만큼 극적이진 않겠지만 적어도 입안에서 서로를 밀어내서는 안 된다는 의미일 것이다.

실제로 유럽에 가보면 포도주는 일상의 음료이고 동네 친구들과 정겹게 나누는 막걸리와 다르지 않다. 그런데 와인 또한 모든 럭셔리처럼 하이엔드로 가면 전혀 다른 세상이 펼쳐진다. 인간의 손을 탈수록 값이 올라가는 기계와는 정 반대의 세계다. 인간의 손길이 닿으면 닿을수록 그 가치가 떨어지는 와인의 세계에서 명품이란 거의 인간의 손길을 무시하는 경지다. 와인 장인의 임무란, 포도나무를 심어 가지치기를 하고, 하늘과 바람을 보며 수확 시기를 결정하고, 와인을 담아 그저 기다리는 것이다. 이곳은 금수저로 태어난 땅과 기후의 느낌만이 중요시되는 와인들의 세계다. 과거 신이 왕권을 주셨다고 믿었듯이, 태어난 땅 자체의 명성이 왕족인 거다.

이런 최고의 와인 중에서도 정상에서 굽어보고 있는 와인을 꼽으라면 단연 '로마네 콩티Romanée-Conti'일 것이다. 그 이름만으로도 와인 애호가들의 가슴을 설레게 하고, 문외한도 세계에서 가장 비싼 와인이라 기억하는 그 와인.

로마네 콩티는 일단 750㎖ 밖에 안되는 한 병의 액체치고는 가격이 너무 비싸다. 수요에 비해 생산량이 터무니없이 적기 때문이다. 연간 5000병 웃도는 정도로 전 세계의 애호가들을 만족시키기에는 어림도 없고, 병마다 일련번호까지 매겨져 나온다. 자동차나 시계는 앤티크가 아닌 이상 아무리 고급 모델이라도 돈을 지불하고 기다리면 언젠가는 소유할 수 있지만, 와인은 한 해의 생산이 다시는 반복되지 않는다. 포도라는 식물의 특성상 1년에 딱 한 번 가을에 수확되며 그 해에 바로 와인을 담아 보관한다. 즉, 같은 와인이 다시는 생산되지 않는 것이다. 그래서 와인에는 마치 우리가 태어난 연도처럼 빈티지Vintage라는 포도 수확 연도가 신분증처럼 따라다닌다. 같은 브랜드라도 해마다 맛이 다르니 1년에 한 번씩 수집 욕구를 자극받는 셈이다. 게다가 와인의 맛은 세월이 가며 변하므로, 한 번 맛본 와인이라도 시간이 가면 다시 맛보고 비교하고 싶은 욕망도 생긴다. 시계나 자동차와는 또 다른 세계가 펼쳐지는 것이다. 그래서 언제나 수요는 공급을 한참 웃돌아 대부분이 경매로 유통되며, 전 세계에서 오는 도매상들도 한정된 양에 각종 옵션까지 붙여야 살 수가 있다. 식욕과 연결된 와인은 인간욕망의 절정을 자극하는 요물인 것이다.

이름에서도 알 수 있듯이 로마네 콩티 포도원은 로마 시대의 기억을 담은 이름이다. 역사의 기록에 의하면, 1232년 부르고뉴 공작부인은 자신이 소유한 가장 좋은 포도원을 생-비방Saint-Vivant 수도원에 기증한다. 약 400년 후인 1621년 이 포도원은 디종의 시장이던 자크 브노Jacques Venot가 사들였고, 루이 14세 시대까지 이 포도원은 '라 로마네La Romanée' 포도원이라고 불렸다. 이 지역이 고대 로마 총독의 영토에 속했던 지역이기 때문이다. 그는 이 포도원을 딸 잔느Jeanne와 사위 필립 드 크루넴부르그Philippe De Croonembourg에게 물

부르고뉴 지역,
담으로 둘리싸인 로마네 콩티 포도원.
십자가가 인상깊다.

려준다. 1760년 크루넴부르그 가문은 이 포도원을 팔려고 내놓았다.

그런데 18세기 찬란한 궁정문화를 자랑하던 루이 15세의 궁정에 부르고뉴 최고의 노른자위 포도원이 매물로 나왔다는 소문이 들어가며 세기의 대결이 시작되었다. 날아가는 새도 떨어뜨린다는 최고 후궁으로 왕을 쥐락펴락하던 퐁파두르 공작부인과 왕의 큰 조카인 루이 프랑수아 드 부르봉(1717–1776) 왕자가 서로 매입하겠다고 나선 것이다. 결국 야심가에 지략이 뛰어난 루이 프랑수아가 갖은 밀당 끝에 웃돈까지 얹어 포도원을 쟁취하는 데 성공한다. 그는 계약서에 사인하는 그날까지 퐁파두르 공작부인이 모르도록 비밀리에 진행했다고 한다. 이

때부터 이 포도원은 왕자가 태어난 콩티Conti-Sur-Selles 지역의 이름을 덧붙여 '로마네 콩티'라 명명된다. 이런저런 일로, 결국 머리 좋고 촉망받던 왕자는 루이 15세와 퐁파두르의 눈 밖에 나고, 훗날 베르사유궁에서도 쫓겨나게 된다.

프랑스 혁명과 함께 이 포도원도 토지개혁으로 국가에 귀속되었다. 이후 경매로 소유주가 바뀠다가 현재는 1992년부터 로슈Roch 가문과 드 빌렌De Villaine 가문이 함께 소유하고 있다.

로마네 콩티가 전 세계 애호가들에게 꿈의 와인이 된 것은 그 토양과 기후의 특성도 있지만, 16세기에 심어진 피노 누아Pinot Noir 품종이 2차 세계대전 전까지 혈통을 유지해 왔다는 이유가 클 것이다.

19세기 말부터 20세기 초까지 전 세계의 포도원은 필록세라Phylloxéra라는 포도 뿌리 진드기병으로 시름시름 앓았다. 북아메리카로부터 퍼진 이 진드기에 유럽 포도종은 속수무책이었다. 뿌리를 모두 갉아 먹는 탓에 원래 토종은 전멸해버려, 내성이 있던 미국산 뿌리 위에 유럽 토종 줄기를 접붙이는 방법을 택할 수밖에 없었다. 하지만 로마네 콩티는 정체성을 잃지 않기 위해 방역을 고집하며 진드기와의 싸움을 어렵게 이어갔다. 결국 1945년경 진드기에 항복하고 밭을 갈아엎었고 몇 년간 와인을 생산하지 않았다.

포도원의 넓이도 몇백 년 전 그대로 1.8헥타르로, 사방 135m의 포도원이 담으로 둘러싸여 있다. 1.8헥타르는 5500평 정도로 축구장 두 개 정도의 넓이다. 게다가 45년 이상 된 포도나무에서만 포도를 수확하며, 최상의 포도를 얻기 위해 엄격하게 관리한다. 아무리 포도가 많이 열려도 수확량에 필요한 만큼만 남기고 모두 솎아 버리고, 반드시 손으로 딴 다음 다시 한 번 포도를 선별한다. 이 포도를 압착하지 않고 쌓아 흐르는 주스Free Run Juice만을 받아 발효하니 생산량은 모기 눈알 모으는 것이랑 다를 바 없다. 양조기술이란 것이 별반 없는 거다. 땅과 햇빛과 바람이 만들어낸 오케스트라라는 말이 가슴에 와 닿을 뿐이다.

STORY 02

서정

시간의 숲에서
반짝이는 것들을 만나다

욕망이라는 이름의 바이러스

인간의 행동은 이성보다는 맹목적인 욕망으로 이끌린다.
욕망은 인간의 본질이다.
- 스피노자

정착 생활 이후부터, 인간은 모든 활동영역에서 시스템을 구축하는 데 공을 들여왔다. 모여살다 보니, 수확한 곡식을 분배하고 빌려주거나 경작지를 자손에게 물려주는 과정에서 누구에게나 납득되는 보편적인 룰이 필요했기 때문이다. 처음에는 이렇게 소소하고도 정감있게 시작했다.

훈련과 싸움을 거듭하며 체계를 잡은 보편적인 룰은, 역사라는 거대한 흐름을 타며 민족과 국가, 법률이라는 절대적인 개념을 만들었다. 18세기 미국의 독립과 프랑스 대혁명을 분수령으로 산업혁명은 '절대

소수의 절대행복'이던 왕과 귀족의 시대를 뒤로하고, '절대다수의 절대행복'이라는 슬로건을 내걸었다. 세상은 평등해진 듯했고, '자유'라는 MSG는 감미로웠지만 치명적인 단점이 있었다.

과학과 산업으로 무장한 현대인은 이렇게 만들어진 탄탄한 시스템 안에서 지난 200여 년을 살았다. 이런 시스템은 직립보행을 하는 수직적 인간의 인식 구조에 아주 잘 들어맞았다. 국가라는 토양 위에 민주주의와 자본주의는 더욱 뿌리가 깊어졌다. 이를 중심으로 법률, 정치, 사회, 인문, 과학, 예체능 등 인간의 지식은 나무가 자라듯이 쌓이며 뻗어간다고 믿었다. 또한 과거로부터 현대를 관통하는 절대적이고도 보편적인 진리가 있다고 철석같이 믿어왔다.

그러다 보니 우리가 만든 세상의 규칙을 의심 없이 받아들이며, 기술이 주는 편리함과 풍요에 들떠 지구에는 인간 외에 수많은 생명체가 함께 살고 있으며, 지구도 살아 숨쉰다는 것을 돌아보지 않는 실수를 범했다.

그런데 이렇게 가지런하던 인간의 생활에 신비하고도 두려운 존재가 뛰어들었다. 바이러스Virus라는 이 존재는 세균이나 곰팡이, 아메바 등의 미생물도 갖추고 있는 미토콘드리아나 세포질 같은 생체기관 조차 없이 아주 간단한 막 안에 유전정보를 담은 DNA나 RNA가 달랑 들어 있는 초 나노미터의 입자다.

생체기관이 없으니 숨도 쉬지 않고 발효도 하지 않는다. 생명체라

하기에는 부족하고, 생명체의 유전정보를 담고 있으니 무생물이라 하기에도 적절치가 않아 합리적 지식의 한계를 느낀다. 컴퓨터 시스템을 마비시키는 알고리즘을 바이러스라고 칭한 것도 생명공학적인 수준의 바이러스와 그 행태가 같기 때문이다. 언어학적으로 말하면 문자가 만들어지기 전의 알파벳이나 한글의 자음 모음 같은 기호가 담긴 상자라고나 할까? 가상의 좀비처럼, 생명과 비생명의 경계면, 인터페이스Interface인 것이다.

그런데 이렇게 조용해 보이는 바이러스가 코드가 맞는 숙주를 만났을 때는 이야기가 달라진다. 마치 바이러스가 숨어든 시스템의 하이퍼링크를 클릭한 것과 같다. 유전정보를 감싸고 있던 단백질의 플러그를 아주 능동적으로 숙주의 소켓에 접속한다. 접속과 동시에 전류처럼 자신의 DNA나 RNA를 숙주 안으로 흘려보내는 거다. 그래서 인간은 바이러스를 두려워한다. 그것이 생명체 안이건, 컴퓨터 시스템 안이건 우리가 그 동안 살아왔던 것과는 전혀 다른 생소한 리좀Rizhom이라는 구조를 이루며 퍼져 나가기 때문이다.

리좀이란 식물학적으로는 덩이식물의 생태를 의미한다. 뿌리부터 몸통의 중심축을 세우고, 수분을 공급받아 곁가지로 뻗어가는 수직구조를 가진 대부분의 지상식물과 달리, 감자 같은 지하의 덩이식물은 알갱이 각각이 독립체를 구성하면서 줄기를 통해 다른 덩이들과 끊임없이 연결되어 있다. 캐는 사람은 그 줄기가 어디까지 뻗어있는지 가늠할 수 없어 어느 정도에서 줄기를 잘라가며 캐어낼 수밖에 없다. 이는 바이러스가 숙주 안에서 퍼져나가는 시스템과 묘하게 닮아 있다. 겉에서는 작아 보이는데, 줄기 하나를 잡아당기면 끊어질지언정 끝이 안 보이게 딸려 나오는 구조 말이다. 이런 보이지 않는 구조망을 리좀이라고 한다.

하지만 조금만 생각의 틀을 바꾸어 보면, 세상은 생각보다 눈에 보이지 않는 수상한 힘을 통해 움직인다는 것을 감지할 수 있다. 이 힘은 중심도 없고, 고정되어 있지도 않은 채 끝없이 변하며 망을 뻗는다. 정치, 사회, 경제, 문화, 예술, 각각의 분야는 다르지만, 서로 연결되며 융합되어 세상이 돌아간다. 인간관계도 사회적인 이해관계만을 통해 지속되는 것은 아니다. 개인마다 지닌 기氣가 있어 끌림이라는 알 수 없는 힘을 통해 맺어가는 관계가 촘촘하게 세상을 구성한다. 우주공간의 무수한 별에도 자기장과 중력, 인력 등 보이지 않는 힘의 시스템이 작용하듯 말이다.

20세기 후반에 시작된 디지털 혁명은 19세기 산업혁명보다 더 강력하고 빠르게 세상을 변화시켰다. 초고속 인터넷은 인간을 국경과 관계없이 연결하기 시작했다. 이름도 성도 사회적 지위도 필요 없이, 부팅과 동시에 사이버 공간에서 무한한 인터페이스를 창조한다.

손가락 클릭으로 열리는 이 세계에서 우리가 익숙했던 체계는 의미를 잃는다. 타인과 관계를 맺던 고전적인 방식, 즉 국적이나 사는 곳, 종교가 무엇인지 등등은 기준점이 되지 않는다. 그저 전기선으로 연결된 플랫폼들이 끝없이 펼쳐진, 리좀의 구조만 있을 뿐이다. 각자가 선택한 플랫폼에서의 동질성만이 중요하다. 그 안에 전 세계 인간의 머리 속에 있던 모든 정보와 욕망이 쏟아져 서로 연결되며 거대한 빅데이터를 형성하는 것이다. 이는 신석기 시대부터 근대까지 인간이 살아오던 사회의 굳건한 패러다임을 깨는 혁명이었다.

바이러스 같은 리좀의 구조는 금융 자본주의의 메커니즘과도 닮아있다. 개인의 욕망이 타인의 욕망과 결합하며 뭉쳐지고 복제되어 만들어진 거대한 욕망덩어리가 시장을 움직이는 것이다. 애덤 스미스가 말한 '보이지 않는 손'이란 사회의 체계적인 수직 질서와는 관계없이 그 사이사이를 관통하며 수평으로 움직이는 욕망이라는 바이러스일지도 모른다. 이는 한번 작동이 시작된 이후 멈추지도 않고 멈출 수도 없이, 마치 생명이 있는 것처럼 진화해 간다. 개개인이 지니고 있는 욕망을 건드리면 도미노처럼 타인의 욕망을 부추겨 복제를 거듭하며 거대한 리좀의 구조를 만들기 때문이다.

사이버 공간은 인간의 욕망 바이러스를 더 자극하며 급격히 퍼지게 하는 공간이었다. 인터페이스가 생기면, 욕망이 흐른다. 욕망은 인간과 인간, 인간과 물건, 인간과 사이버 공간에 접속되어 끊임없이 작동한다.

사치란 인간의 욕망을 작동시키는 스위치다. 소유를 넘어 멈출 줄 모르고 또 다른 환상을 향해 욕망은 줄기를 뻗어간다. 이것이 다른 소비를 줄여서라도 갖고 싶은 명품의 본질일 것이다. 이 세상 모든 것에 그렇지만 여기에도 순기능과 역기능이 공존한다. 인간의 문명은 바로 이 욕망 위에 건설되어 왔다. 욕망의 본질은 에너지이고, 욕망이 사라지면 에너지도 없는 거다.

코로나19라는 예기치 못한 변수는 일찍이 경험해 보지 못한 불안감을 인류에게 선사했다. 우리가 알고 있는 세계란 절대적인 것이 아니라 아주 허약하다는 것. 지구의 한 점인 어떤 지역에서 별 볼일 없이 시작된 코로나는 '글로벌 세계'라는 현대인의 생활 반경을 한 순간에 무너뜨렸다. 이 바이러스는 이리 뛰고 저리 뛰면서 마치 곰팡이의 균사처럼 인종과 사회적 지위와 성별을 가리지 않고 수평으로 뻗어 나갔다. 이렇듯 인간의 정신과 육체, 그리고 삶 자체를 완전히 지배할 지는 상상도 하지 못했다.

걷잡을 수 없고 저항할 수 없으며 보이지 않는 거대한 힘을 매일 체험하다 보니 이 세상에 영원히 지속하는 것은 하나도 없다는 것을 받아들이게 된다. 천 년의 로마제국도 사라져 갔듯이, 우리가 살아온 고작 200년 남짓한 삶의 방식도 역사가 될지 모른다. 디지털 혁명은 다시 한 번 일어날 것이고, 인간은 가상공간에 접속하는 시간이 늘어나며 리좀적인 시스템에 점점 더 익숙해질 것이다.

가성비는 처음부터 관심의 대상이 아니었다

럭셔리란 아름다울 뿐 아니라,
'숭고하다'는 느낌을 갖게 하는 그 무엇이다.
- 니콜라 셈라

'스탕달 증후군'이라는 심리 상태가 있다. 아주 뛰어난 예술작품 앞에 섰을 때, 엄청난 감동으로 기절할 정도의 정신적인 흥분을 느끼는 경험을 말한다. 스탕달이 1817년에 피렌체에서 겪은 특이한 경험을 기록해 두었는데, 이를 인용해 이탈리아의 정신과 의사가 명명한 용어다.

스탕달은 위대한 이들의 무덤과 예술품, 성당 등을 둘러보던 중 어떤 초자연적인 느낌으로부터 오는 감동에 심장이 두근거리고, 쓰러질 듯했다고 한다. 20세기 초 패션계의 시인이라 불리던 잔 랑방Jeanne

Lanvin도 피렌체에서 프라 안젤리코의 프레스코화를 바라보던 중 힘이 빠지며 목덜미가 뻣뻣해지는 전율을 느꼈다고 한다. 성모의 푸른색 옷 주위에 맴도는 숭고함에 매료되어서였다. 그 신비로운 15세기의 푸른색은 랑방의 숭배 대상이 되었고, 브랜드의 시그니처 컬러가 되었다.

나도 로마에서 비슷한 경험을 한 적이 있다. 바티칸 박물관에서 라파엘로의 〈그리스도의 변용〉이라는 벽화 앞에 섰을 때였다. 수많은 명작을 감상하며 다녔건만, 유독 그 앞에 서니 눈물이 핑 돌면서 몸이 얼어붙고 다리에 힘이 빠지는 것이었다. 마치 그림이 아니라 하늘로 승천하는 예수를 마주한 느낌이었다. 〈아테네 학당〉이나 〈천지창조〉를 보면서도 정신줄 놓지 않았는데, 〈그리스도의 변용〉과 내 감성의 어떤 부분이 주파수가 맞았는지, 이상한 경험이었다. 깊은 무의식 안에 잠재한 '숭고'의 감정이 그 그림 앞에서 의식 위로 떠올랐기 때문이리라.

서양 문화는 신의 존재를 통해 이룩되었고, 끝없이 그 '숭고함'을 찾아 헤맸다. '신'이 없었더라면 어쩔 뻔했나 싶을 정도로 철학은 신의 '존재'를 증명하거나 '존재하지 않음'을 증명하는 데에 대부분의 시간을 보냈고, 예술이나 문학은 작품 속에 신성神聖을 찾아 헤맸다. 무신론자들조차 '신은 없다'며 신을 입에 달고 살았다.

최초에 하느님의 에덴동산과 원죄의 신화 위에 세워진 서구 문명은 그 어느 문화권보다 '숭고함'에 공을 들였다. 숭고함이란 영원함과 선의 본질로서, 원죄로 상처를 입기 전의 '완전한' 신의 특성이다. 플라톤이 비유로 설명하는 이데아도 이 '완전하고 숭고한 진리'에의 열망으로, 기독교적 사상과 기막히게 조합되었다. 에덴동산에서 추방된 인간은 태어날 때부터 더럽혀지고, 상처 입은 존재다. 온전치 못한 것이다. 그래서 서구인의 의식 속에는 이 세상 저편의 에덴동산이 타투Tatoo 되어 있다. 성령으로 처녀잉태를 하는 성모 마리아를 완전한 여성의 상징으로 숭배하는 것도 이런 맥락이다. 역사를 통해 권력은 민중의 의식을 조정하는 데 이 숭고함을 향한 숭배를 이용했다. 숭고함 속에는 공포, 아름다움, 엑스터시와 비슷한 카타르시스적인 요소들이 숨어있기 때문이다. 오늘날 미디어 광고가 이런 감정들을 성적 욕망과 뒤섞는 것에는 다 이유가 있는 거다.

광활한 들판에 옹기종기 낮은 집이 모여 있는 중세의 촌락 한가운데 웅장하게 서 있는 교회는 어디에서나 보이며 시선을 압도했다. 사람 키 다섯 배는 될 듯한 문을 통해 안으로 들어가면 고개를 꺾어야 보이는 높은 궁륭과 스테인드글라스, 그 창을 통해 들어오는 신비로운 빛, 벽을 장식한 회화와 조각상, 그리고 울려 퍼지는 파이프 오르간과 성가대의 울림…. 그냥 분위기만으로도 신이 계시는 듯한 성스러움에 전율을 느끼게 된다. 이어 신을 중재하는 사제의 제식이 시작된다. 신앙심이 깊었던 중세인들은 미사의식에서 무언가 신성한 것이 내 안으로 들어오는 듯한 일종의 카타르시스를 경험했을 것이다. 압도하는 성스러움 앞에서 '나'라는 자아는 무기력해진다. 루이 14세도 베르사유에서 이 '숭고함'을 연출하지 않았던가. 이 모든 것이 마치 아트디렉터가 정교하게 연출한 무대장치 같았다

파리나 도쿄 등 대도시의 명품 플래그숍에서도 미사 집전 같은 그 '숭고함'을 연출한다. 웅장한 건물에 높은 계단과 압도하는 실내장식, 그리고 조명의 마술. 벽에는 아름다운 제품들이 성당이나 박물관의 예술품처럼 빛을 받으며 전시되어 있다. 어딘가 미의 여신 아프로디테가 강림하고 있는 듯한 성스러움, 이어서 제식이 집전된다. 하얀 장갑을 끼고 마치 교회의 성물처럼 조심스레 제품을 다루는 우아한 점원들은 사제처럼 섬세하고도 능숙하다. 이 모든 이미지에 매료되어 그 안의 사람들은 성스러운 카타르시스를 느낀다.

니체가 '신은 죽었다'고 말한 순간부터 인간은 또 다른 '숭고함'의 대상을 찾아 헤맸다. 이런 인간의 속성을 너무나도 잘 아는 다국적 기업들은 명품을 통해 조금씩 신의 자리를 잠식해 왔다. 그래서 자본주의에서 명품을 브랜드화하는 과정이란 종교적 신비를 극대화하는 과정과 비슷하다. 서양에서 유래한 명품이 세계 시장을 쓸어 담을 수 있었던 이유는 바로 이 '신비'의 기호 때문이다. 플래그숍은 물건을 팔기 위해 있는 것이 아니라, 교회처럼 '숭고함'을 주기 위해 자본주의의 메카인 그 비싼 땅 위에 있는 것이다.

그런데 종교와 명품이 다른 점은, '신'은 소유할 수 없는 관념적인 존재이지만 명품은 소유가 가능한 '물건'이라는 것이다. 숭고한 무엇은 소유하지 못할 때만 숭고하다. 갖는 순간 그 완전함은 '손상'된다. 무언가를 정복하거나 소유했을 때 느껴지는 한동안의 희열, 이는 두뇌에서 도파민이 분출되어 쾌감을 느끼는 메커니즘이다. 희열의 감정은 지속적인 것이 아니라 '도파민이 분출 되는 동안'만 작동하는 것이다. 이는 '사랑'과도 닮았다. 욕망이란 아프로디테 여신을 향할 때는 숭고함의 옷을 입지만, 여신이 땅에 발을 딛는 순간 완전성에 손상 당한 이브Eve가 된다.

가치 있는 물건도 마찬가지다. 별은 손에 쥐면 이미 별이 아니라 물건이기 때문이다. 오스카 와일드는 이렇게 말했다.

"인생에는 두 가지 비극이 있다. 첫째는 우리가 바라는 것을 갖지 못하는 것이다. 둘째는 우리가 바라는 것을 얻는 것이다.

이렇게 상품을 소비하며 욕망을 충족시키는 힘이 감소하는 현상을 경제학자들은 〈한계효용 체감의 법칙The Law of Diminishing Marginal Utility〉이라 설명한다. 헤르만 하인리히 고센H. H. Gossen(1810-1858)이 정리한 개념으로, 더운 여름에 운동하고 난 후 쭉 들이키는 생맥주의 첫 모금을 생각해보면 알 수 있다. 두 모금, 세 모금, 점점 처음의 그 시원한 전율은 줄어든다. 온도가 올라가서 그런가? 하지만 두 번째 잔의 첫 모금도 아까 그 느낌과는 거리가 멀다. 물론 이 한계효용이란 수학 공식처럼 정해진 것이 아니고, 개인이 느끼는 주관적인 충족감의 감소이므로 정도의 차이는 있지만 누구에게나 적용된다.

그래서 한계효용 체감이란 철학적으로 이야기하면 '숭고함'이 주는 손대지 않은 완전성이 점점 상실되어 가는 것이라 말할 수 있다. 영화 〈더 그레이트 뷰티〉에서 상류층 1%에 속하는 주인공 젭이 그 화려한 파티와 명품 가운데서도 만족하지 못하고 찾아 헤매는 것은 바로 이 '숭고한 완전성', '생맥주의 첫 모금', 또는 '첫사랑'인 것이다.

일반적인 상품은 여러 번 소비 후 점차 만족도가 떨어지면, 같은 가격에 가성비가 좋은 물건을 찾는 합리적 소비로 귀결된다. 생필품에서 숭고함이나 완전성을 기대하지 않기 때문이다. 그런데, 사치품은 이와 정반대의 길을 걷는다. 소스타인 베블런이 말한 '과시적 소비'와도 일맥상통하는 길이다. 가격과는 상관없이 처음의 그 전율에 집착하는 거다. 왜냐면 사치품에 있어 가성비는 처음부터 관심의 대상이 아니기 때문이다. '숭고함'의 이미지가 더해진 예술이나 종교 같은 그 무엇이기 때문이다. 이는 중독과도 같아 좋은 것의 단계는 점점 높아지며, 더 비싸고 더 좋은 것을 향해 간다. 욕망은 결코 배부르지 않는 것이다.

황금비율로 미를 탐하다

남성과 여성의 형상은 성스러운 비율을 따른다.
식물이나 동물의 생식도 같은 비율을 따른다고 본다.
- 요하네스 케플러

인간의 사회적인 욕구 중 미美에 관한 것은 가장 뿌리 깊은 것 중 하나다. 아름다움에의 욕망 때문에 예술과 문화는 미적 탐구를 지속해왔고, 미학을 발전시켰다. 포스트모더니즘의 반미학Anti-Aesthetics 또한 미적 기준 위에 형성된다. '미적인 경계를 무너뜨린다' 함은 그 경계를 알고 있다는 의미이니 말이다. 우리가 사는 물질세계는 모두 형태로 이루어져 있고, 이를 인식하며 존재한다. 그러므로 시·공간 안에서 호모 사피엔스 종이 습득해온 인식체계를 벗어날 수 없기 때문이다.

이런 형태적인 미를 논할 때 빠지지 않는 것이 있다. 자연이 혹은 신이 세상을 만들 때 당신의 성스러움을 투영한 아름다운 비율이 있다는 것이다. 이 비율은 자연뿐 아니라 건축물 등에도 깃들어 있어, 인간이 인식하는 수많은 형태 중 가장 아름답고 편안해 보인다는 믿음이다.

그중에서도 일종의 신앙처럼 받드는 것이 바로 '황금비율(파이phi, Ø)'이다. 하지만 곰곰이 생각해 보면 동양도 신과 우주에 관한 생각이나 수학이 발달했지만, 설사 이 비율을 알고 있었다 해도 크게 집착한 흔적은 없다. 그래서 황금비율이란 서구의 종교처럼, 헬레니즘의 문화 속에서 만들어진 숭고함을 향한 신앙 같은 것이고, 서구인의 특기로 브랜드화한 개념이 아닐까 하는 생각이 들었다. 그리고 서구 문명의 우산 밑에 사는 우리는 그 시선에 중독된 것은 아닐까?

언젠가 공영방송의 다큐멘터리에서도 방영되었지만, 주식이나 인간의 심장 박동, 생명체의 DNA 나선 구조 등 이 세상을 이루고 있는 거대한 파동에도 황금비율이 숨어있다고 한다. 그래서 일종의 증후군처럼 인간의 마음을 훔친 이 비율은 상업적인 많은 분야에 쓰이고 있다. 마케팅의 신화가 되어 핸드폰, 자동차, 컴퓨터의 모니터, 카드, 액자, 우체국 박스 등 일상용품에까지 적용되고 있다. 이 모든 것은 서구인들이 만들어 놓은 미학적 토대 위에 만들어진 마케팅의 결과일 것이다.

황금비율은 고대 그리스인들이 발견했다고 믿고 있지만, 실제는 이집트나 메소포타미아 지역에서부터 시작되었다고 한다. 마케도니아의 알렉산더Alexandros the Great가 BC 4세기 초 그리스를 평정한 후 이집트와 메소포타미아 지역을 원정하며 찬란하던 이 지역의 문화와 함께 이 개념을 유럽으로 가지고 왔다. 아름다움과 자연의 비밀에 매료되었던 그리스 · 로마의 문화는 르네상스를 통해 부활하며 유럽인의 삶 속에 뿌리를 내렸다. 얼마나 신비롭고 황홀하기에 황금비라 하는 것일까?

황금비란 어떤 양을 두 부분으로 나누었을 때 각 부분의 비가 가장 균형 있고 아름답게 느껴지는 비율을 의미한다. 즉 하나의 선이나 면을 나누거나 나선을 그릴 때 약 1 : 1.618의 비율을 따르면 인간의 눈에 아름답고 편안함을 준다는 믿음이다. 자연이 조화롭고도 아름다운 이유는 이 비율이 적재적소에 자리하며 형성되어 있기 때문이라 믿었으며, 고대인은 이를 신의 비율이라고도 했다.

하늘에 반짝이는 별의 모양을 그리라 하면 대부분의 사람은 단번에 선을 연결해 오각형의 별을 그린다. 대부분 나라의 국기도 마찬가지다(삼각형을 두 개 서로 맞물려 포개놓은 육각형 '다윗의 별'은 오직 유대인만이 쓰고 있다).

오각별을 처음 고안한 사람은 피타고라스(BC 569-475)로 이를 자신이 세운 학당의 상징으로 삼았다. 그 이유는 이 오각형의 별 안에도 황금비율이 내재해 있기 때문이라고 한다. 황금비율의 개념을 처음 발견한 것이 피타고라스라고 하는데, 그가 직접 쓴 저서는 전해지지 않으므로 확인할 길은 없다.

'수數는 만물의 척도다'라고 했던 피타고라스는 수가 점과 같은 유리수, 즉 1 ,2, 3, 4, 5… 같이 똑똑 떨어지는 정수와 ⅓, ⅔, ¼, ¾ 같은 분수로 이루어져 있다고 생각했다. 그 '척도'가 만든 진리를 다 풀었다고 철석같이 믿었던 거다. 하지만 어느 날 제자인 히파소스가 피타고라스의 정리에 관해 미처 생각지 못한 질문을 해, 혹시 분수 안에 무언가 다른 수가 존재하는가 하는 불길한 의혹을 품게 된다.

피타고라스 정리가 대부분 직사각형으로 이루어지는데, 히파소스는 양변의 길이가 각각 1인 삼각형을 끌어낸 거다. 허를 찔린 피타고라스는 당황했을 거다. 어떤 수를 곱해도 2가 나오지 않는 것처럼, 소수점 이하의 수가 끝없이 불규칙하게 반복되는 루트(√) 값인 '무리수'의 존재가 있어, 분수들 사이에 끼워 넣어야 하나의 선이 완성되었던 것이다. 거의 사이비 교주 같은 위치에 있던 피타고라스는 자신의 신념이 흔들리는 것에 두려움을 느끼고 무리수의 존재가 학파 외부로 새어 나가지 않도록 제자들을 단단히 입단속했다. 그런데 히파소스가 이를 발설한 것을 알고는 바다에 수장해버렸다는 무시무시한 이야기도 전해진다.

피타고라스의 상징인 오각형의 별은 매우 특별해서, 하나의 별을 그리면 그 안에 또 오각형의 꼭지점이 생기고 이를 연결하면 내부에 또 같은 별이 생긴다. 이렇게 반복하면 무한대로 별을 확대 또는 축소할 수 있다. 오각형 안에 우주의 모든 별을 담을 수 있는 것이다. 그런데 놀라운 것이 이 오각형의 별 안에 바로 무한하게 소수점 이하가 반복되는 무리수인 황금비가 숨겨져 있다. 그래서 무리수의 존재를 쉬쉬하고 두려워했던 피타고라스지만, 형상 속에 숨어있는 질서정연한 무한대의 수와 무한대의 별을 우주로 들어가는 열쇠라 생각해 상징으로 택했을 것이다. 우주를 코스모스Kósmos(그리스어로 '질서정연'이라는 뜻)라 명한 것도 그였기 때문이다.

피타고라스의 이론은 소크라테스의 철학처럼 제자들을 통해 전해질 뿐 직접 저술한 책은 존재하지 않는다. 이를 정리한 사람은 기하학의 아버지라 불리는 유클리드Euclid다. 유클리드는 가장 이상적인 황금비율이 1:1.618이라고 정의한다. 하나의 선이나 면을 반으로 나눌 때 반으로 뚝 자르거나 치우쳐서 아무렇게나 자르는 것보다 긴 쪽과 짧은 쪽의 비가 약 1:1.618…… 이라는 무리수가 될 때 가장 이상적이라는 것이다. 이 수를 파이Phi(Ø)라 하여(약 3.14인 원주율 π와 구분하자), 서구 문명 2000년간 학자나 예술가들의 주위를 맴돌며 끊임없이 매료했다. Ø라는 표식 자체가 마치 지구의 23.5도를 가로지르는 지축을 형상화한 것으로 보이니 뭔가 있을 것 같지 않은가 말이다.

그러다 또 한 명의 수학 마술사가 등장한다. 소설 〈다빈치 코드〉에도 등장한 중세 이탈리아의 수학자 레오나르도 피보나치(1170-1250)는 황금비율을 계속 반복하다가 신비로운 수열을 발견한다. 원조는 BC 500년 전 인도의 수학자가 산스크리트어로 쓴 저서에 처음으로 언급되었다고 하니 십자군전쟁 통에 이슬람으로부터 번역본이 전해진 듯하다. 이는 앞의 두 수를 합한 값이 다음 수가 되는 1, 2, 3, 5, 8, 13, 21, 34, 55, 89…의 수열을 말하는데, 앞뒤 숫자의 비율을 계산하다 보면, 1:1=1, 2:1=2, 3:5=1:1.6666…, 13:21=1:1.61538, 144:233=1:1.61805, 233:377=1:1.61802로 반복되며 점점 황금비율에 가까워지는 것이다.

이 수열은 신비롭게도 자연계의 다양한 형태에서 많이 발견된다. 해바라기 꽃씨, 국화꽃 잎, 선인장의 나선, 소나무의 솔방울, 파인애플 눈 등 다 인용할 수 없을 정도다. 그뿐 아니라 소리에도 내재해 있어, 피아노의 건반에도 피보나치 수열이 숨겨져 있고, 화음은 일정한 수학적 조화를 이룬다고 한다. 우리가 아는 것보다도 더 많은 자연의 형상이 이 비율을 따르고 있다니 신기할 따름이고, 우주에는 아직 우리가 모르는 수많은 수열이 숨어있을지 모른다는 생각도 든다.

르네상스 시대의 수학자 루카 파치올리Luca Pacioli(1445–1517)는 황금비율을 '신의 비율'이라 했고, 예술가들은 고대 그리스 미학을 진리의 교과서로 삼았다. 이상적인 아름다움을 시각화하고자, 자연의 모든 형상을 정확한 비율에 따라 2차원의 화폭에 담으려한 노력은 눈물겨울 정도다.

건축에는 정확한 대칭으로 수평과 수직의 선을, 회화에는 철저한 원근법으로 황금비를 적용하였다. 인체 또한 우리가 철석같이 믿는 8등

신의 신화는 물론이고, 머리끝부터 발끝, 손끝에서 다른 손끝, 얼굴 안의 각 부위가 황금비율을 따를 때 가장 아름답다고 믿어 의심치 않았다. 이런 미학을 기반으로 레오나르도 다빈치나 미켈란젤로 같은 이 시대의 천재들은 예술에 정교한 과학의 옷을 입혔다. 그래서 르네상스인은 신이 세상을 창조하실 때의 수학적 규칙에만 관심이 있었고, 인간의 현실적인 슬픔이나 고통은 표현하지 않았다. 르네상스와 함께 아름다움의 추구는 서구 문명의 원동력이 되었다. 그 절실함이 예술과 문학, 대중문화를 발달시켰고, 동시대인에게 새로운 양식을 제시하며 마음을 사로잡았다.

유럽인의 미학은 팬데믹Pendemic처럼 지구를 한 바퀴 돌았다. 신대륙의 발견에 이어 아프리카와 아시아, 남반구까지 지배해온 서구 제국주의의 역사는 정치, 경제뿐 아니라, 미의식美意識의 역사이기도 했다. 르네상스에 길든 지배자의 심미안은 피지배자를 세뇌했다. 백인의 미적 주도권 아래서 자란 우리는 미술이나 음악, 건축뿐 아니라 라이프스타일조차 서구의 미학적 시선에 갇힌다. 우리가 어릴 때부터 교육받아온 모든 형태나 음감은 사실, 유럽적인 예술 미학을 소비하는 것이다. 그 어느 가정도 어린아이에게 미술교육을 하며 스케치북과 물감 대신에 한지와 먹을 쥐여주지 않는다. 또한 음악교육을 하며 장조의 클래식 대신에 단조의 국악을 먼저 교육하지 않는다. 슬픈 현실은, 교육받지 않은 미적 감각은 때로 색다른 형태나 음을

'추함'으로 감지한다는 것이다.

어린아이가 처음 손에 쥐는 크레파스나 수채화 물감, 기하학적인 레고 등은 모두 유럽적인 기호이다. 이렇게 교육받아온 동양의 나는 백인의 시선을 통해 형태를 본다. 황금비율의 존재 여부를 떠나 현대인의 심미안은 유럽인의 미학 브랜드 위에 이룩된 것이다.

기호와 상징,
취향과 클래스를 공유하다

내가 그의 이름을 불러주기 전에는,
그는 다만 하나의 몸짓에 지나지 않았다.
내가 그의 이름을 불러주었을 때
그는 나에게로 와서 꽃이 되었다.
- 김춘수, 〈꽃〉

언어란 무엇인가? 일종의 약속이다. 어떤 사물을 놓고 인간끼리 그렇게 부르기로 약속을 한 거다. 아무런 의미가 없이 별개이던 외부 세계가 '나'와 관계를 맺기 시작하며 의미를 갖기 시작하는 것이다. 관계없던 외부의 세계를 기호記號라 한다면, 자아가 커지며 의식에 세계를 끌어들여 의미를 부여하는 것이 상징象徵이다.

쉬운 예로, 인터넷이라는 것이 무엇인지도 모르고 평생 산골에서 살아온 할머니에게 인터넷이나 이메일은 아무 관계가 없는 미지의 그 무엇이다. 없는 거나 마찬가지라는 말이다. 이런 것이 '기호'다. 하지만 누군가의 도움으로 유학 간 손자와 스마트폰으로 영상통화를 한 번 해 보니 세상이 달라진다. 이제부터는 인터넷이라는 존재가 의미가 되고 상징이 된다. 할머니는 스마트폰을 볼 때마다 손자를 떠올릴 것이다.

철학자들은 '의식화'하는 과정이 없다면 세계는 아예 존재하지 않는 거라고도 말한다. 원래 존재하는 세상에 갓 태어난 아기가 온 것인지, 갓 태어난 아기가 눈을 떠가며 인식을 통해 세상을 만들어가는 건지는 세상을 보는 아주 큰 사고의 분기점이다. 뉴튼의 고전역학과 아인슈타인이의 상대성원리만큼의 차이인 거다.

인간은 언어를 습득할 때부터 사물의 명칭이나 행동을 명사나 동사, 형용사를 통해 표현하는 것을 익힌다. 그 문화권 안에서 통용되는 문법체계를 머릿속에 통째로 답습하는 과정을 거치는 거다. 하나의 사물을 표현하는데 한국이나 일본, 중국, 미국, 프랑스 모두 다른 말로 지칭한다. 그러므로 언어란 한 언어권의 '약속'이지 그 사물의 본질이 아니다. 예를 들어 '여우', '장미꽃' 등의 단어는 한국인 사이에 그렇게 부르기로 약속을 하고, 세종대왕이 만든 모음과 자음을 쓰는 문자를 채택한 것이다. 프랑스어인 르나르Renard는 무엇을 생각나게 하는가? 이 또한 '여우'라는 의미다. 하지만 그렇게 정해진 약속을 모르는 사람에게는 아무 의미도 없는 울림에 불과하다. 명사뿐 아니라 동사나 형용사 다 마찬가지다.

이름도 동일한 절차를 밟아 한 개인을 지칭하는 의미가 된다. 태어날 때부터 그것이 나라고 철석같이 믿고 있지만, 이는 오해다. 호적에 올린 이름을 바꾸어 본 사람은 쉽게 이해할 것이다. 처음에는 낯설지만, 더 많은 사람이 바뀐 이름으로 부르면 어느덧 옛 이름은 사라지고 새 이름이 내가 된다. 즉 이름은 나의 본질과는 관계가 없다는 말이다.

마찬가지로 1, 2, 3, 4, 5 같은 수는 기호다. 이 기호는 우리가 어디에 갖다 붙이느냐에 따라 수많은 의미로 분화된다. 1은 하나를 뜻할 수도 있지만, 상황에 따라 다른 의미가 된다. 1등, 1차선, 싱글, 엄지 척 등. 마찬가지로, 이런 수의 기호를 사용해 물리적 세계에서 일어나는 다양한 현상을 표현하면 수학이라는 상징이 되고, 수학자나 물리학자들 사이에서는 수학으로 소통을 하니 일종의 언어가 된다.

그러므로 언어는 기호와 상징으로 된 체계이다. 기호란 우리 한글의 ㄱ, ㄴ, ㄷ, ㄹ이나 영어의 A, B, C, D, 또는 수학의 +, −, =, 음악의 ♩, ♪, ♬ 처럼 자체로서는 의미가 없는 표기다. 말하자면 자동차의 부속품 같아서 혼자서는 기능을 못한다. 하지만 이 부속품을 적재적소에 조립하면 자동차라는 환상적인 구조물이 만들어지는 것이다. 마찬가지로 자음과 모음도 적절한 규칙을 따라 조합하면 문학이 되고 철학이 되고 법률이 된다. 이 적절한 규칙이 바로 '문법Gramar'이다.

이렇게 조립된 언어를 통해 문학, 철학, 정치, 경제, 예술 등 인간의 모든 활동이 구체화되니 결국 언어란 인간의 정신세계를 구성하고, 문명의 틀을 만드는 구조물이다. 신화도, 이데올로기도, 예술도 모두 같다. 즉, 언어는 비물질非物質인 정신에 물질적 구조를 주는 것이다. 그러니 서로 다른 언어를 쓰는 인간의 정신 구조 체계가 같을 수가 없다. 한국어로 꿈을 꾸는 나와 프랑스어로 꿈을 꾸는 친구는 세계를 파악하는 시스템 자체가 다른 것이다.

그래서 구조주의적 기호학자나 언어학자, 인류학자들은 한 언어의 문법적인 구조를 알면 한 문화 안의 인간이 어떤 사고체계를 가지고 서로 소통하는지, 그 언어를 쓰는 사회의 구조Structure를 알 수 있다고 생각했다. 우리가 꿀벌이나 돌고래의 언어를 안다면 그들의 사고체계와 사회적인 구조를 알 수 있을 것이다. 범우주적으로 보면 메커니즘이 같기 때문이다.

원소기호를 보라. 원소가 모여 물질을 만든다. 원소기호 자체는 아무 의미가 없지만, 이것이 물질이 되면 상징의 옷을 입고 화학적, 생물학적 의미를 지닌다. 원소라는 기호들이 서로 결합해 우리가 사는 의미 있는 세계를 만든 것이다. 원소라는 기호로 물질을 만들었다면, 문화는 언어라는 기호로 만들어진다. 언어가 없었다면 문화나 문명 따위는 존재할 수 없었을 것이다. 인간만이 이런 기호에 체계를 주어 언어를 만들고 의미가 있는 언어나 상징으로 구체화하는 능력을 갖춘다.

그저 기호가 있을 뿐인데, 인간의 의식이 이를 붙들어 의미를 주는 것이다. 아기였을 때 이 세계는 그저 기호의 바다였다. 신이 창조하신 무한대의 세계, 그 안에 상징이 되는 것이라곤 엄마와의 콘텍트Contact

밖에는 없다. 엄마의 품이 나와 세계와의 인터페이스Interface였다. 아무런 의미가 없던 세계는 조금씩 의미 작용을 통해 상징이 되고 기억의 홈을 파고, 자리 잡는다. 마치 컴퓨터에서 각각의 프로그램이나 회로, 선, 모니터 등 스스로는 아무 의미가 없던 것들이 전부 연결되어 전기가 흐르면 인터페이스가 생성되고, 플랫폼으로 나아가 세상이 열리는 것과 같다. 우리는 정보를 저장하고 때때로 그 저장고의 파일을 열어본다. 세상을 열고 사물을 물질화 하는 것은 결국 인간의 의식이다. 의식화하지 않으면 우주는 비물질의 상태로 남아있을 것이다.

기호는 인식을 통해 서로 연결되며 상징이 된다. 그래서 세계는 인간이 의미를 부여한 상징으로 가득 차 있다. 인간의 인식 가능한 물질세계에서 일어나는 모든 현상은 상징 그 외의 아무것도 아닐지도 모른다. 우리가 살고 있다고 믿는 이 세계는 상징으로 꽉 채워진 체험 공간일 뿐이다. 그래서 위대한 과학자나 철학자, 예술가들은 우주의 기호들을 조합해 보편적인 언어로 만들기 위해 노력했다.

뉴턴은 'F=ma' 또 아인슈타인은 'E=MC²'이라는 간결하고 아름다운 상징으로 우주의 비밀을 표현하기도 했다. 인간의 문명은 철학이건 건축이건 신학이건 예술이건 기호의 체계화를 통한 언어와 문자 위에 이룩된 상징으로 쌓은 구조물이다. 0과 1이라는 두 개의 기호를 가지고 코딩해서 컴퓨터 프로그래밍을 하듯이 말이다.

어찌 보면 타인은 모두 하나하나의 기호다. 길을 걸으며 지나치는 수많은 얼굴들은 내게 아무 의미가 없다. 하지만 어떤 사람을 우연히 만나 눈과 눈을 마주치고 웃고 알아가면 조금씩 서로에게 의미 있는 관계가 되어간다. 기호처럼 아무 의미 없이 바닷가의 모래알 같던 타인이 이름을 가진 상징이 되고 이 상징을 통해 의미를 갖고 내 의식 안으로 들어오는 것이다. 이는 생텍쥐페리의 〈어린 왕자〉가 사막에서 여우를 만나는 대목이 생각나게 한다.

“그런데 길들인다는 게 무슨 뜻이니?’

“관계를 맺는다는 뜻이지” 여우가 대답했다.

“관계를 맺는다?”

“바로 그거야. 내게 있어 넌 아직 수많은 다른 아이들과 다를 바가 없어. 그래서 나에겐 네가 필요 없고, 너도 내가 필요 없는 거지. 너에게는 내가 다른 수많은 여우들과 다를 바가 없으니까. 하지만 네가 나를 길들이면 우리는 서로 필요하게 돼. 너는 내게 세상에서 하나뿐인 존재이고, 네게도 내가 세상에서 하나뿐인 존재가 되는 거지”

– 〈어린 왕자〉 중

‘길들이다’라는 행위는 모든 인간 관계의 의미화다. 꼭 인간뿐 아니라 사회 속에서 일어나는 모든 활동을 자신 안에 의미화하는 과정이다. 어린 왕자의 단칸 짜리 혹성 B612로 날아온 장미가 허물이 좀 있기는 해도, 벌판에 가득 피어있는 수많은 장미와 다른 이유는 '서로를 길들였고 서로에게 투자한 시간' 때문이다.

브랜드가 한 개인의 내부에 자리 잡는 과정도 이와 비슷하다. 길들이는 과정이다. 광고나 스토리텔링은 끊임없는 상징을 강요하며 의미를 주입한다. 정치적 프로파간다나 이데올로기도 그 메커니즘은 같다.

내가 개인적으로 한 브랜드의 상품을 소유하거나 동경하지 않아도, TV나 잡지, 또는 모니터에서 자주 만나는 브랜드나 로고들은 어느덧 우리의 의식을 파고 내게로 와 의미가 된다. 예를 들어 LV라는 두 개의 알파벳은 아무 의미 없는 달랑 기호다. 하지만 글꼴이 어떻건 간에 이 기호를 보면 내 머리 속은 온통 루이비통을 발음하고 있다.

그 기호와 나 사이에 생긴 인터페이스를 통해 나는 그 물건의 상징 속으로 편입된다. 그리고는 수많은 신화를 만난다. 가격, 고급스러움, 명성, 장인의 스토리, 스타의 에피소드…, 이미 LV라는 기호는 내게 교회의 십자가 만큼이나 상징화가 굳건하기 때문이다.

LV가 일방적으로 우리에게 상징을 강요하는 것 같지만, 생각해 보면 그들도 '고객'이라는 의미를 만들기 위해 엄청난 시간을 투자했을 것이다. 결국은 서로를 길들인 것이다. 그러다 보니 굳이 그 가방을 소유하고 있지 않아도 이미 그 LV와 인터페이스가 생기는 순간 내게 그 가방은 길가에 널린 다른 핸드백들과는 다른 의미를 지닌다. 만일 내가 그 가방을 들고 있다면 누군가가 그 로고를 보며 특별한 동질감을 느낄 것이다. 이 동질감은 전파처럼 지구를 돌아 세상을 연결한다. 어설프게 바느질된 이름 없는 가방을 든 직장 동료보다, LV를 들고 있는 건너편 대륙의 피부색이 다른 여성과 더 친밀감을 느낄 수도 있다. 취향이나 클래스를 공유한다는 상징성 때문이다.

공항의 VIP 라운지와도 같다. 각양각색의 인종들이 비즈니스 클래스 라운지에서 비행기를 기다린다. 이 라운지는 일정한 마일리지가 만들어 준 그들만의 플랫폼이다. 저 밖에 캐리어를 끌며 개미 떼처럼 걸어가는 동족 보다 라운지 안에 있는 다양한 국적의 사람들 간에 동질감이 더 강하게 형성되는 것이다. 한 명의 인간이 어떤 사람인지를 말하기 위해 이데올로기니, 종교니, 국가니, 문화니 등등 길게 설명하는 것보다 VIP 라운지에서 노트북을 두들기는 모습 만큼 그 사람을 더 잘 표현하는 것은 없다. 뭐 옆에 루이비통 프레지던트 서류가방이라도 하나 놓여 있으면 더 명료해진다.

이처럼 브랜드란, 탑처럼 쌓아 올려 서로 연관성 없는 이력서 보다 플랫폼Platform이라는 단어처럼 수평으로, 평등하게, 그것도 갑자기 인간을 연결한다. 덩굴 식물처럼 수평으로 줄기를 뻗어 리좀을 형성하는 것이다.

거울아, 거울아 세상에서 누가 제일 예쁘니

나는 타인의 욕망을 욕망한다.
- 자크 라캉

누구나 하루에 몇 번은 거울을 본다. 아침에 일어나자마자 부스스한 머리를 정리하기 위해, 이를 닦으며, 화장하며, 운동하며, 길을 가면서도 쇼윈도에 비치는 내 모습을 힐긋거린다. 무의식적으로 거울 보는 횟수를 세어본다면 생각보다 너무 많아서 놀랄 것이다. 내 모습을 보며 무슨 생각을 하는 것일까? 〈백설공주〉에 나오는 계모와 같은 질문을 하는 것일까?

"거울아, 거울아, 세상에서 누가 제일 예쁘니?"

세상에서 제일 예쁠 수 없다는 걸 알면서도 쉴 새 없이 되묻는다. 거울에게 인정받을 때까지 우리는 이 질문을 계속한다.

다행히도 백설공주의 계모는 미모가 출중해서 거울은 언제나 "왕비님이 세상에서 가장 아름다우십니다"라고 대답한다. 욕망이 충족된 계모는 웃으면서 안심한다. 그런데 어느 날 거울로부터 예기치 못한 답이 돌아왔다. "왕비님도 아름답지만, 더 아름다운 분이 계십니다. 바로 백설공주입니다". 이때부터 계모는 욕구불만이라는 지옥에 빠진다. 질투심에 사로잡힌 그녀는 젊고 아름다운 의붓딸을 궁에서 내쳐버린다. 거울에서 대답한 것은 누구였을까?

나의 어린 시절부터 시작해 딸아이 때문에 백 번은 족히 보았을 디즈니의 〈백설공주〉는 지금 생각해 보니 백인 우월주의의 미적 기호를 곳곳에 숨겨놓은 동화가 아니었나 하는 생각이 든다. 눈처럼 순진하고 하얀 백설공주는 최고의 선善으로 아름다우며 숭고한 기호를 가진다. 반면에 약간 색을 입힌 계모는 백설공주보다 덜 예쁘고 악惡하기까지 하다. 그 기호에 세뇌되어 성장한 여자 아이들은 거울에 대고 자신이 하얗고 날씬한가를 끊임없이 질문한다. 커가면서 새하얀 공주는 각종 광고 속의 셀러브리티들로 바뀐다. 그리고는 이미 알고 있는 대답을 거울에 대고 계속 묻는 것이다. 세상에 돌 모양은 다 제각각이며 그 모양으로 자기 자리에서 의미가 있다는 것은 아무도 가르쳐주지 않는다.

지그문트 프로이트는 인간 에너지의 원천을 성적 욕망인 리비도Libido라고 보았다. 동물이 암컷을 차지하기 위해 목숨 걸고 싸우는 것을 보면, 성적 에너지는 확실히 식욕만큼이나 생명체의 기본 욕구인 것이 맞다. 문제는 인간 종족이 동물과 달리 시도 때도 없는 성적 욕망에 사로잡힌다는 것이다. 구약 성경은 그저 '아이를 낳고… 어쩌고…' 두루뭉술하게 표현하건만, 이 휴면기를 모르는 성적 에너지야말로 인간을 에덴동산에서 분리한 원죄였다. 칼 융은 이를 더 넓게 잡아 여기에 정신적인 욕망까지 포함시켰다. 어쨌거나 욕망은 생명의 원천이고, 이런 육체적 정신적 욕구가 없었다면 문명은 존재하지도 않았을 것이다. 그 때문에 인간은 동물과 달리 이중적 존재가 되어 무의식 안에 상처를 꼭꼭 숨기기도 하는 것이다.

사회적 욕구에 관해 자크 라캉은 프로이트의 이론을 많이 수용했지만 조금 다른 길을 걸었다. 그는 인간의 심리적인 문제를 최초로 거울 앞에 서는 지점에서 시작한다. 프로이트가 사회적인 룰이나 교육을 통해 억압된 성적 본능이나 트라우마를 문제의 출발점으로 삼은 데 비해, 라캉은 자아가 세상과 최초로 관계를 맺기 시작하는 순간을 출발점으로 본 것이다. 이 시점을 '거울 단계'라고 한다.

갓 태어난 아기는 뱃속의 태아와 크게 다를 바가 없다. 엄마의 품속에서 외부 세상은 아무 의미도 관계도 없는 상태다. 젖을 먹고, 자고, 배설하고, 아기는 동물과 같이 자연과 본능의 세계에 있다. 이 시기에는 거울 앞에 안고 서도 아기는 자신을 인식하지 못한다. 그런데 시간이 흐르며 어느 순간, 거울에 비친 자기 모습에 방긋 웃으며 관심을 보이는 것이다!

물론 동물도 거울에 관심을 갖는다. 앞에 놓인 자신의 이미지를 뚫어지게 바라보기도 하고 냄새를 맡기도 한다. 다른 개체라 생각할 수도 있다. 하지만 후각이나 촉각으로 사물을 인식하는 동물은 생명 에너지가 없는 차디찬 유리벽 속의 이미지에 곧 흥미를 잃고 만다. 여기까지다. 인간이 아무리 노력해도, 동물은 자기 모습을 인식할 수 없을 것이다. 냄새가 없기 때문이다. 그런데 인간 아기는 이때부터 끊임없이 거울 앞에 매달려 자기 이미지에 마음을 빼앗긴다. 자신의 모습을 아는 듯, 아마 친구라 생각할 거다, 손을 뻗고 깡충깡충 뛰며 웃기를 반복한다.

아기는 자신의 모습을 인식하면서부터 자연의 상태에서 분리되어 심리 발달의 출발점에 선다. 자연과 하나이던 에덴동산에서의 삶은 막을 내린 것이다. 아기는 자신과의 조우를 통해 점점 외부세계를 인식하며 체험을 통해 인간이 이룩해 놓은 외부 이미지를 받아들인다. 즉, '나'라는 인식은 신이 특별히 너는 '아담'이다, 너는 '철수'다 라고 부여하거나, 원래부터 있었다기 보다 그 동안 인간이 끊임없이 만들어온 사물의 의미를 내 안에 담는 과정이다.

동물이 거울에 비친 자신을 마주하며 다른 개체라고 여기는 데에는 비밀이 있다. 인간 아기도 처음에는 자신인 줄 모른다. 평생 자기 모습을 한 번도 본적이 없는 청년 나르시스가 강물에 비친 자기 모습을 보고 사랑에 빠졌다는 신화는 많은 의미를 함축한다. 자신의 모습을 한 번도 본적이 없다는 말은, 어딘가에 비친 모습이 자신임을 아무도 말해주지 않았다는 표현이 적합하다. 정글에서 자란 모글리가 20세가 되어 자기 모습을 처음 본다면, 동물처럼 거울 속의 자신은 생전 처음 보는 '타인'일 뿐이다. 자신의 모습은 타인을 통해 학습해야 알 수 있기 때문이다.

게다가 실제로 거울 속의 '나'는 진정한 나를 투영하고 있는지도 의문이다. 거울 속의 모습은 빛이 반사되며 비친 내 물질적인 신체일 뿐 그 안에 내 정신, 영혼까지 보여주지는 않는다. 이는 안의 실체로부터 분리된 그림자 같은 이미지일 뿐이다. 내가 누구인지 말해주는 사람이 없다면 거울 속의 내가 어떤 사람인지 알 방법이 없다. 이 세상에 나와 거울 딱 두 물체만 존재한다면 죽을 때까지 거울에 비친 나는 영원히 '타자'일 것이다. 인간 자아의 시작은 '거울 속 나와의 관계맺기'부터 시작한다는 라캉의 의견은 설득력 있다.

육체는 거울에 투영되지만, 내 정신이나 영혼을 투영할 수 있는 것은 타인을 통해서 뿐이다. 타인과의 관계, 반응, 평판 등을 통해서만 육체 안에 들어 있는 나를 인식할 수 있다. 그러므로 타인의 존재가 없다면, 자연 안에 존재하기는 할지라도 인간만이 가진 자아가 크지는 않을 것이다. 내가 나를 생각해 보아도 모두 사회적 관계 속에 이루어진 나일뿐, 오롯이 내가 나와만 맺고 있는 관계란 의식 안에서는 어디서부터인지 알 수 없다. 타인이 없다면 그저 텅 빈 시공간에 우주적 인식만이 있을 뿐이다. 거울이 있다 해도 그것이 거울인지 배우지 않았다면 거기에 비친 것이 나인 줄 어찌 알겠는가? 그러므로 내 안에 채워진 것은 결국 타인이다.

사르트르Jean-Paul Satre(1905–1980)는 "타인은 곧 거울이다"라고 했다. 내가 거울 속에서 나의 이미지를 인식하듯, 타인의 존재가 있어야 내가 누구인지를 알 수 있다는 것이다. 그런데 그조차 진정한 나인지 확실하지 않다. 타인은 각각 자신의 시선으로 나를 투영하기 때문이다. 예를 들어, 어떤 이는 내가 아주 쾌활한 사람이라 하고, 어떤 이는 내가 수줍음을 많이 타는 사람이라 한다. 또 어떤 이는 내가 그에게 상처를 주었다고도 한다. 무엇이 진실인 걸까? 그들조차 나와 같이 혼란스러운 존재인 것을. 다 맞을 수도 다 틀릴 수도 있다. 부모 형제들조차 나를 이야기 하는 것이 모두 틀릴 때가 많아 당황스럽다. 사르트르가 "타인은 지옥이다"라고 덧붙인 것도 이해한다. 인간은 타인을 통한 희노애락 속에, 끊임없이 자신에게 질문하는 존재이기 때문이다.

라캉도 "내가 나를 발견하고 가장 먼저 느끼는 곳은 타인에게서다" 라고 말한다. 결국, 나를 확인하고 존재를 인정받기 위해서는 '타인'의 존재가 필요하다는 말이다. 인간이 사회적인 동물이라는 것은 여기서부터 출발한다. 암흑의 우주 공간에 홀로 떠있다면 인간의 육체란 그저 의식이 들어 있는 공간일 뿐이다. 타인의 시선이 없으면 '나',

'육체'라는 인식의 대상조차 없을 것이다. 결국, 인간의 욕망이란 나의 순수한 본질적 욕망이기보다는 타인이 원하는 것을 욕망하는 것이다.

프로이트는 진정한 자아가 억압되는 것은 밖으로부터의 관계에서 온다고 생각했지만, 라캉은 내가 나와 맺은 관계, 내가 처음 거울을 마주했을 때의 '나'로부터 파생된다고 생각했다. 결국 마녀가 질문하는 대상은 그 누구도 아닌, '타자'인 자기 자신이다. 거울 속의 나는 나인 동시에 타인이기 때문이다. 그리고 내가 나라고 여기는 인식도 수많은 타인의 집합이기 때문이다. 그러므로 자기를 아름답게 꾸미는 것이 자기만족을 위해서라는 것은 말장난이다.

사회학적으로 인간의 욕망에는 세 개의 단계가 있다. 가장 낮은 단계인 '생존 욕망'은 생명과 종족을 보존하는 욕망이다. 이 경우에는 먹고 잘 곳만 있으면 만족한다. 이 욕망이 채워지고 나면 그 다음 단계는 남보다 더 많은 것을 갖고 싶은 '소유의 욕망'이다. 이 욕망이 채워지고 나면 자신의 '존재를 인정받고 싶은 욕망'이 생긴다고 한다. 그리고 위 단계로 올라갈수록 하위의 욕망은 줄어든다고 한다. 즉, 자신의 존재가치가 충족되면 소유 욕망이 줄어드는 거다. 그래서 건강하고 삶의 질이 높은 사회는 좀 덜 재미있어도 이 상위의 욕망을 채워주는 사회이다.

하지만 현대문명은 얽히고설켜 소유의 욕망을 다각도로 끊임없이 자극한다. 다국적 대기업은 끊임없이 물건을 만들어 대중의 소비를 부추겨야 이득을 보기 때문이다. 또 대중은 물건을 소비함으로써 자신의 존재가치를 과시하고 돈이 돌아 자신에게로 다시 돌아오는 시스템인 거다.

예를 들어 자동차 광고는 '이 차를 타시면 당신이 성공한 사람으로 인정받습니다' 내지는, '가정의 행복이 여기 있습니다'라며 끊임없이 거울놀이를 한다. 정신적인 양식이 아닌, 물건을 통해 자신을 채움으로 의미를 부여하도록 유도하는 것이다. 현대인이 겉만 번드르르한 종교에 빠지는 이유는 아마도 이런 결핍에서 오는 것일 수도 있다. 면죄부를 팔듯 어줍잖은 종교는 프로포폴 같은 '인스턴트 정신의 양식'을 파는 것이다.

"거울아, 거울아, 이 세상에서 누가 가장 아름답지?"라 물으면, 거울 속의 타인들이 합창한다. "백설공주가 제일 아름답지. 명품 신상을 입었거든"라고 답하는 순간, 평온하던 내면은 뒤틀리기 시작한다. 더 높이, 더 아름답게. 우리가 명품 브랜드에 끊임없이 매혹되는 이유는 여기에 있다

결국, 명품의 조건이란 "타인이 욕망해야 한다"는 것이다. 나는 내가 욕망한다고 믿지만, 사실은 타인이 욕망하기 때문에 그것을 소유한 거울 속의 나를 욕망하는 거다. 인간은 타인이 욕망하지 않는 것을 굳이 애써 가지려 에너지를 소비하지 않는다. 명품의 본질은 신화 같은 스토리텔링, 예술성, 꿈으로 포장된 인간 욕망을 작동하는 스위치인 것이다.

멀티 페르소나,
또 다른 나를 발견하다

나는 신을 믿는 것이 아니라 신을 안다.
부르든, 부르지 않든 신은 존재할 것이다.
- 칼 구스타프 융

라틴어인 '페르소나Persona'는 극장에서 무대에 오른 배우들이 인물의 성격이나 감정 상태를 청중에 드러내려 얼굴에 썼던 '마스크Mask'였다. '00을 통해서 말하다'는 의미의 동사 'personare'의 명사형인 프로소폰Prosopon이 어원으로, '사람'이나 '인격'을 의미하는 person이나 personality도 여기서 파생되었다.

그리스 · 로마 시대뿐 아니라 시대와 장소를 불문하고 마스크는 또 다른 인격을 나타내는 '기호'로 모든 문화권에 무의식적으로 존재했다. 우리나라의 탈이나, 여러 대륙의 원시 샤먼, 일본이나 중국의 가면극 등 한 개인이 다른 목소리를 효과적으로 내기 위해서 마스크의 힘을 빌리곤 했다.

현대는 페르소나의 기호가 강조되는 시대다. TV의 예능 프로그램이나 영화를 보면 그 시대 가장 본질적인 문화의 흐름을 읽을 수 있다. 잠깐 스쳐가는 유행이 대부분이지만, 그 가운데 세상의 변화 스위치가 감지되는 경우도 있다. 연예나 패션계는 정치가 '법치'의 가면을 쓰듯이, 인간의 가장 본능적인 욕망에 '문화'라는 가면을 씌운 표피층이기 때문이다. 인간에 비유하자면 관계의 최전방에 있는 '얼굴'이라는 말이다.

요즘 리얼리티 예능은 대부분 캐릭터를 정해서 실재 상황인 것처럼 만든다. 처음부터 허구임을 알고 있는 드라마나 영화 속 캐릭터와는 달리, 출연자들이 실제로 웃고 우는 모습을 즐기는 거다. 하지만 이 리얼리티가 그 출연자의 100% 일상일 수는 없다. 이름 걸고 화면에 비추는 또 하나의 자신일 것이다.

동양의 페르소나는 '도덕', '체면' 등 정서적인 면이 강했지만, 유럽인의 페르소나는 훨씬 현실적이었다. 르네상스 시대 희극 배우들의 가면은 곧 귀족들에까지 유행되었다. 여름에는 화장이 지워져 흘러내리는 것을 가려주고(그 시대의 화장품이 워터프루프는 아니었을 테니까), 겨울에는 피부를 보호하는 역할도 했다.

한 술 더 떠서, 세상의 온갖 마스크 중 가장 유희적이면서도 신비로웠던 것은 단연 베네치아의 마스크일 것이다. 이는 이해하기 어려운 베네치아만의 독특한 일상이자 정신상태였다. 지금도 베네치아역에서 다리 건너 제일 처음 접하게 되는 골목은 가면을 파는 상점들로 즐비하다. 바다 위에 부표처럼 떠있는 이 도시를 더욱 몽환적으로 만드는 요소다. 어떤 가면은 섬세하게 보석을 박은 모습이 너무도 우아해 시선을 뗄 수 없는 것도 있고, 어떤 것은 목이 걸린 듯 슬픈 모습이기도 하다. 현대적인 얼굴을 한 것도 있지만, 대부분은 18세기 이탈리아 연극에서 튀어나온 인물들이거나, 중세와 르네상스를 표현하는 것들이다.

서기 1000년경 가톨릭교회는 부활절 전의 40일을 사순절로 정했다. 예수가 광야에서 고생한 것을 상징하여 일절 육식을 금한 것이다. 사냥과 육식을 즐기던 유럽인에게 40일간의 금식은 힘든 일이었으므로, 전에 미리 고기를 잔뜩 먹고 즐기는 기간을 주었다.

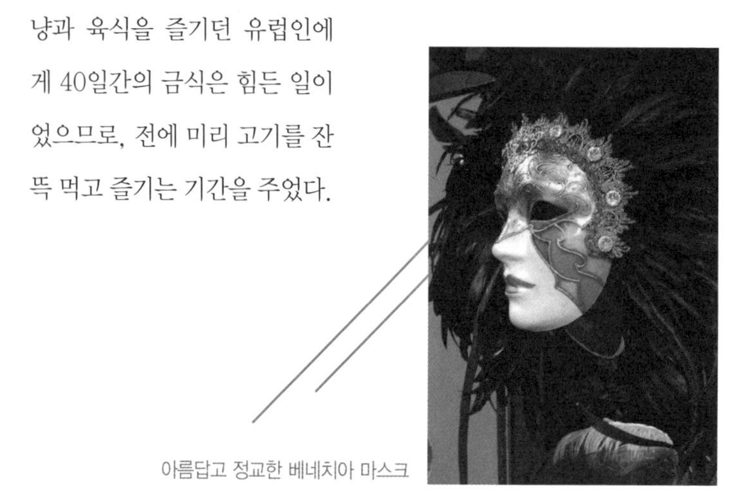

아름답고 정교한 베네치아 마스크

이를 카니발Carnival, 즉 사육제謝肉祭라고 하였다.

국제 무역도시로 자유로운 정신을 지녔던 베네치아는 사육제 동안 독특한 열정을 불사르기 시작한다. 누가 처음 시작했는지는 모르겠지만, 12세기 초 도시의 모든 시민에게 가면을 쓸 것을 명한 것이다. 혹독한 금식 전에 인간의 모든 욕망을 불사른 후 숭고한 일상을 살기 위한 것이리라.

그런데, 베네치아에서 '가면'은 그 차원이 달랐다. 몇 주 동안 의상, 품행, 말투까지 가면의 인물로 완벽하게 빙의해 일상을 살아야 했다. 그 밑의 진짜 얼굴은 묻지도 따지지도 않는 것이 게임의 룰이다.

사육제 동안 베네치아의 모든 시민은 일종의 착란상태를 공유했다. 외국의 부호들, 온갖 신분의 여자들도 가면 밑에 얼굴을 숨긴 채 이곳에 모여들었다. 그러다 사육제가 끝나면, 언제 그랬냐는 듯 다시 일상으로 되돌아가는 것이다. 그런데 신기한 것은 이런 폭발적인 자유를 누리며 오히려 민중은 질서를 지키고, 평온했다는 것이다. 쌓였던 내면의 욕망을 분출하니 범죄가 줄어들었을지도 모른다. 가상으로나마 모두가 평등한 민주주의를 실현했기 때문이다. 인간 속에 숨겨진 다면적 인격을 자극하던 중세의 베네치아가, 20세기 초 파리만큼이나 진정한 자유의 도시였던 이유다.

16세기 중반부터 이탈리아가 문화적 빛을 잃고 17세기 프랑스가 유럽의 전면에 떠오르면서 베네치아의 가면적인 삶은 프랑스 궁중으로 옮겨간다. 역사상 이 시기는 '일상부터 예술까지' 가장 연극이 발달했던 시기라 볼 수 있다. 베네치아에서는 한시적으로 하는 일종의 게임이었지만, 프랑스의 궁정인은 자연스러움을 잃고 사회적 페르소나를 두껍게 쓰고 일상을 살았다. 이 권위적이고도 위선적인 귀족사회의 처세술과 여성의 팜므파탈적 매력이 버무려진 페르소나는 독특한 프랑스만의 예술을 창조했고, 극도의 사치스러운 궁중문화를 후세에 남겼다.

그리스 · 로마나 베네치아의 페르소나를 20세기에 다시 소환한 것은 분석심리학의 대가 구스타프 융이다. 페르소나는 진정한 자신인 에고Ego의 분신으로, 사회적인 역할을 충실히 수행하는 겉껍질을 의미한다. 타인의 시선을 의식하고 보여주기 위해서 또는 주변 환경에 흡수되기 위해 진정한 자신을 숨긴 가짜 인격, 즉 연극 배우가 쓰던 페르소나 같다는 의미다.

이는 병적으로 트라우마가 강해 인격이 양분되거나, 또는 자신을 감춰 창의력과 가능성을 미개척지로 남겨버리는 부정적인 면도 있지만, 사회에서 규칙을 지켜야 하는 인간에게 필수 불가결한 순기능일 수도 있다. 그래서 생각보다 우리는 다양한 인격을 '경영하며' 살고 있다. 경영이라는 단어가 딱 맞는다. 이 세상 아무도 자기 생각이나 감정을 다 표현하며 사는 사람은 없다. 결론적으로 인간 사회는 이중인격이라는 껍질 위에 세워지기 때문이다. 게다가 사회적 지위가 높아질수록 페르소나는 발달한다. 지킬 것이 많아지니 말이다.

현대 세계에서 브랜드는 나의 페르소나와도 같다. 2019 구찌 컬렉션이 〈페르소나〉를 주제로 했듯이 우리는 패션이나 소유하는 물건을 통해 가면을 쓴다. 이는 아담과 이브가 에덴동산에서 추방당하며 나뭇잎으로 부끄러움을 가린 순간부터 시작 된 것이다. 이 부끄러움이 신분이 되었고, 이제는 신분을 넘어 나의 '다양한 인격'이 되었다.

인터넷상의 다양한 플랫폼을 통해 리좀Rhizome적인 인간관계가 많아진 현대는 이제 멀티 페르소나의 시대로 접어들었다는 생각이 든다. 베네치아의 삶이 돌아오는 것 같다. 이미 마스크가 일상화되어 자아의 분리를 경험하고 있는 세계는 다양한 페르소나를 통한 '나'의 표현에 집중할 것 같다. 게이나 트랜스젠더 등 사회적인 동의가 필요한 그런 정체성의 문제가 아니라, 한 인간 안에 그림자로 억압되었던 다양한 인격을 해방하는 것 말이다.

나와는 상관없이 그저 외부에서 흘러가는 것 같던 사회의 다양한 현상들이 마스크를 쓰고 살아보니 점점 명료해진다. 조그마한 천 쪼가리 하나가 인간의 행동 양식을 미세하게 변화시킨다는 것도 알게 된다. 마스크가 주는 세계는 의도치 않게 자아분열과 실존적 불안을 경험하게 하는 것이다

브랜딩이라는 이름의 허상, 삶은 속임수일지도

반짝이는 모든 것, 귀중한 모든 것은 그토록 빨리 시든다.
그리고 결코 다시 돌아오지 않는다.
- 스콧 피츠제랄드, 〈위대한 게츠비〉에서

"삶은 속임수다"라는 말은 영화 〈더 그레이트 뷰티The Great Beauty〉에서 따온 대사다. 주인공의 내면적 의식의 흐름을 따라가기 때문에 호불호가 명확하게 갈리는 영화 중 하나다. 〈위대한 개츠비〉가 미국 상위 1%의 세계를 보여주었다면, 이 영화는 이탈리아의 상위 1%가 살아가는 세계의 허상과 가식을 보여주고 있다.

모든 것을 다 소유하고 있는 상류층이지만, 주인공 젭을 비롯해 주변의 인생은 그다지 행복해 보이지 않는다. 그저 겉모습과 헛것에 매달려 파티와 관계 속에 중독되어 살아가는 좀비처럼 보인다. 돈이 아무리 많아도, 사치를 아무리 원 없이 해도 내면을 채우지 못한 허전함의 무게는 나머지 99%의 일반인과 같아 보인다. 그래서 젭은 인생의 본질을 찾기 위해 세상 너머의 완전한 아름다움, 첫사랑의 향기와 같은 진리를 계속 찾아 다닌다.

타고난 귀족 외에, 교환가치인 돈을 많이 소유해 부자가 되는 옛 이야기는 어느 문화권에나 있다. 돈은 어떤 형태로든 존재해왔다는 말이다.

하지만 르네상스부터 시작된 화폐경제는 이전에 지구상에 존재했던 돈과 그 의미가 전혀 달랐다. 현대에 우리가 쓰고 있는 '금융'의 개념이 싹튼 것이다. 고대부터 사용하던 금이나 은은 금속이다 보니 보관과 운반이 보통 일이 아니었다. 게다가 치안이 부재하던 중세에 약탈은 일상적으로 벌어지는 일이었다. 돈을 운반하려면 군인들을 고용해야 하고, 보관 창고에도 경비를 세워야 하니 버는 것보다 유지비용이 더 들었다.

그러던 중, 14세기 초 피렌체의 유력 가문들은 은행업을 하며 교황청이나 유럽 왕실의 국고를 관리하게 되는데, 그 과정에서 돈의 흐름을 깨닫게 되었다. 집마다 방에 돈을 쌓아둘 수 없으니 은행에 보관과 운반을 일임하는데, 모든 교구의 돈이 동시에 들어와 동시에 나가지 않는 것이다! 고객마다 필요할 때 조금씩 가져가고 가져오니 금고에는 돈이 계속 쌓여 있었다. 예를 들어 메디치가의 경우, 런던 지점에 돈이 들어오면 곧바로 피렌체로 보내는 것이 아니라, '돈이 얼마 들어왔다', '돈을 얼마 찾아갔다'라는 증서를 고객에게 발행했다. 그리고는 고객이 맡긴 돈으로 영국이나 플랑드르의 거친 모직물을 싼값에 사서 피렌체에서 가공한 후 비싼 가격에 유럽의 귀족들에게 팔았다. 돈이 돈을 벌며 흐르는 시스템을 개발해낸 것이다. 신용시대의 개막이자, 판도라의 상자가 열리는 순간이었다.

그 다음은 일사천리였다. 이렇게 써준 증서를 타인에게 양도하는 방식이 시작되고, 실제적인 주화의 유통 없이도 현금의 역할을 하기 시작한다. 현대에 사용하는 종이 화폐의 출현을 예고한 것이다.

16세기, 바스쿠 다 가마Vasco da Gama(1460-1514)에 의해 인도항로가 열리자, 항해 자금을 모으기 위해 주식을 발행하기 시작한다. 시원치 않은 배로 험준한 바닷길을 항해해야 하는 하이 리스크High Risk였지만, 인도의 향료나 차 등을 가득 싣고 무사히 귀환만 하면 엄청난 수익High Profit을 배당받을 수 있었다. 물론 난파라도 당하면 주식은 휴지 조각이 되는 것이지만. 이런 시작이 17세기에 들어서는 나라에서 발행하는 국채나 주식회사로 발전되었다.

국가 간의 교역 시스템이 비대해지면서 과거의 신용장과 금화, 은화의 지급 등으로는 교역을 하는 것이 힘들어졌다. 그래서 나라마다 자기네가 보유하고 있는 금, 즉 실제적인 자산 만큼 종이에 화폐를 찍어 교환할 수 있게 되었다. 그 종이에 적힌 가치만큼 금을 소유하고 있다는 증표로, 언제나 금으로 바꿀 수 있었다. 사람들 간의 약속으로 세상에 있는 금의 가치를 종이에 나누어 가진 것이다. 하지만 광물인 금은 지구상에 그 양이 한정된 데다가, 어딘가에서 금광이라도 발견되면 갑자기 늘어나기도 하는 등 수급이 불안정했다. 갑자기 전쟁이라도 나면 모든 증서를 금으로 바꾸기 위해 아수라장이 되는 경우도 생겼다.

20세기 이후 1, 2차 세계대전을 겪으며, 양 전쟁의 군수물자와 전쟁 보상금 등으로 혼자 이득을 본 미국은 전 세계의 금을 거의 독식하다시피 했다. 그 결과 자연스레 금=달러라는 등식이 되어 화폐를 금으로 바꾸는 제도는 폐지되고, 현재는 달러를 기준으로 각국의 화폐를 발행하는 그야말로 '종이 vs 종이'의 신용만으로 이루어진 금융자본주의로 변화한 것이다.

금융업의 발전은 산업자본주의에서 금융자본주의로 이행을 가져왔다. 과거에는 생산과정을 지배하는 자본가가 산업을 지배했지만 모든 사람이 돈을 은행에 맡기니 은행은 이 늘어난 돈을 자본가에게 담보를 받고 빌려주게 된다. 산업은 점점 발전하지만, 산업은 금융에 지배를 받아 최종적으로 가장 돈을 많이 버는 것은 금융이 된다. 그뿐 아니라, 땅이나 건물, 기계, 공장 등과 같은 실물은 자본을 늘리는 데 한계가 있다. 그래서 자본가들은 눈에 보이지 않는 가상의 것을 상징화 하여 가치를 불어넣어 팔기 시작했다. 브랜드의 탄생이다.

금융자본주의는 이런 브랜딩을 통해 활짝 꽃피었다. 보이지 않는 회사의 브랜드 가치에 가격을 매겨 주식시장에 파는 주식 또한 일종의 브랜드이기 때문이다. 실질적인 자산보다 눈에 보이지 않는 무형의 가치가 더 큰 시장을 형성하게 된 것이다. 이런 브랜드의 시장에서도 단연 돈이 가장 많이 쌓여 있는 금융이 주인공이 되는 것은 당연하다. 이는 부동산도 마찬가지였다. 예전에는 땅의 넓이, 그곳에서 생산되는 곡식의 양 등 눈에 보이는 실물로 가치가 매겨졌다. 그러나 상업만 이루어지는 도시에서는 이런 규칙이 통용되지 않는다. 실물 가치와는 상관없이 인간의 욕망이 개입되며 수요와 공급, 권력자들이 만드는 환경 요인, 금융의 힘 등 눈에 보이지 않는 브랜드 가치로 거래가 결정된다.

대기업이 뛰어든 명품 시장 또한 장인이 만드는 실물이 아닌 '브랜드'라는 상징적 가치를 사고 판다. 물건 자체보다 브랜드에 투영된 이미지를 거래한다는 말이다. 누가 만들었다거나, 누가 사용한다는 등등. 예술품, 오트쿠튀르, 고급 스포츠카, 보석, 고급 와인…, 이는 나아가 라이프스타일이나 개성, 미적 기호, 먹는 취향, 여가에 이르기까지 확대되었다.

현대예술도 암암리의 약속이다. 조각조각 해체되어 형태도 남지 않은 추상예술이나 반 미학의 추구는 전통에 반하는 '새로운 시도'이지만, 정말 그 안에 대단한 철학이 담겨 있는지는 누구도 증명할 수가 없다. 영화 〈더 그레이스 뷰티〉에서 포스트모더니즘 예술 공연이라며 옷을 모두 벗은 채 벽에 머리를 박고, 어린 천재 화가가 페인트 통을 흰 벽에 쏟아 부으며 분노에 차 울음을 터뜨리는 퍼포먼스 장면이 있다. 이 냉소적인 장면들에서 파올로 트렌티노 감독은 "과연 현대예술은 무엇인가?"라고 진지하게 질문하고 있다.

전통이나 정신과의 단절을 선언했던 해체적인 모더니즘은 시간이 갈수록 변질되어 일종의 광대극이나 모조품, 거짓으로 진화했는지도 모른다. 이것이 예술임을 알아보지 못하면 마치 문외한이 되는 듯 설득된 건 아닐까? 어떤 브랜드의 명품을 들어야 사회적 클래스에 편입되듯, 뭔지도 모를 예술을 소비해야 어떤 지적 수준에 편입되는 듯한 신기루에 사로잡혀있는 것은 아닐까? 공연하고 있는 예술가 자신도 무엇을 하는지 모를 정도로 해체된 예술처럼, 현대의 다국적 기업은 장인이 처음 만들었다는 그 '명품'이 왜 지금도 명품인지 확실히 설명해 주지 못한다. 다만 천문학적인 비용을 들인 광고나 머천다이징을 통해 명품임을 주장하고 설득할 뿐이다.

그런데, 실체가 없는 것을 믿기로 한 약속이란 신기루 같아서 모두가 믿어야 생명력을 갖는다. 하지만 한 발짝만 떨어져 바라보면 이는 엄청난 위험을 내포하고 있다는 것을 알 수 있다. 사회적 약속 중 누군가가 "이건 사실이 아니야, 신기루야" 라며 믿지 않는 순간, 도미노처럼 무너질 수 있다. 트렁크에 가득 돈을 실어가도 쌀 한 포대 살 수 없는 통제 불능의 인플레이션이 된다든지, 부동산의 버블이 꺼져 버린다든지, 주식이 휴지 조각이 되어 버린다든지…, 우리가 교환하고 있던 가치가 의미가 없어지면 신기루는 사라진다. 우리는 선진국의 국가브랜드가 허상이었음을 코로나19 팬데믹으로 경험하지 않았던가?

이처럼, 세상의 모든 이데올로기, 지식 또는 광고와 브랜딩, 기업가치 그리고 예술까지도 모두 진리라 믿지만, 곰곰 생각해보면 많은 사람들의 동의를 얻은 여론일 뿐이다. 진리란 손에 잡히지 않는 것이다. 현재의 세상은 신용과 여론이 만들어낸 상징 위에 세워졌고, 실제는 있기나 한 것인지도 모른 채, 만든 자의 의도대로 사람들은 이미지에 열광한다. 그리고 그 이미지를 실제보다 더 생생하게 경험한다. 마치 화학적으로 만들어진 향에 너무 익숙해져, 눈을 감고 오렌지향을 맡았을 때 실제의 오렌지보다 화학적 향이 더 오렌지라 느끼는 것과도 같다. 이는 향을 다루는 많은 소믈리에나 조향사가 흔히 경험하는 바다.

세계는 점점 매트릭스Matrix로 압축되고 있는 느낌이다. 비행기를 이용해 대륙을 오가더니, 글로벌 세상이 되고, 인터넷은 시공간을 무력화해 버렸다. 이제 세상은 사이버상에서 0과 1의 비트Bit(컴퓨터의 정보 처리 장치가 저장할 수 있는 데이터의 최소 단위)로 이루어진 신기루 안으로 들어가고 있다. 그 다음은 어디로 진화할지 아무도 모른다. 평행세계로 명품을 팔러 다닐지 누가 알겠는가?

감각의 모자이크,
이탈리아를 추억하다

스타일의 정수란 복잡한 것을
난순한 방법으로 이야기하는 것이다.
- 조르지오 아르마니

옷을 구경하려면 파리로 가고, 옷을 사려면 밀라노로 가라는 말이 있다. 이는 이탈리아 여성들의 멋스러움을 잘 표현한 말이다. 파리지엔처럼 시크Chic하다기보다는, 분명 과한데 이상하게도 과함이 몸에 착 붙어 내추럴Natural 한 거다. 겨울에 이탈리아의 거리를 거닐다 보면 같은 여자임에도 눈을 크게 뜨며 뒤돌아보게 될 때가 있다. 모델도 아닌데 무릎 밑까지 내려오는 호피 코트를 완벽하게 소화하고 있는 여성을 볼 때다. 관능적이면서도 천하지 않고, 난해한데도 크게 튀지 않는 것이 도대체 어디서 오는 자연스러움일까 생각하게 하는 것이다.

언젠가 페루지아에서 80세는 되어 보이는 할머니께서 스마트한 정장에 검은 스웨터를 어깨에 두르고 꼿꼿하게 걸어가는 모습이 너무 멋져서 스토커처럼 뒤를 쫓아갔었다. 결국, 참지 못한 나는 "시뇨라, 사진 한 방?" 여쭙고 셔터까지 눌렀다. 할머니는 손을 흔들어 키스까지 날려주셨다. 그 모습을 보며 몇십 년 후에 나도 저렇게 구두를 신고 언덕을 오를 수 있을까 하는 생각이 들었다. 점점 힐을 포기하고 운동화를 신는 시간이 많아지는데 말이다. 이탈리아인은 제대로 갖추어 입는 'La Bella Figura(아름다운 모습이란 뜻)'가 몸에 밴 일상 그 자체인 것 같다.

어느 날 우연히 이탈리아의 남성복 창립자 '스테파노 리치Stefano Ricci'에 관한 기사를 읽게 되었다. 그리고 프랑스인들조차 고개를 흔드는 이탈리아의 감각이 어디에서 오는 것인지를 이해할 수 있었다.

"스테파노는 르네상스 발원지인 피렌체에서 교회의 디자인과 성들을 보며 어린 시절을 보냈다. 교회나 성의 정교한 색상 조화와 비율을 접하며 예술성과 균형감각을 자연스럽게 배울 수 있었고, 이런 영감을 디자인에 담아냈다. 21세 때 메디치 가문의 도안 디자인에서 영감을 얻어 넥타이를 처음 디자인했다. 그 후 실크로 유명한 코모로 이주해 장인 밑에서 일하면서 고대 직물 기법에 매료되어 지냈다."

로마 유적들 사이에 뒹굴던 오래된 돌에서 발하는 색을 보며, 회색에 얼마나 많은 농담과 뉘앙스가 있는지를 알게 되면서, 그들은 장인이 되어간다. 이탈리아의 디자인이 세계 최고일 수밖에 없겠다는 생각이 들었다. 축적된 시간의 힘을 고스란히 품고 있는 나라. 그리스나 이집트, 중동의 수천 년 된 나라들이 전쟁이나 경제, 종교 문제로 '저들이 그 문명의 후예 맞는가' 싶을 정도로 피폐해진 데 비해, 이탈리아는 경제가 낙후되긴 해도 그나마 문화가 유지되고 있기 때문일 것이다. 다른 유럽 강대국들보다 출발은 늦었지만, 도시국가의 귀족들이 누렸던 독특한 라이프스타일, 로마라는 제국을 품었던 대국적 시야, 다양한 문화가 빚어내는 감성과 색채 등 흉내내기 어려운 고급스러운 품성을 '아직은' 잃지 않고 있는 거다.

조상이 남겨준 문화유산 팔아 살고 있다는 조롱도 받지만, 역으로 생각해 보면 조상의 기억이 생생하고 그 유적이 일상에 배어있다는 말과도 같다. 레오나르도 다빈치나 라파엘로를 옆집 아저씨 이름처럼 입에 달고, 부르넬리스키나 브라만테가 지은 건물에서 술래잡기하며 자란다. 길거리에는 거장의 작품이 널려 있고, 로마 유적 옆의 카페에서 브런치를 먹는다. 천년 된 건물에서 쇼핑하고, 레스토랑에서는 700년 된 포도원에서 나온 와인이 서빙된다. 시간이 압축된 도시에는 과거와 현재가 공존한다.

이탈리아의 역사는 이민족의 지배로 점

철되었다. 고대 그리스부터 카르타고를 거쳐 중세에는 이슬람, 비잔틴, 독일과 바이킹, 이후로는 프랑스, 스페인 등의 지배를 받았다. 하지만 이런 역사가 상처만 남긴 것은 아니다. 수많은 이질적 문명이 부딪치면서 만들어낸 문화는 이탈리아인의 DNA에 예술적 감각을 각인했다. 그래서 이탈리아의 문화는 다양한 문명의 조각이 어우러져 모자이크처럼 정교하게 조화를 이룬다. 마치 차곡차곡 쌓인 깊은 단층의 응집된 힘처럼 말이다. 여기에 르네상스와 함께 아름답게 꽃핀 도시국가들은 강한 전통을 남겼다. 그래서 이탈리아인들은 자신을 이탈리아 사람이라기보다 피렌체인, 베네치아인이라고 말하는 것을 좋아한다.

16세기 이후 유럽의 중심축이 지중해에서 대서양으로 바뀌면서 이탈리아 르네상스는 쇠퇴의 길을 걷기 시작한다. 유럽 대부분의 나라가 중세 봉건주의를 벗어나 민족이라는 유대감과 중앙집권체제로 근대국가를 이루는 동안에도 여전히 도시국가로 나뉘어 과거 속에 살았다. 1870년에 간신히 통일을 이룩한 이탈리아는 유럽의 변방으로 가난한 20세기를 맞았다.

지난 세기 이탈리아가 창조한 수많은 명품에 가장 열광한 나라는 미국이었다. 귀족의 역사가 없는 미국은 19세기까지 도시 공국이 존재했던 이탈리아의 매력에 흠뻑 취했다. 이탈리아는 가난했지만, 졸부인 미국이 갖지 못한 아우라가 있었다.

실제로 20세기 초반에는 귀족 가문의 여성들이 패션계에 진출해 자신의 브랜드를 창업하기도 했다. 공작 가문에서 태어난 콜로나 디 체사로Colonna di Cesaro 백작부인이 자신의 브랜드로 만든 시모네타Simonetta, 러시아 귀족으로 로마로 망명 온 이레네 갈리치네Irene Galitzine 공주의 브랜드인 프린세스 갈리치네Princess Galitzine, 로마 귀족 출신인 엘사 스키아파렐리 등. 이들이 브랜드로 크게 성공해서 돈을 벌었는지는 중요하지 않다. 이들과 함께 오트쿠튀르는 백작부인이니, 공주니 하는 동화 같은 아우라를 주게 되었다. 르네상스를 통해 예술가가 수공업자에서 '장인'의 지위를 얻었듯, 귀족들의 옷을 지어주던 '옷장이'에서 귀족이 직접 참여하는 '예술'이라는 우아한 날개를 달게 된 것이다.

여기에 지중해의 뜨거운 태양과 '돌체 비타Dolce Vita(아름다운 인생)', '카르페 디엠Carpe Diem(현재를 즐겨라)'의 라이프스타일은 미국 상류층의 로망이 되었다.

20세기 중반 이탈리아 영화들은 이런 로망을 더욱 부추겼다. 2차 세계대전을 전후해 이탈리아에서는 세계 영화사에 혁명적인 변화를 예고하는 일련의 흐름이 싹텄다. '전쟁'이라는 비참한 현실과 마주해 객관적이고 엄격한 자각을 바탕으로 하는 신新사실주의, 즉 네오리얼리즘Neorealism의 출현이었다.

이런 영화의 흐름은 뒤집힌 삶에 대한 철학적 관조도 있었지만, 전후 이탈리아가 처했던 현실 때문에 나타난 사조라 할 수 있다. 로마 근교에 조성되었던 스튜디오 단지 '치네치타Cinecitta'는 폐허가 되었고, 경제는 영화를 제작하기 어려운 상태였다. 이런 환경에서도 창작욕을 불태우던 젊은 감독들은 최소한의 재정으로 영화를 찍었다. 스튜디오가 없으니 야외에서 자연광을 사용하고, 사운드도 조악했다. 게다가 조연이나 엑스트라의 부족은 일반인으로 채웠다. 그런데 아이러니하게도 '가난한 영화 만들기'가 '네오리얼리즘'이라는 새로운 미학을 창조한 것이다. 루키노 비스콘티, 베르나르도 베르톨루치, 비토리오 데 시카, 페레리코 펠리니 등의 감독과, 소피아 로렌, 안나 마냐니, 지나롤로 브리지다, 마르첼로 마스트로얀니니 등의 배우들은 이탈리아의 매력을 돋보이게 만들었고, 할리우드 스타와 유명 인사들은 이탈리아의 휴양지로 모여들었다.

전후의 가난을 극복하기 위해 이탈리아는 프랑스나 영국 명품의 소재 공급 및 OEM의 기지가 되었다. 중세부터 피혁, 보석 세공, 종이, 원단, 염색 등 재료에 관한 이해가 깊은데다, 수공업으로 유명한 명품의 완성도를 내면서 생산비가 절감되니 일석이조였다. 특히 프랑스와 가깝고 직물 장인이 많던 밀라노 주변 지역은 하청공장이 밀집하게 되었다. 이는 현재 밀라노가 세계적인 패션도시로 자리매김하는 밑거름이 된다.

이탈리아의 경제 성장으로 인건비가 점점 오르자 명품의 하청공장은 중국이나 베트남 등지로 옮겨간다. 하지만 이탈리아는 이를 전화위복의 기회로 삼았고, OEM으로 축적한 기술로 화려하게 세계 무대에 컴백했다. 이탈리아만이 가진 장인정신에 독특한 미적감각을 얹은 베르사체, 아르마니, 프라다, 돌체&가바나 같은 세계적인 디자이너들이 등장했고, 밀라노 컬렉션을 프랑스 파리 컬렉션에 맞서는 세계적인 패션쇼로 키워냈다.

장인정신이 곳곳에 배어있는 이탈리아는 가족경영의 작은 수공업이 산업의 대부분을 차지한다. 중세 시대부터 상업과 수공업자들이 모여 조합을 이루었던 길드의 전통도 여전히 유지된다. 지역 중심으로 원료 및 가공, 마케팅에 이르는 협동체제가 잘 발달해, 가족경영의 부족한 시스템과 마케팅을 상호 보완하는 것이다. 이는 시너지효과를 내서 다른 제품과 차별화할 수 있고 또 빨리 변신할 수 있는 작은 기업의 이점이 되었다.

예를 들어 3대째 가족경영으로 제품을 생산하는 노니노Nonino는 이탈리아 하층민이 마시던 싸구려 브랜디인 그라파Grappa를 과거의 싼 티를 완전히 벗겨내고 명품의 반열에 올렸다. 무엇보다 패키징에

향수병 같은 모양의 노니노 브랜디 병

중점을 둔 것이다. 브랜디 회사들이 통상 담던 병을 내던지고, 향수병 디자이너에게 디자인을 의뢰해, 베네치아의 유리 장인이 만든 병에 브랜디를 담았다. 최고의 장인들이 협업한 이 브랜디는 밀라노 박람회에서 대통령상까지 받았다.

하지만 이런 장점은 세상이 변하며 독이 되기도 했다. 자본주의가 발달하며, 주식시장이 열리고 기업을 개방하자 순진한 이탈리아 브랜드의 대부분은 다국적 기업의 표적이 된 것이다. 현재 오랜 가문의 전통을 그대로 지니며 창업주의 명맥을 잇고 있는 브랜드는 페라가모나 프라다 정도로, 거의 남지 않았다.

이탈리아를 생각할 때면, 프랑스의 혁명기 역사 소설 〈마담투소〉에서 앙투아네트 왕비의 의상을 만들던 로즈 베르탱이 한 대사가 생각난다. “내가 젊음을 잃었다고 멋까지 잃은 줄 아세요?”

현재의 이탈리아는 분명 젊음은 잃었다. 하지만, 천년 동안 서유럽의 정신적 지주였던 로마제국의 수도이자 예수의 제 1제자 베드로와 사도 바울이 순교한 도시를 수도로 가진 나라, 기독교의 수장인 교황을 품고 있는 나라라는 사실은 변함이 없다. 앞으로의 세상이 어떻게 변해가건 역사 안에서 이탈리아가 차지하는 이 위치는 존재할 것이다.

세상의 어떤 곳에서도 볼 수 없는 신성과 세속, 강렬한 태양이 주는 삶의 열정, 문명의 흥망성쇠로 인한 허무가 뒤섞인 멋과 감각은 여전히 빛나고 있다.

위대한 개츠비,
아메리칸 드림을 실현하다

개츠비는 그 초록색 불빛을 믿었다.
해가 갈수록 우리에게서 멀어져 가기만 하는 황홀한 미래를.
그러나 뭐가 문제겠는가, 내일 우리는
더 빨리 달리고 더 멀리 팔을 뻗을 것이다.
- 〈위대한 개츠비〉에서

유럽인이 아메리카를 발견하게 된 것은 우연이었다. 르네상스가 한창 꽃피던 15세기 말, 호전적인 오스만제국의 팽창으로 실크로드가 막혀버리자 유럽은 고심했다. 당시 수요가 많았던 금과 향신료, 비단, 후추 등을 수입에 의지하고 있었기 때문이다. 당시는 지구가 둥글다는 의견이 암암리에 퍼져있던 시대였다. 콜럼버스는 에스파냐에서 출발해 반대쪽으로 돌아가면 지팡구(일본의 옛 이름)와 카다이(중국의 옛 이름), 그리고 인도에 닿을 것이라 믿었다. 아메리카 대륙과 태평양의 존재를 몰랐고, 지구가 훨씬 작은 줄 알고 있었기 때문이다. 그의 판단이 틀렸다는 것이 입증되는 데는 얼마 걸리지 않았다.

운명은 유럽 편이었고, 콜럼버스가 잘못 계산한 바다 끝에는 '멋진 신세계'가 기다리고 있었다. 그러나 유럽인이 자기네 역사를 다시 쓰게 된 이 순간부터 아메리카와 아프리카, 아시아의 '원주인原住人'은 소나 말과 동격인 '원주민原住民'이 되리라는 것은 아무도 몰랐다.

스페인과 포르투갈이 16세기에 남아메리카에 도달하고, 프랑스와 영국은 17세기에 북아메리카에 도착한다. 이어 영국이 18세기에 라이벌이던 프랑스를 밀어내고 북아메리카의 주도 세력이 되었다.

민간인에게 신대륙 개발이 허가되고 범선이 발달하자, 너도나도 엘도라도Eldorado(황금의 낙원)를 향해 떠났다. 종교 갈등을 겪던 신교도들, 새로운 투자처를 물색하던 투자자들, 한탕을 꿈꾸는 젊은이들, 그리고 죄를 짓고 쫓기던 사람들…, 서구 제국주의와 미국이라는 나라의 패권은 이렇게 시작되었다.

이 새로운 땅에는 석유, 석탄, 철광석, 은 그리고 믿을 수 없이 달콤한 사탕수수가 지천이었다. 즙을 정제해서 낸 단맛은 천연의 벌꿀이나 꽃에서 조금씩 얻던 맛과는 차원이 달랐다. 이 맛을 본 유럽인들의 미칠 듯한 수요를 감당하기에 노동력은 턱없이 부족했다. 정박지 정도로 여기던 중간의 아프리카가 눈에 들어왔다. 이곳의 원주민을 데려가 신대륙에 노예로 팔자는 악마의 사업이 시작된 것이다. 그저 잡아가기만 하면 되니 원가도 싸서 엄청난 이윤을 내는 장사였다.

이후 대서양 무역은 삼중주를 이루었다. 유럽에서 출발한 배가 아프리카에서 포획한 흑인을 태우고 아메리카 동부에 도착한다. 여기서 이들을 경매시장에 내려놓고는 설탕과 은 등의 물자를 싣고 유럽으로 돌아오는 것이다. 하지만 꿀단지가 영원히 마르지 않을 수는 없었다. 1776년 미국은 독립했고, 이민을 받아들이며 산업혁명과 함께 강대국으로 발돋움한다.

1차 세계대전의 승자는 손 안 대고 코 푼 미국이었다. 전쟁은 유럽에서 하고, 끝날 때쯤 참전해서 명분을 세우고, 무기 팔아 국고를 채운 것이다. 호경기를 맞은 미국은 유럽의 가장 큰 소비시장으로 떠오른다.

이 시대 미국의 생활상을 잘 보여주고 있는 소설이 1925년에 출간된 F. 스콧 피츠제랄드F. Scott Fitzgerald(1896-1940)의 〈위대한 개츠비The Great Gatsby〉이다. 영화는 로버트 레드포드 주연의 1974년 버전과 레오나르도 디카프리오 주연의 2013년 버전이 있는데, 둘 다 아름다운 영상의 빼어난 수작이다. 청교도 정신과 개척정신에 가득찼던 전 세대는 저물고, 미국은 물질의 풍요가 주는 퇴폐와 향락으로 충만하다. 재즈의 즉흥적이고 질척한 선율이 이 시대의 향략적 분위기를 느끼게 해준다.

무대는 1920년대 돈이 넘쳐흐르던 호경기 뉴욕 교외의 롱아일랜드Long Island로, 내노라 하는 상류층이 모여 사는 동네다. 이 지역은 만灣을 가운데 두고 동쪽의 이스트 에그East Egg와 서쪽의 웨스트 에그West Egg로 나뉘어 있다.

고풍스러운 저택이 즐비한 이스트 에그는 미국 이민 초기부터 부를 쌓아온 올드머니 가문들이, 조금 떨어지는 웨스트 에그는 자수성가해서 돈을 번 신흥부자들과 소박한 집들이 섞여 있다. 백만장자 게츠비가 이사온 곳은 웨스트 에그로, 양쪽의 저택은 그 양식도 대조적이다. 이스트 에그의 뷰캐넌 저택과 정원은 완벽한 대칭을 미학으로 삼던 프랑스의 고전주의적 건축양식이다. 실내장식은 클래식한 빅토리안풍으로 귀족적인 올드머니의 취향을 반영한다. 반면에 웨스트 에그의 개츠비 저택은 뾰족뾰족한 첨탑과 비대칭적인 구조로 화려한 고딕 스타일을 모방하고 있다. 고딕Gothic은 고전주의자들이 세련되지 못하고 야만적인 고트족 같은 취향이라 해서 붙여진 이름이다. 게다가 실내장식은 1920년대 유행하던 아르데코 양식이다. 근본 없이 돈만 많아 그때그때 유행 스타일을 선택한 취향의 결과물이다.

막대한 부에 대한 소문만 무성할 뿐 정작 개츠비에 관해 아는 사람은 아무도 없다. 그는 모습을 나타내지 않은 채 밤마다 중세의 성 같은 저택에서 성대한 파티를 열며 손님들을 맞는다. 혹여나 데이지가 올까 해서…. 하지만 이 왕궁의 불꽃놀이는 남의 옷을 입은 듯 어딘가 아슬아슬해 보인다.

그가 이곳에 온 것은 계획이 있어서다. 젊은 날의 첫사랑 데이지 뷰캐넌이 바로 맞은편 이스트 에그의 대저택에 살기 때문이다. 미천한 가정에서 태어난 개츠비는 군 복무 중 데이지와 사랑하는 사이가 된다. 하지만 그는 프랑스 전선으로 떠나야 했고, 미모에 허영기 많은 데이지는 가난한 개츠비를 버리고 대부호의 상속자인 톰 뷰캐넌과 결혼한다. 톰은 돈 많고 잘생기고 그야말로 상위 1%의 남성이지만, 과격하고 자기 멋대로이다. 게다가 뉴욕에 따로 아지트를 만들어 단골 정비공의 아내와 질펀하게 즐기고 있다. 데이지는 상류층의 사치를 누리는 대신 억압되고, 외도를 일삼는 남편 때문에 괴로워한다.

개츠비의 목표는 하나, 다시 데이지를 되찾기 위해, 그녀와 급이 맞는 사람이 되려고 불법적인 사업으로 돈을 모아 백만장자가 되었다. 매일 밤 그는 데이지가 사는 건너편 이스트 에그를 바라보며 아련히 비치는 초록색 불빛을 향해 손을 뻗는다. '그린라이트Green light'다. 가능성은 있지만 잡히지 않는 데이지이자, 아메리칸 드림의 상징이리라.

개츠비는 진정한 상류층이 되기 위해 태도와 말투까지 공부하고 훈련해왔다. 자신이 중서부의 부유한 가문 출신이며, 옥스퍼드를 나왔다고 거짓말도 해보지만, 뼛속까지 상류층인 올드머니의 세계는 결코 도달할 수 없는 초록색 불빛 같다. 톰 뷰캐넌은 같은 백만장자에도 신분의 차이가 있다는 것을 강조하며 비웃듯이 말한다.

"그가 우리처럼 행동하고 옷을 입을 수는 있지만, 그렇다고 우리가 될 수는 없지."

"너는 우리랑 혈통부터 달라."

처음으로 데이지가 개츠비의 집을 방문한 날, 그는 2층으로 뛰어올라가 수백 장의 영국산 드레스셔츠를 던지며 그녀에게 걸맞는 남자가 되었음을 과시한다. 지금도 명품 드레스셔츠는 비싸지만, 이 시대 런던 세빌로 가의 맞춤복은 상위 1%가 아니면 입기 어려웠다. 데이지는 셔츠를 껴안고 볼에 비비며 감동에 벅차 눈물을 흘린다.

"너무나 아름다운 셔츠들이에요, 지금껏 난 이렇게 아름다운 셔츠들을 본 적이 없어요. 그런데 조금 슬퍼져요."

명품에 감동해 우는 이 장면은 '뷰캐넌 신드롬'이라 명명되어 이후 미국의 물질문명을 상징하게 되었다.

1974년 버전 〈위대한 개츠비〉의 의상을 담당한 디자이너는 랄프로렌이었고, 2013년 버전은 티파니의 보석에, 의상은 미우치아 프라다와 브룩스 브러더스에서 담당했다.

랄프로렌이 젊은 시절 브룩스 브러더스에서 점원으로 일한 것은 유명하다. 그래서 랄프로렌이 개츠비의 의상을 담당한 의미는 특별하다. 둘 다 성공을 향해, 부를 향해 손을 뻗는 '아메리칸 드림American Dream'의 상징이기 때문이다.

가난한 유대계 이민자 출신인 랄프로렌은 야간대학에서 경영학을 전공한다. 하지만 가정 형편이 어려워 등록금을 낼 수 없어 중퇴하고 직업전선으로 뛰어든다. 첫 직장이 미국에서 가장 오래된 남성복 '브룩스 브러더스Brooks Brothers'의 뉴욕 매장이었다. 이후 넥타이 회사인 '리베츠앤 컴퍼니'에서 점원으로 일하며 넥타이 디자인에 관심을 두게 된다.

당시 유행하던 폭이 좁은 스타일 대신 폭이 넓은 새로운 스타일을 구상한 그는 우여곡절 끝에 투자를 받아 1967년 폴로Polo라는 브랜드로, 그것도 값을 두 배로 높여 출시한다. 그는 영국 귀족의 스포츠인 폴로를 통해 '소수의 상류층만이 입는 셔츠를 여러분의 장롱에 거세요'라고 속삭인다.

수트도 아니고, 넥타이는 누구나 맘먹으면 손이 닿는 잡화다 보니 중산층도 선뜻 지갑을 열었다. 넥타이를 사용해 본 중산층이 다음엔 셔츠를, 그 다음은 수트에 욕심내는 것은 당연한 코스였다. 명품 대중화의 문을 연 것이다. 이후 캘빈 클라인, 토미 힐피거 등의 미국 브랜드 뿐 아니라, 유럽의 럭셔리 브랜드도 이 궤적을 따르게 된다.

심장까지 상류층처럼 차가운 황금으로 바꾸지 못한 개츠비는 사랑 때문에 바로 손 닿을 뻔하던 아메리칸 드림의 문턱에서 죽고 말았다. 하지만 랄프로렌은 그 꿈을 실현하고는 말한다.

"나는 옷을 만드는 것이 아니라 꿈을 만든다."

미국 명품은 영화산업과 할리우드의 발전과 함께 더욱 폭발적이었다. 동부의 강력한 규제와 견제를 견디다 못한 군소 영화사들이 대거 서부 캘리포니아로 이주한 것이다. 저렴한 땅 위에 유니버설 시티Universal City 같은 대규모의 스튜디오 단지를 형성할 수 있었고, 지형과 풍경이 다양해 영화 제작에 더없이 좋은 곳이었기 때문이다.

끼와 재능으로 똘똘 뭉친 인간들의 각축장이던 할리우드에서는 스타성과 돈이 최고의 권력이었다. 물질적인 욕망이 응축된 할리우드와 명품산업은 궁합이 척척 맞았다. 과시와 인기의 무한경쟁 속에 유럽 장인들이 만든 제품은 날개 돋친 듯 팔렸다. 귀족적인 전통의 아우라가 빛났기 때문이다. 대서양을 횡단하며 여행하는 상류층들의 짐 가방을 만들며 성공한 루이비통, 말과 마차에 필요한 다양한 용품을 제작하던 에르메스, 어린 나이에 미국으로 이민 가 할리우드 여배우들의 슈즈를 만들어 성공한 페라가모 등은 중세의 마지막 맥을 이은 장인들이었다.

아메리칸 드림은 명품 브랜드들이 뛰어들며 판이 더욱 커졌다. 거대한 미국 시장이 돈이 되자, 너도나도 체인을 열고, 라이선스를 팔다가 자본을 늘리기 위해 주식시장에 기업을 오픈하고, M&A 당하는 수순을 밟는다. 이로써 명품은 대중화되었고, 미국 다음은 일본, 한국, 중국이 이 수순에 줄 서서 기다리고 있었다.

북유럽,
기능과 간결에 집중하다

내가 가진 럭셔리한 취향으로 우는 것보다는,
경제관념을 통해 웃는 자신을 보는 것이 더 좋다.
- 스웨덴 · 노르웨이 왕 오스카 2세

북유럽의 하늘은 우리가 아는 하늘과는 다른 세계다. 위도 48.5° 이상에 위치하니, 여름에는 한동안 해가 지지 않는 '백야'가, 겨울에는 한동안 해가 뜨지 않는 '극야'가 지속된다. 그 이유는 지구가 23.5°로 축이 기울어져 있기 때문이다. 가옥마다 현관부터 창문이란 창문에는 빛을 차단하는 덧문이 달려있고, 조명과 가구가 발달한 이유다. 자연환경으로 인해 실내 활동에 많은 시간을 투자하고, 삶의 중심이 '집'과 '가족'인 문화가 형성되었기 때문이다.

따뜻한 이웃, 아름다운 크리스마스, '휘바 휘바', 여기에 삶을 편안하게 해주는 가구와 도자기, 그리고 문을 열고 나오면 온통 눈으로 덮인 전나무가 펼쳐진 설원에 그 이상의 무엇이 필요하겠는가. 그래서인지 북유럽의 모든 것은 심플하고 군더더기가 없어 자연과 어우러져 산다는 것이 무엇인지를 느끼게 해준다. 이런 환경은 귀족적인 문화보다는 일반 서민적인 생활을 강조했고, 궁중의 사치를 통해 예술과 명품이 성장해 온 서유럽과는 그 결이 다르다. 분명 이탈리아 르네상스의 영향을 받았으나 뚜렷하게 독자적인 길을 걸었다.

서유럽 르네상스가 그리스 신화나 기독교적인 주제, 귀족의 초상화 등을 성스럽게 그리던 것과는 달리, 북유럽의 작품들은 소소하고 잔잔한 일상과 풍경, 사실적인 서민의 초상화 등이 주를 이룬다. 빛이 적은 색감에 구불구불한 길과 낮은 지붕, 시장, 정원 등은 현실적인 삶으로 가득 차 있다. 단정한 식탁과 조리 기구로 기능적인 면을 표현한 부엌이나 실내 장식은 아르네 야곱센Arene Jacobson, 핀율Finn Juhl, 한스 베그너Hans J. Wegner의 간소한 아름다움을 떠올리게 한다.

우선, 북유럽에는 로마제국의 흔적이 없다. 로마인들이 이곳까지는 식민지화하지 못했으므로, 서유럽 여기저기서 발견되는 신전이나 성벽 같은 유적이 없다. 또한 날이 추워 포도나무가 자라지 않으므로 와인이 생산되지 않아 독한 보드카나 맥주를 주로 마신다. 식생활도 발트해나 북해에서 잡히던 다양한 생선, 그중에서도 청어잡이를 통해 근대국가로 진입했다 해도 과언이 아니다. 무한정으로 떼지어 다니는 청어로 다양한 저장 식품을 만들어 유럽 전역에 유통한 것이다. 주로 스칸디나비아의 발트해 안에서 많이 잡히던 청어떼가 기후변화로 점차 북해로 내려가며 18세기 영국과 네덜란드가 유럽 굴지의 해양 무역국으로 떠올라 한동안 동·서 무역을 장악했다. '암스테르담은 청어 뼈 위에 세워졌다'는 말이 있을 정도니 말이다.

로마의 웅장한 건축물은 없지만, 이런 생활밀착형의 문화를 이어온 곳이 북유럽이다. 이런 분위기에서 루이비통이나 구찌, 샤넬같이 사치의 정점을 찍은 귀족 문화를 상징하는 브랜드가 뿌리를 내리지 못한 것은 당연하다. 물론 북유럽에도 명불허전의 명품이 존재하지만, '기능성과 간결함'의 강조가 서유럽의 브랜드 이미지와는 결이 다르다.

자동차를 예로 들면, 볼보나 지금은 해체된 사브 등이 디자인이나 편안함보다는 안전과 내구성을 최우선으로 하다 보니 국제무대에서 밀린 경향도 있다. 형태의 아름다움이 안전성에 도움되지 않는다면 과감히 포기하다 보니, 보편성이 떨어진 것이다.

역사는 콜럼버스가 신대륙을 최초로 발견했다고 기록하고 있다. 하지만 아일랜드나 스칸디나비아인들이 AD 1000년경에 이미 신대륙에 상륙했다는 것은 잘 알려지지 않았다. 제일 처음 대서양을 건넌 사람들은 아일랜드인이라고 한다. 이후, 노르만이 현재 캐나다 북동부의 노바스코샤 근처까지 도달해 촌락을 세웠다. 이는 현대 역사가들 사이에서 유적 발굴을 통해 주류 역사에 편입되는 추세다.

이들이 신대륙에 도착해 처음 본 것은 지천을 뒤덮고 있는 야생 포도나무였다. 와인을 생산할 포도나무가 자라지 않는 추운 지역에서 온 이들은 환희에 차서 이곳을 '포도나무의 땅'이라는 의미의 '빈랜드Vinland'라 명명했다.

700년 후에 이곳에 정착한 유럽인들도 북아메리카 대륙을 뒤덮고 있는 포도를 보고 '오, 하느님 감사합니다!'를 외쳤지만, 곧 실망하고 말았다. 이 포도는 우리가 먹는 식용포도의 조상으로, 과일로 따 먹으면 맛있지만 와인으로 담으면 퀴퀴한 냄새가 났기 때문이다. 이들은 이 냄새를 여우향Foxy이라 부르며 질색하고, 유럽에서 포도 묘목을 가져다 신대륙에 심었다.

기후가 혹독한 북구의 바이킹족은 극성스러웠다. 카누처럼 좁고 긴 배를 타고 스칸디나비아에서 출발해 프랑스부터 이탈리아 시칠리아 섬까지 진출했다. 강을 거슬러 올라가다 물이 얕아지면 줄지어 배를 들고 뛰었다고 하니 상륙 못할 곳이 없었다. 상륙해서는 목소리 크면 이긴다고 자기들 땅이라고 우기며 왕조를 세웠다. 노르망디나, 시칠리아의 노르만 왕조는 모두 이렇게 세워졌다. 게다가 멀리 그린란드도 아이슬란드도 이들이 개척했다. 사치가 아닌, '검소한(?) 명품'이 북구의 브랜드일 수밖에 없는 이유이다.

지중해가 실크로드를 통해 거래되던 동방의 실크, 향신료, 금 등의 사치품이 교역되는 바다였다면, 발트해는 끝없는 툰드라에서 생산되는 모피, 청어, 목재, 광물 등을 서유럽의 곡물, 소금, 와인 등의 생필품과 교역하던 생계형 바다였다. 강인한 생활력으로 근대 국가를 이룬 북유럽인이 바라보는 세계는 '실용적인 일상'이었다. 이런 생활에서 프랑스나 이탈리아 같은 고도의 허세와 사치가 발달하지 않은 것은 당연하다.

게다가 이 지역은 일찌기 종교개혁의 영향을 직접적으로 받아 신교가 우세했다. 루터나 에라스무스, 칼뱅 등의 사상은 북구인의 강인하고 과묵한 성향과 더해져 경건하고 청빈한 삶을 추구했다. '정직한 상업활동을 통해 쌓은 부富는 신의 은총'이라는 신교의 사상이 북구의 실용성과 딱 맞아 떨어졌다.

가장 금욕적이던 이 지역에 왜 사회주의적 자본주의와 소수자에 대한 평등이 가장 널리 발전했는지 이해할 수 있다. 권력층만이 누리던 '사치'가 걷어진 곳에서는 핍박받던 소수의 '평등'이 강력한 사회적 주제가 되기 때문이다. 하지만, 과거 완전한 사회주의가 몰락했듯, 사치가 완벽히 사라진 곳에는 사다리를 오르려는 부러움도 사라진다. 그 어느 것도 인간을 온전히 행복하게 할 수 없다면 우리는 중간에서 답을 찾아야 할 것이다.

1987년 덴마크의 가브리엘 악셀이 감독한 〈바베트의 만찬Babettes Gætebud〉은 19세기까지 북구의 경건한 삶과 이와 대비되는 프랑스적인 호사스러움을 동시에 들여다 볼 수 있는 영화이다. 황량한 유카탄 반도의 작은 마을은 과거 극단적으로 청빈하고 금욕적이던 목사가 주민을 이끌던 고립된 곳이다. 목사가 세상을 뜨고 난 후에는 목사의 두 딸이 마을 사람들을 돌보고 헌신하며 살아가고 있다. 그런데, 매일이 똑같던 이 고립된 마을에 '바베트'라는 프랑스 여인이 흘러들어오며 술렁이기 시작한다.

바베트는 목사의 집에서 하녀로 일하게 되는데, 신원도 알 수 없고, 미스터리하다. 사실 그녀는 파리의 유명한 여자 셰프로, 정치적으로 어지러운 프랑스를 떠나 이곳으로 숨은 것이다. 그러던 어느 날, 바베트는 복권에 당첨된다. 그녀는 그 돈을 한 푼도 남김없이 마을 사람들을 대접하는 데에 쓴다. 프랑스로부터 온갖 귀중한 재료들을 공수해 최고의 프랑스식 만찬을 차리는 것이다. 극도로 자제하던 마을 사람들은 하나 둘 혀에 느껴지는 맛의 사치에 녹아 내린다.

이 영화 역시 호불호가 극명하게 갈리지만, 북구의 음울한 날씨와 황량한 최소한의 생활과 프랑스의 극도로 섬세한 요리들이 대비되며, 이미 자연을 떠난 인간이 인간다울 수 있는 것은 '사치'에의 감각, 그리고 그 '사치'를 어떻게 누리는가의 감각이라는 생각이 들게 하는 영화였다.

이 황량한 유카탄 반도처럼, 실용과 기능을 중시하다 보니 유명한 패션 브랜드는 딱히 떠오르는 것이 없다. 스웨덴의 H&M같은 저가의 패스트 패션 정도가 제일 먼저 떠오른다.

대중적인 H&M이 그 비싼 파리의 샹젤리제 88번지에 자리잡고 있는 것이 신기했는데, 그 이유는 그들이 아프레&아더 스토리즈Après&Other Stories, 칩 몬데이Cheap Monday, 코스Cos, 몽키 에 위크데이Monki et Weekday 등의 브랜드를 거느린 공룡기업이기 때문이다.

H&M 그룹은 얼마 전 좀더 하이 퀄리티의 '아르케Arket'를 런칭했는데 이 또한 패션의 민주화를 지향하고 있다. 이외 '아크네 스튜디오ACNE Studios', 1929년 오슬로에서 설립된 '노로마Norrona' 등의 브랜드도 유니섹스적이면서도 미니멀한 캐주얼이 주를 이루어, 가격을 떠나 우리가 생각하는 명품의 이미지와는 거리가 있다.

덴마크 브랜드인 바움 운트 페르드 가르텐Baum Und Pferdgarten, 스티네 고야Stine Goya, 로테이트 바이 비르거 크리스텐센Rotate by Birger Christensen, 세실리에 반센Cecilie Bahnsen, 가니Ganni 등이 좀더 여성적인 실루엣으로 런웨이를 수놓지만, 들여다 보면 가격에 상관없이 '스칸디Scandi'로 상징되는 군더더기 없는 패션이다. 섬세한 디자인이나 옵션보다 안전성과 내구성을 우선으로 꼽는 사브나 볼보와 맥락이 같다. 북유럽 유모차가 고가임에도 한국에서 날개 돋친 듯이 팔리는 이유 또한 그럴 것이다.

스칸디나비아가 자랑하는 '사가 퍼 오브 스칸디나비아Saga Furs of Scandinavia'는 덴마크, 핀란드, 노르웨이, 스웨덴의 모피 생산자들이 공동으로 마케팅하기 위해 설립한 협동조합이다.

보통 '사가 퍼', '사가 폭스'로 불리는데, 단일 브랜드라기보다는 일종의 인증마크에 가깝다. 기후가 추운 이 지역의 밍크와 폭스는 세계 최고의 품질을 자랑하며, 전세계 생산량의 80% 정도를 차지하고 있다. 그런 만큼 동물애호 단체의 공식적인 감시를 받기도 한다.

또 대륙의 명품들과 어깨를 나란히 하는 명품으로 추앙받는 도자기, 로열 코펜하겐은 몸집이 커져서 로열 스칸디나 그룹이 되었다. 감각적인 유리공예 브랜드인 코스타 보다, 크리스털 브랜드인 오레포스, 현대적인 유리 오브제 브랜드인 홀메가드, 스칸디나비아 풍의 고급 보석 시계를 제작하는 조지 젠슨까지 5개의 명품 계열사를 거느린 북유럽의 대표 기업이다.

도자기와 마찬가지로, 실내 생활이 중요한 부분을 차지하는 북구에서 가구가 발달한 것도 당연하다. 완제품의 비싼 유통과정을 없애고 소비자가 직접 조립하는 가구로 스웨덴의 이케아IKEA가 제일 잘 알려진 것은 가구를 오랫동안 생각하고 만들어왔기 때문일 것이다. 유럽에서 유학할 때 이케아를 접하고는 그 규모와 디테일에 눈이 휘둥그레졌었다. 1951년 한 디자이너가 자동차에 탁자를 넣기 위해 다리를 분리한 데서 착안해 DIY 가구를 만들기 시작했다고 하니, 필요는 발명의 어머니라는 말이 맞는 것 같다. 미니멀한 북구의 디자인은 지금도 인기다.

북구의 혹독한 삶에서 출발한 문화적인 분위기는 부나 럭셔리를 과시할 필요를 느끼지 못한다. 대저택과 요트, 화려한 드레스, 반짝이는 보석 등 우리가 아는 명품의 이미지를 이곳에서 찾는 것은 불가능에 가깝다. 스칸디나비아의 럭셔리란 '간결함의 미학'이다. 북구인의 정신은 모든 제품의 색과 패턴, 디자인에 스며들어 있다.

STORY 03

서사

명품은 어떻게
인간의 역사가 되는가

헬레니즘과 기독교,
브랜딩의 시작

포스트 기독교란, 옛날로의 회귀가 아니라,
헬레니즘이 기독교 안에 남긴 것들을 뛰어넘는 것이다.
- 미셸 옹프레

모든 문화가 그렇지만 인간의 라이프스타일, 즉 입고 거주하고 먹는 모든 일상은 그 시대의 예술적, 철학적 배경을 담는다. 그리고 또 이 예술적, 철학적 배경이라는 것이 어느 날 갑자기 한 시대에 불쑥 나타난 것이 아니라 역사를 통해 반복된다. 인간 무의식의 밑바닥에는 그 모든 콘텐츠가 빅데이터로 저장되어 있어, 하나씩 의식 위로 떠올라 재해석되며 반복되고 있는지도 모른다.

칼 구스타프 융은 이 저장고를 '원형Archetype'이라고 표현했다. 가장 밑바닥에 호모 사피엔스Homo Sapiens 종 전체의 원형이 있고 그 위에 문화권의 원형, 또 그 위에 민족적인 원형… 처럼 말이다. 반대로 호모 사피엔스의 원형을 거슬러 올라가면 동물계, 식물계… 우주에 이를 것이다. 여기부터는 심리학이 아닌 종교적 주제가 된다. 그러므로, 인간의 의식이 투영되어 이루어진 이 세상에 새로운 것은 없다. 기술이 발달한다고 믿는 것도 실은 그 내용이 시대와 필요에 따라 변하는 것일지도 모른다.

서구 정신의 역사 또한 그 문화권에 고유한 원형의 반복적인 흐름이다. 어떤 시대에는 고전주의로 이성의 옷을 입고 표현되고, 어떤 시대는 바로크로 감성의 옷을 입고 표현된다. 하지만 그 기저에 흐르는 문화적 원형은 한결같다. '헬레니즘과 기독교'라는 거대한 두 개의 원형이다. 서구인의 정신세계를 지배하는 이 두 개의 원형과 유럽인의 신神에 대한 태도를 이해하지 못하면, 지금 우리가 처한 지구의 현재도 이해할 수 없다. 또한 이 책의 주제인 명품은 왜 유럽에서 역사가 되어 전 세계를 사로잡았는지도 이해할 수 없다.

헬레니즘과 기독교라는 두 기둥으로부터 자유로운 서구인은 한 명도 없다. 현대 대부분의 유럽인은 미사나 예배 등의 종교의식에 크게 의미를 두지 않는다. 하지만 본인이 기독교인이라 인정하건 안 하건, 대부분의 유럽 사회의 구성원은 특별한 유언이 없는 한 태어나 세례를 받고, 성당에서 결혼식을 하고, 성당에서 장례를 치른다.

유럽의 모든 도시는 교회와 그 앞의 광장을 중심으로 동심원을 그리며 형성되어 있고 여기저기에 로마가 남기고 간 흔적이 발견된다. 피터니 존이니 대부분의 이름도 성경에서 온 것이고, 언어에는 우리나라의 사자성어나 한문 토씨처럼 그리스나 라틴어, 성경의 은유로 가득차 있다. 만인의 평등을 외치는 민주주의 가치 위에 세운 유럽이나 미국이 왜 이슬람과 각을 세우겠는가? 그 평등이란 식민제국주의적 헬레니즘과 이방인을 적대시하는 기독교 문화의 기초 위에 서 있기 때문이다. 동양도 원형을 파내려 가면 불교나 도교, 힌두교를 가로지르는 그 무엇 위에 세워지지 않았는가?

헬레니즘이란 BC 300년경 알렉산더대왕이 이집트 원정으로 시작해 바빌로니아, 페르시아, 인도 국경까지 이르는 광대한 메소포타미아 지역을 정복해 이룬 다국적 문화다. 이 대제국 밑에 그리스와 근동의 문화가 서로 융합하면서, 그리스어가 현대의 영어처럼 공용어로 사용되었다. 보편성과 정치의 합성어인 코스모폴리탄cosmopolitain(세계 시민)이라는 개념도 이 시대에 생겨났다. 아테네 사람들이 노숙 철학자인 디오게네스에게 고향이 어디냐고 묻자 '나는 코스모폴리탄이요'라고 답한 것에서 유래되었다고 한다.

하지만 떵떵거리던 그리스도, BC 148년 로마의 속주가 되며 점차 생명이 다해간다. 그리스가 정복한 지역을 접수한 로마의 위대함은 문화말살 정책보다는 헬레니즘 문화예술을 존중하는 정책을 폈다는 데

있다. 라틴어를 고집하기보다는, 여전히 헬레니즘 세계의 공용어는 그리스어였고, 로마 상류층의 언어이기도 했다.

로마는 테스토스테론이 넘치는 남성적인 국가였다. 강력한 로마군단은 이미 잡은 물고기인 헬레니즘 지역보다 아직 미개척 지역인 서유럽을 식민지화하기 시작한다. 이곳에 살던 사람들은 금발의 푸른 눈에 체격이 큰 게르만족이나 켈트족으로 호전적인 야만인들이었다.

BC 54년 시저의 갈리아Gallia(지금의 프랑스 지역) 원정을 시작으로 숲과 황무지로 뒤덮인 영토는 로마로 편입되기 시작했다. 현재의 프랑스, 독일, 스페인은 물론 영국의 스코틀랜드 근처까지 거대한 제국을 이루었지만, 결국은 너무 부푼 몸집 때문에 몰락했다. 그런데 로마가 멸망하기 얼마 전인 AD 333년 콘스탄티누스 황제는 수많은 문화권으로 이루어진 거대한 제국을 하나의 정신으로 묶기 위해 탄압하던 기독교를 로마의 국교로 삼았다. 서유럽 식민지의 게르만족들도 개종시켰다. 이렇게 로마는 멸망했지만, 서유럽에는 기독교가 남았다.

게르만의 이동으로 로마의 모든 도시가 파괴되고 중세라는 긴 잠에 빠져든 서유럽은 그리스와 로마가 일군 모든 문화를 잃었지만, 단 하나 하늘에 반짝이는 빛이 있었다. 바로 로마교황청을 중심으로 한 교회의 네트워크였다. 이 강력한 네트워크를 통해 서유럽은 부활하기 시작한다. 중세 유럽은 기독교의 이념 아래 국가적 기틀을 잡았고, 신이 지배하는 세계인 것은 당연했다. 신을 향한 감성적 사랑과 구복신앙은 중세인이 보는 이 세상의 시점을 신에게로 돌려 놓았다.

헬레니즘의 철학적 기반 중 가장 중요한 두 인물은 플라톤과 아리스토텔레스였다. 이들 중 플라톤은 곧 초기 기독교에 소환되었다. 300년 전 십자가에 못 박힌 예수의 신화가 담긴 신약만으로는 무언가 부족했기 때문이다. 다양한 문화와 다신교가 얽혀있는 광대한 지역에 유대인 메시아 청년과 보수 유대인, 로마 권력과의 갈등은 너무 국지적이었다.

기독교가 정신적 지주가 되기 위해서는 체계적인 이론의 뒷받침이 필요했다. 이때, 동양에서 누구나 다 아는 공자나 맹자처럼, 이 문화권에서 누구나 아는 철학자인 플라톤은 친숙하게 다가갈 수 있는 수단이었다. 게다가 플라톤은 생전에 성공해, 아카데미아를 운영하며 수많은 제자를 배출시켜 저서도 꽤 잘 보존되어 있었다. 게다가 그의 철학은 기독교의 교리와 얼추 모자이크할 만했다. 그래서 로마 말기부터 초대 기독교는 플라톤과의 동거를 시작한다. 이 과업을 완수한 사람이 바로 아우구스티누스였다. 플라톤은 최초의 기독교 브랜드화에 스토리텔링을 준 것이다.

플라톤은 인간이 하늘의 절대적인 진리Idea를 보지 못하고 동굴 속에 갇혀 벽을 바라보고 있는 '죄수'라 했다. 죄수들은 손과 발이 묶여 고개도 못 돌리고 앞의 벽면만 바라보고 있다. 그들 뒤로는 불이 타오르고 있고, 불 앞으로 사람들이 동식물이나 인공적 물품들의 형상을 들고 지나간다. 이 형상들이 불빛에 비쳐 마치 스크린처럼 벽면에 그림자를 드리운다. 앞만 바라보도록 묶인 죄수들은 벽면에 비치는 그림자들을 본다. 물품의 실제 모습은 본 적이 없으므로 죄수들은 그림자를 실체로 생각한다. 플라톤은 이 죄수들의 운명이 인간의 운명이라고 말한다. 인간도 불빛 너머의 진리를 보지 못한 채 그림자에 불과한 이미지들을 현실로 여기며 살다 갈 뿐이라는 것이다.

그리고 플라톤은 이 모든 고난을 극복하고 동굴 밖으로 나와 진리를 볼 수 있는 자가 철학자라고 보았다. 여기에서 '깨달은 자'인 철학자가 국가를 통치해야 한다는 플라톤의 〈국가론〉이 출발한다.

이런 플라톤의 사상은 기독교가 원하던 바와 거의 일치했다. 동굴 속 죄수는 원죄를 진 인간으로 육체라는 헛된 그림자에 묶여 진리를 잊고 있으며, 진리인 이데아는 곧 신이자 에덴이며, 진리를 보는 철학자는 바로 성직자들이라는 대입이다. 이런 궁합은 아우구스티누스에 의해 거의 100%의 싱크로율을 이루어, 플라톤 사상은 중세 신학을 확립하는 철학적 배경이 되었다.

플라톤과는 반대로, 제자인 아리스토텔레스는 철저한 유물론자였다. 그는 초월적인 신의 개념이나 신비를 부정하고, 영혼은 육체가 없이 존재할 수 없으며, 이 세상은 물질의 끝없는 변형을 통해 유지된다고 보았다.

인간의 이성으로 인식할 수 없는 그 모든 것을 부정하니 성령의 잉태나 예수의 부활 등은 설명할 길이 없었다. 그래서일까. 교황청에서는 중세 내내 아리스토텔레스의 서적이 어디선가 튀어나올까 쉬쉬하며 '금서' 목록에 집어넣었다. 하지만 르네상스 시대가 되며 이슬람 세계로부터 아리스토텔레스의 책들이 물밀듯이 밀려오자 교황청은 더 이상 손바닥으로 하늘을 가릴 수가 없었다.

결국 13세기 말, 교황청은 아리스토텔레스에 대한 검열을 크게 완화했고, 토마스 아퀴나스Saint Thomas Aquinas(1224-1274)가 아리스토텔레스를 신학에 접붙여 집대성하게 된다. 아리스토텔레스가 기독교도로 인정된 것은 아니나, 신학을 이성적인 철학 체계로 논하는 데 도움이 된다고 여긴 것이다. 이후 아리스토텔레스는 화려하게 서구의 정신사에 부활했고, 현실과 이성을 중시하는 그의 자연 철학은 과학적 정신의 원천이 되었다.

이후 서구의 모든 미적, 과학적, 예술적 감성은 기독교라는 사고의 틀에 플라톤과 아리스토텔레스를 양 어깨에 올리고 발전했다. 감성적인 플라톤과 이성적인 아리스토텔레스가 예수를 가운데 두고 베드로와 바울처럼 아름다운 삼각형을 이루었다. 르네상스 이후 서구의 지성들은 아리스토텔레스를 기반으로 하는 합리주의 사상에 따라, 모든 사물을 과학적으로 정리하기 시작했다. 철학과 문학, 예술에도 이성에 입각한 체계화를 적용하여 예술 사조와 사상을 분류별로 괄호에 묶어 이름을 붙였다. 즉, 이름이라는 기호를 상징화하는 과정을 만들어 낸 것이다. 이후 서구의 모든 사회적 현상, 경제적 활동도 동일한 과정을 거쳤다. 모든 것을 합리적으로 브랜드화한 것이다.

예술적 행위는 구석기 시대에도 있었다.

알타미라 동굴의 그림이 현대 추상 예술에 뒤지지 않아 놀라울 따름이다. 또한 수학이나 철학, 종교가 기초가 된 찬란한 문명은 인도나 중국에도 있었다. 이는 수천 년, 아니 수만 년간 자연과 조화를 이루며 지속해 왔다. 하지만 현재의 서구 문명처럼 단 몇백 년 만에 세계 전체의 헤게모니를 잡고 그 동안 인류가 살아왔던 방식을 송두리째 바꾼 문명은 없었다. DNA 안에 그런 성향이 내재해 있던 것인지, 악마에게 영혼을 팔기라도 했는지 파국을 향해 치닫는 듯한 이런 급격한 발전은 도저히 설명할 수가 없다. 과학이나 자본을 통해 경제와 사회를 시스템화하고, 상징을 통해 문화를 브랜드화하고, 전 지구를 종교로 물들이고…, 현대 문명은 그 전의 어떤 문명과도 달랐다.

인도나 중국, 아프리카 원시 부족에게도 종교는 언제나 존재했다. 하지만 기독교처럼 전 세계로 포도줄기 뻗어나가듯 지구를 뒤덮은 종교는 없었다. 소아시아의 작은 지역에서 시작된 유대인 청년의 스토리를 베드로와 바울이라는 스타를 통해 세계적인 종교로 키워낸 기획사는 로마의 후예인 유럽이다. 왜 명품은 모두 유럽에 기원을 두는가?

이 질문에 대한 답이 여기에 있다.

또한 유럽이 브랜드화에 유독 강한 이유는, 종교와 문화의 브랜드화를 오래도록 훈련한 덕분이다. 르네상스 이후 실험과학의 정신으로 무장한 유럽의 학자들은 시대별로 음영이 뚜렷한 인간의 활동을 모두 분류하고 이름 붙여 상징화하였다. 즉 브랜드화했다.

온갖 것이 난무하던 혼돈의 20세기에는 그 동안 예술이라 치부하던 것들을 해체하는 과정을 거치며, 반 예술적인 것 또한 예술로 브랜드화한 것이다. 물론 한 배에서 태어난 명품도 동일한 과정을 거쳤다.

천상의 패브릭을 향한 갈망,
실크로드를 넘다

실크로드는 과학의 길이었다.
- 미셸 세르

기원전 1만 년을 전후해 빙하기가 끝나며 인간은 서서히 정착생활을 시작한다. 더 좋은 땅, 더 좋은 기후를 찾아 길을 내고 대륙을 횡단하며 해협을 건넜다. 역사는 길을 통해 이루어지고, 인간은 지금도 여전히 '길Road'을 닦는다. 땅 위뿐 아니라, 바다, 하늘, 그리고 우주까지.

문명의 발생부터 시작된 몇 갈래의 길은 세계사를 바꾸었다. 그중에서도 가장 오래되고 긴 교역로는 '실크로드Silk Road'일 것이다. 이 길이 실크로드라 불리는 이유는 교역의 주요 품목이 중국에서 수입되는 실크였기 때문이다. 19세기 말 독일의 지리학자 리히트호펜Ferdinand Von Richthofen이 처음 명명한 이름으로, 칸 영화제의 레드카펫 같은 낭만을 상상하게 하지만 실상은 총 길이 7000㎞가 넘는, 인간의 한계를 시험하는 혹독한 길에 지나지 않는다.

유라시아 북방 초원지대를 동서로 횡단하는 이 길은 처음 투르크와 몽골 등 정착생활 이전의 북방 유목민족들이 개척했다. 그 이후 알렉산더도, 칭기즈칸도 이곳을 지났고, 마르코폴로도 이 길을 통해 원나라에 도달했다. 또한 혜초慧超가 인도에 간 것도 이 길을 통해서였고, 사도세자가 중국까지 도달한 서양문물을 접한 것도 바로 이 길을 통해서였다.

중세까지 중국에서만 생산하던 실크가 BC 1070년경의 이집트 미이라에서도 발견되니 실크로드의 역사가 어디서부터 인지는 추측하기 어렵다. 전한前漢(BC 206~AD 25) 시대, 왕조의 수도였던 시안Xi'an에서 시작해, 지중해변의 알렉산드리아나 안티오크까지 이르는 이 길은 극한의 현장이었다. 중국 북부를 지나면 험준한 파미르 고원과 톈산 산맥에 가로막히고, 이어 타클라마칸 사막을 지나야 한다. 인도, 페르시아의 국경을 따라 근동의 터키까지 이르는 동안은 도적떼의 출몰도 감내해야 했다. 마침내 지중해까지 다다르면, 다시 뱃길을 따라 로마 제국의 수도까지 옮겨야 했다. 그래서 모든 물건은 시안을 통하고, 모든 길은 로마를 통한다고 했던가.

북유럽이나 지중해 연안으로부터는 소금을 싣고 와서 교역했다. 소금이 지나던 길을 '소금길'이라는 의미의 '비아 살라리아Via Salaria'라 하여 로마 근교에 흔적이 남아있다. 근대까지 소금은 금처럼 현금과 같은 가치를 지닌 아주 비싼 광물이었다. 그래서 로마 시대에는 군인들에게 소금으로 월급을 지급하기도 했다. 라틴어 소금sal에서 파생된 군인Soldier, 월급salary, 샐러드Salada(소금에 절인다는 뜻) 등에 그 흔적이 남아 있다.

중세 시대의 십자군 원정은 지금까지 이슬람과 기독교 간의 씻을 수 없는 증오를 남겼지만, 전쟁을 통한 문화의 융합은 세상을 바꾸었다. 이탈리아를 통해 성지까지 식량과 인력을 실어나르다 보니 무역이 흥했고, 그때까지 간간이 다니던 아라비아 상인들은 곧 유라시아와 실크로드를 자유롭게 누볐다. 베네치아, 제노바, 아말피, 피사 등 이탈리아의 항구 도시는 원격 무역이 활성화되며 르네상스를 활짝 열었다.

특히 베네치아는 안티오크나 알렉산드리아에 도착한 동방의 물건이 유럽으로 들어오는 관문이었다. '베니스의 상인'들은 중간 이윤을 취하는데 능했고 실크로드는 계속 연장되었다. 로마뿐 아니라 서유럽의 내륙까지 로마제국이 건설해 놓은 길을 따라 먼 동방의 물건들이 도달했다.

중간마다 시장이 열려 프랑스나 플랑드르, 독일의 왕실에까지 전달되었다. 특히 실크는 가벼워서 짐을 싸기가 편해 험난한 육로를 통해 운반하는 데 안성맞춤이었다. 유럽의 귀족들은 그 부드러움과 아름다움에 넋이 나갔고, 수천 년간 중국을 신비로운 실크의 땅이라 불렀다.

실크나 소금 외에도 이 먼 길을 통해 교역되는 물품은 모두 당시의 명품이었다. 금, 은뿐 아니라 차, 보석, 향신료, 면, 상아. 양모…. 하지만 중국부터 지중해까지 이 길을 완주한 상인은 아주 극소수였을 것이다. 중간의 기착지에서 상품이 교역되었고, 가격은 올랐다.

중간에서 물건을 받아 유럽으로 나르던 이들이 캐러밴이라 불리던 아라비아 상인들이었다. 그들은 낙타에 짐을 싣고 하루에 50㎞씩 사막을 걸었다. 도적떼로부터 물건을 지키기 위해 무장하고 그룹으로 이동했다. 이 과정에서 치즈나 파스타 등 우리가 아는 많은 저장품이 만들어진 것은 또 다른 스토리다.

실크로드는 동 · 서를 잇는 수많은 왕국 사이의 무역을 시작한 시발점일 뿐 아니라, 사상과 문화, 창의력, 전염병까지 퍼져나간 글로벌 네트워크였다.

한 무제武帝는 당시 로마제국 하에 있던 오리엔트, 즉 서역西域과의 교역로를 안정적으로 확보하고자 했는데, 중간 지역을 흉노족이 가로막고 있었다. 결국, 주변 여러 나라와 연합하여 흉노족을 물리치고 길을 뚫었으나 여전히 길은 험하고도 멀었다.

교역을 트기 위해 최초의 서방 외교사절인 장건張騫을 파견하는데, 갖은 고초를 겪으며 가고 오는 데 13년이 걸렸다는 믿지 못할 역사가 있다. 그는 당시 중앙아시아의 파티마 왕국과 헬레니즘 세계에 관한

정보를 가지고 돌아왔고, 실크로드는 이렇게 열렸다. BD 1세기경 인도로부터 중국에 불교가 전래된 것도 이때부터였다. 이후 칭기즈칸의 원나라 시대에 이 길은 안전을 보장받으며 무역은 더욱 활발해진다.

이 길을 통해 1000년 넘게 걸려 유럽으로 전해진 것이 중국의 제지술이었다. BC 1세기경 한나라에서 발명된 제지술은 7세기경 아라비아에 전해졌다. 당나라와 아라비아 아바스 왕조의 전쟁통에 잡혀 온 중국 포로 중에 종이 장인이 끼어 있었다고 한다. 아랍 세계에 머물던 제지술은 12~13세기에 십자군전쟁을 통해 유럽에 전해진다.

르네상스 시대에 제지술이 없었다면 세상은 지금과 많이 달랐을 것이다. 인쇄술도 당시 실크로드를 통해 한국이나 중국에서 넘어갔다는 설이 유력하다. 게다가 구텐베르크의 고향인 마인츠는 당시 육로로 실크로드가 닿는 마지막 내륙 지점이었다. 어쨌든 구텐베르크가 인쇄술을 완성했더라도, 종이가 없었다면 이는 무용지물이었을 것이다. 이 당시 책 한 권을 만들려면 양 12마리 분의 가죽이 필요했으며, 이는 집 한 채 값이었으니 말이다. 때마침 전해진 종이 기술은 민중에게 싼값에 책을 보급할 수 있었고, 이는 정보와 교육의 대중화를 가져와 종교개혁과 과학혁명으로 이어졌다.

실크는 지금까지도 자연이 주는 가장 럭셔리한 패브릭이다. 누에와 인간이 하나가 되어 한 땀 한 땀 뽑아내 만든 작품이다. 실크가 인간에게 처음 알려지게 된 전설도 신비롭다.

중국의 황후 누조가 정원에서 차를 마시고 있었는데, 그 찻잔 안으로 우연히 누에고치가 하나 떨어졌다고 한다. 그런데 차 속의 누에고치가 점점 불어나며 아름다운 흰 실을 뽑어내는 것 아닌가. 이 실로 만든 직물을 처음에는 왕실에서만 사용하다가, 점차 신하들에게 하사품으로 내렸다고 한다. 이렇게 시작된 실크 직조법은 중국 역사 내내 국가 기밀이었다.

역사상 중국에서 실크를 직조하기 시작한 것은 대략 BC 3000여 년 전으로 이집트인들이 아마에서 린넨을 뽑기 훨씬 전이다. 우리나라 〈한단고기〉의 '단군세기'에도 BC 2000여 년 전부터 양잠을 했다는 기록이 있고 고조선 시대의 유적지에서 실크 옷감이 출토되었다고 하니 만주 문화권에는 실크의 직조법이 널리 알려져 있었던 듯하다.

실크로드를 굽이굽이 돌아 서역의 로마에까지 실크가 전해지자, 이를 처음 본 귀족들은 그 하늘하늘한 우아함에 완전히 넋을 잃었다. 이 직물 이름을 '세리카Sérica'라 붙였는데, 동방의 먼 중국을 세레스Seres라 했기 때문이다. 그래서 이탈리아어로 실크로드는 비아 세리카Via Serica이다. 중국에서 출발한 실크가 먼 길에 여러 단계를 거쳐 로마에 도달하니 가격은 부르는 것이 값이었다. 상류층은 웃돈을 얹어 주며 실크를 구하느라 안달이었다. 그래서 당시 실크의 가격은 같은 무게의 금보다도 비쌌다고 한다. 〈박물지Natural History〉를 쓴 로마의 학자인 플리니우스Gaius Plinius Secundus(AD 23-79)는 "실크 수입에 너무 많은 돈을 낭비한다"라고 기록하였고, 마르쿠스 아우렐리우스 황제는 수입을 규제하고, 귀족들이 실크옷 입는 것을 금지했을 정도였다. 이런 무역은 자유로운 바닷길과 하늘길이 열리기 전까지 계속되었다.

실크의 직조 기술이 중국을 떠나 외부로 알려지게 된 것은 BC 2세기경으로 기록되어 있다. 근접해 있던 삼국 시대의 한국과 인도에 알려지고, 5~6세기경 아라비아 지역에서 직조를 시작했다. 실크의 직조법이 퍼지는 단계마다 전설이 더해지는데, 아라비아로 직조법이 알려진 계기는 중국의 황녀가 시집을 가면서 고국을 기억하기 위해 물레와 누에를 가져갔기 때문이라 한다. 하지만 여전히 유럽인들은 이 비밀을 몰랐고, 아라비아 상인들이 건네주는 천문학적인 가격의 실크에 목을 맸다.

마침내 르네상스 시대가 도래하며 이슬람과의 교역이 빈번하던 스페인의 그라나다와 톨레도, 이탈리아의 베네치아, 피렌체, 밀라노 주변으로 직조법이 퍼지기 시작했다. 이 전설은 문익점의 붓두껍과 목화씨를 떠올리게 하는데, 유럽의 수도사 두 명이 속이 비어있는 지팡이 안에 누에를 숨겨 유럽으로 몰래 가져왔다고 한다.

14세기 피렌체 상인들은 페르시아만의 항구 도시 오르무스에서 입을 다물지 못할 정도의 놀라운 실크를 발견한다. 실크는 맞는데, 그 동안 본 것과는 달랐다. 마술에 걸린 듯이 보는 각도에 따라 색이 다르게 보였기 때문이다. 상인들은 이 섬유를 수입해오며, 발견한 도시의 이름인 오르무즈Hormuz를 따서 오르메시노Ormesino라고 불렀다. 현재는 에르미시노Ermisino라고 한다.

이 오르메시노는 특별한 기술을 사용하여 빛이 비치는 각도에 따라 실크가 무지갯빛으로 보이도록 짠 기술이다. 피렌체 상인들은 연구하고 또 연구하여 이 직조법을 터득하게 되었다. 그 중심에 아르노강 주변의 피렌체 장인들이 있었다. 현재 피렌체의 우피치 미술관이나 파리의 루브르 박물관에서 그림으로 보는 고색창연한 귀족들의 의상은 이렇게 어렵게 수입해온 동방의 실크로 지어진 것이었으니, 그 가격은 현대의 오트쿠튀르와도 비교가 안될 정도로 비쌌을 것이다.

당나귀나 낙타와 한 몸이 되어 무역로를 개척하던 상인들의 역사, 이 길을 말을 타고 가로질렀던 몽골이나 투르크의 유목민들…, 우리가 별생각 없이 사용하는 물건의 역사적인 진정성Authenticity은 상징 뒤에 숨겨진 인간의 피땀인 것이다.

중국 도자기,
유럽 왕실을 점령하다

욕망은 삶의 반을 간 것이다.
초연함은 죽음의 반을 간 것이다.
- 칼릴 지브란

우연히 불을 사용하게 된 인간은 물도 사용하고 싶은 절실함을 느꼈을 것이다. 그래서 처음으로 흙을 반죽해 오목한 토기를 만들었다. 물을 담을 수 있다는데 만족하던 어느 날, 그릇 표면이 너무 밋밋해 무언가 장식을 해야겠다는 생각이 들었다. 필요가 충족되고 나니 잉여적인 활동을 향한 창의력이 발동한 것이다. 그래서 용기 표면에 줄을 그어 보았다. 줄무늬는 음식을 익히는데 아무런 기능도 하지 않지만 나름 '멋'이 있었다. 도자기가 필수품이 아닌 예술품으로의 첫걸음을 시작한 것이다. 이 줄무늬 토기가 로열 코펜하겐의 블루 플루티드까지 진화하며 세계의 역사를 바꿀 줄은 아무도 몰랐다.

이 세상 사치품의 역사 중 17~18세기 유럽 귀족들의 '백자'에 대한 열정은 상상을 초월한다. 그들이 중국 백자의 비밀을 풀기 위해 들인 노력은 눈물겨울 정도다. 아마 누군가 달에 백자의 비밀이 있다고 했으면, 인간이 달에 발을 내디딘 시기가 훨씬 앞당겨졌을지도 모른다.

중국이나 한국, 일본에서 일찍이 제조하던 백자가 유럽에서 귀한 물건이 된 이유는, 유럽인이 흰색의 흙인 고령토의 존재를 알지 못했기 때문이다. 백자는 다양한 성분을 배합해서 만드는데, 어떤 배합이든 반드시 들어가야 하는 공통분모가 있다. 이것이 바로 고령토Kaolin다.

고령토가 특별한 이유는 많은데, 그중에서도 백토라는 것과 알칼리성의 광물질과 알루미늄 등 다양한 금속을 포함한다는 것이 가장 핵심이다. 게다가 반죽하면 고무 재질의 텍스처를 내서, 이를 1200~1400℃ 정도의 고온에서 구우면 유리화 되어 반투명의 무결점 백자를 얻을 수 있다. 현대 중국 도자기는 보통 1200~1300℃로 구워 텍스처가 부드러운데 비해, 유럽의 포슬린Porcelaine은 1400℃ 이상으로 구워 더 단단하다는 차이가 있다.

중국의 도자기는 범선이 발달해 해로가 제 구실을 하기 전까지 아주 소량만이 유럽에 도달할 수 있었다. 육로인 실크로드는 험준한 산맥과 고원지대를 지나야 했기 때문이다. 이름처럼 실크가 주된 교역품이었지만, 그 와중에 중국의 도자기들이 원단 사이사이 한두 점 섞여 있었다.

눈이 뒤집힌 유럽인들의 수요는 엄청났지만, 무거운 데다 깨지기 쉬운 도자기는 험난한 육로로 운반하기가 불가능에 가까웠다. 가뭄에 콩 나듯이 유럽에 도착한 도자기의 가격은 상상에 맡기겠다.

당나라 말기 서역에 대한 지배력이 약화되자 험준한 실크로드는 안전을 위협받게 되었다. 이 시기에 조선과 항해술이 비약적으로 발전하면서, 해로를 통한 무역이 점차 육로를 능가하게 된다.

이는 또 다른 신세계였다. 배는 낙타와는 비교할 수 없을 정도의 많은 물품을 실을 수 있었다. 도자기도 깨지지 않게 운반이 가능했다. 그래서 송나라 이후는 해상 실크로드가 교역의 중점이 되었다. 이 길을 따라 아라비아와 중국의 상인들은 중국 광저우 등에서 페르시아만이나 홍해를 통해 지중해까지 물건을 교역하였다.

바닷길이 열리자 인기 품목도 바뀌기 시작한다. 송나라에서 발전하고 있던 도자기가 떠오르기 시작한 것이다. 광저우를 방문한 아랍 상인들은 반짝이는 도자기를 보고 찬탄을 금치 못했다고 한다. 유럽인이 도자기를 차이나China라고 하는 이유다.

차이나 중에서도 단단한 백자인 포슬린은 베네치아의 상인이었던 마르코 폴로(1254-1324)가 이름을 붙였다고 한다. 그는 1271년 고향을 떠난 후 고생 끝에 5년 만에 원나라에 도착해, 1275년에 쿠빌라이 칸을 만난다. 유럽에 관심이 많던 쿠빌라이로부터 융숭한 대접을 받으며 보게 된 투명하고도 흰 도자기에 눈이 휘둥그레졌다. 그는 여기에 로마인들의 사치품이던 자개를 만드는 조개인 '포르셀라나Porcellana'라는 이름을 붙였다. 이는 곧 실크를 넘어 유럽 귀족들이 가장 열망하는 물건이 되었다.

르네상스 시대를 지나며 실크의 직조법이 누설되었다. 실험을 거듭해 르네상스가 끝날 무렵에는 거의 유럽 내에서 자가 생산에 들어가게 되었다. 천성적으로 상업에 능한 중국의 '비단이 장사 왕서방'들은 1500년 이상 잘 팔아먹은 비단을 대신할 대체 상품을 찾아야 했다.

당시 중국의 도자기 기술은 유럽과는 비교할 수 없을 정도였다. 높은 온도에서 구워내 반지르르한 자기는 유럽인이 사용하던 테라코타나 도기와는 차원이 달랐기 때문이다. 1498년 바스쿠 다 가마가 인도 항로를 발견하고, 아랍의 대상을 끼지 않고도 중국과 교류를 하게 된 이후로 해상 교역은 도자기가 주를 이루었다. 그 인기를 알고 있는 중국은 공급을 규제해 가격을 높이는 정책을 썼다.

르네상스 시대의 연금술사들은 불로장생의 명약이나 금을 제조하려는 연구뿐 아니라, 도공들과 함께 중국 백자의 비밀을 풀기 위해 노력했다. 하지만 진흙에 여러 광물질을 아무리 혼합해 보아도 재료가 무엇인지 도무지 알 길이 없었다.

중국 도자기의 재현을 꿈꾸던 메디치가는 도자기 연구를 후원했고, '연 도자기'의 탄생을 가져왔다. 연 도자기를 '메디시스'라고 하는 이유가 여기에 있었다. 하지만 연 도자기는 중국 도자기와 외관은 비슷하지만 이름처럼 단단하지 못하고, 경쾌한 소리도 나지 않았다. 고령토의 존재를 몰랐기 때문이다. 단, 낮은 불에서 굽다 보니 채색이 쉬워 화려한 그림을 그릴 수 있는 장점이 있었다. 이탈리아 도시 파엔자Faenza에서 따온 파이앙스Faïance 연 도자기는 흰 바탕을 칠한 후 그 위에 그림을 그렸는데, 그 비법은 도가 마다의 비밀이었다고 한다. 이 시대 화려한 채색으로 유명한 마욜리카의 파이앙스가 인기를 끌었다.

신대륙이 발견되고, 대항해 시대가 시작되자 포르투갈, 네덜란드, 영국, 프랑스는 동방 무역에 뛰어들었다. 처음 동인도 회사를 세운 것은 포르투갈로 1553년 마카오에 자리를 잡았다.

1602년 네덜란드 상인들은 중국에서 물품을 가득 싣고 돌아오던 포르투갈 상선을 대서양에서 강탈했다. 선적된 물건은 암스테르담으로 가져갔는데, 이 안에 명나라의 청화백자가 다량 들어있었다. 청화백자는 14세기에 원나라가 서남아시아로 수출하기 위해, 페르시아산 코발트를 수입해 백자 위에 그림을 그리면서 시작된 것이다. 두껍고 탁한 파이앙스와는 비교할 수 없이 얇고 투명한 흰색에 그려진 청화를 처음 본 네덜란드인들은 황홀감에 정신을 잃을 지경이었다. 이는 모두 경매로 날개 돋친 듯이 팔려나갔다. 1604년에 또다시 포르투갈 상선을 강탈했는데, 이번 경매에는 프랑스나 영국 등 왕실까지 참여해 난리가 났다.

유럽 왕실과 귀족들은 중국 도자기로 저택을 장식하는 것을 최고의 호사로 여겼다. 도자기 한 장에 서민 집 한 채 값이었다는데, 그 큰 궁전을 현관부터 응접실, 계단, 뿐만 아니라 침실의 장식장까지 수십 세트의 식기로 채우려다 파산 지경에 이르는 귀족도 있었다.

이 시기 유럽은 중국 물건을 사모하는 '쉬노아즈리Chinoiserie'로 온 유럽이 몸살을 앓았다. 장인의 이름을 새겨 넣은 중국 백자를 어루만지며 '백색 황금'이라 했는데, 특히 청화백자는 명품 중에서도 명품으로 분류되어 왕실에서나 볼 수 있었다고 한다. 여기에 일본 도자기까지 들어오며 유럽인들의 도자기 사랑은 거의 400여 년간 그 비밀을 풀기 위한 피나는 노력으로 이어진다. 도자기 생산의 세 가지 핵심인 흙과 유약, 가마 온도를 알아내기 위해 온갖 실험을 했지만, 도무지 그 비밀을 풀 길이 없었기 때문이다.

유럽의 군주 중 작센의 선제후 아우구스트 2세는 도자기 전시용 궁전을 지을 정도의 마니아였다. 스웨덴과의 전쟁으로 재정이 바닥나다 보니 이 '백색 황금'인 도자기에 더 목숨을 걸었다. 이 당시 도자기는 현대인에게 머리카락이 새로 나는 약 만큼의 절박함과 꿈이었다. 그런데 마침 프로이센에서 도망한 젊은 연금술사 요한 프리드리히 뵈트거Johann Friedrich Böttger(1682–1719)가 1701년 작센의 궁으로 잡혀 들어온다.

독일인으로, 부모를 따라 프로이센에 이민한 뵈트거는 평범한 집안의 청년이었다. 아버지가 돌아가시고 새아버지 밑에서 정규 교육도 받고, 현대의 화학자 같은 약제사의 제자로 일하게 되었다. 실험실에서 일하게 되자, 연금술사들과 교류를 하며 다양한 광물성 성분으로 된 현자의 돌과 금속을 배합해 금을 만들고자 하는 열망에 사로잡힌다. 실험에 실패를 거듭하던 어느 날, 우연히 신비로운 그리스 승려를 만나 비전을 전수받고 재료를 얻게 되었다. 금이 완성될 거라는 확신에 찬 그는 참지 못하고 주변에 이를 자랑했다. 당시 뉴턴 같은 전 유럽의 과학자들도 기대하던 금 배합은 곧 소문에 소문이 꼬리를 물고 날개를 달았다.

급기야 소문이 재정적 어려움에 시달리던 프로이센 왕 프레데릭 1세의 귀에까지 들어간다. 그는 뵈트거에게 연구 결과를 발표하라는 명령을 내린다. 그러자 겁에 질린 뵈트거는 작센으로 도망가고 말았다. 그는 작센의 왕도 금을 만들어내라 할까 두려워 연금술사라는 것을 숨기고 자신이 도공陶工이라고 속였다. 그런데 이것이 세상을 바꾸는 계기가 될 줄 누가 알았겠는가.

아우구스투스 2세는 뵈트거를 감금하고, 백자의 비밀을 풀 것을 명한다. 결국 실험실까지 만들고 물리학자인 취른하우스Ehrenfried Walther von

Tschirnhaus(1651–1708)까지 붙여 본격적인 실험에 돌입했다. 그런데 연금술사인 뵈트거는 도공이 할 수 없는 융합적인 시도를 할 수 있었다. 예를 들어 흰색의 도자기를 얻기 위해 진흙에 달걀껍데기를 부숴 넣어 본다던가, 당시의 가마가 도달할 수 있던 것보다 높은 온도에서 도자기를 구워 보는 등.

그러다가 어느 날 단단한 도자기를 만들었는데, 성분 분석을 해보니 우연히도 고령토 광맥층과 일치한 것이다! 거의 5년에 걸쳐 4만여 번의 실험 끝이었다. 유럽에서 고령토를 찾아 헤매던 뵈트거는 마침내 1709년 작센과 보헤미아를 잇는 국경지대의 광산 아우Aue에서 고령토를 찾아내고 마침내 유럽 최초의 자기 제작에 성공한다.

최초의 도자기 공장이 마이센Meissen에 세워졌지만, 여전히 유럽 다른 나라에는 이 비법이 비밀이었다. 이제는 중국 도자기에 이어 마이센 제품까지 수집 대상이 되었다. 특히 마이센의 피겨린figurine(작은 조각상)은 왕실과 귀족들에게 인기를 끌었다. 마이센 주변에는 모조품 공장까지 들어서서 성업을 이루었다. 현재 체코를 대표하는 '체스키 도자기 회사Cesky Porcelan'도 이 시대의 모조품 공장 중 하나가 그 전신이었다.

하지만 세상에 비밀은 없다고, 18세기 중반이 되며 마이센에 갇혀 있던 기술자들이 탈출해 오스트리아 등지로 흩어지며 백자 기술은 유럽 전역으로 퍼지게 된다. 이 과정에는 과학혁명을 통한 당시의 실험적 정신도 한몫 했다. 중세의 길드와 같이 구전과 비밀전승에만 의지한 것이 아니라, 글을 깨우친 도공들은 도자기 제작을 위한 각종 실험과 과정을 모두 기록으로 남겼기 때문이다. 중국 도자기의 비밀을 푸는데 무려 4세기가 걸린 것이다.

이후, 프랑스도 마침내 1767년에 중부의 리무젱Limousin 지역에서 고령토층을 발견한다. 이 지역의 한 부인이 빨래하러 냇가에 갔다가 비누처럼 하얗고 미끈거리는 흰색의 흙을 발견한 것이다. 그녀의 남편은 이 우연한 발견물을 상업화하기 위해 샘플을 담아 보르도의 한 약제사에게 분석을 의뢰했다. 그 약사는 기상천외한 시도 끝에 성분을 알게 되었고 이를 당시 퐁파두르 부인이 후원하던 왕립 세브르Sèvres 도자기 공장에 판 것이다.

로열 코펜하겐은 1775년 황태후의 후원으로 세워졌다. 블루 플루티드 시리즈는 도자기 위에 화공이 직접 그림을 그리므로 하나하나 모양이 다 다르다. 접시 하나에 1000번 이상의 붓질이 들어간다고 한다. 백자는 높은 온도로 구우면 대부분의 물질이 유리화되어 물이 새지 않는 짱짱한 그릇이 되지만, 끝까지 남는 염료가 몇 개 되지 않았다. 그중 하나가 코발트의 청색 염료였고, 근동의 터키 근처에서만 생산되었다. 로열 코펜하겐은 당시 부의 상징이던 이 청화를 특화한 것이다.

영국은 독일이나 프랑스 보다 도자기 개발이 늦었다. 고령토가 많이 나지 않기 때문에 궁여지책으로 도자기를 만들 때 소의 뼛가루를 30~40% 섞었는데, 이게 또 히트를 쳤다. 뽀얀 우유빛이 나면서 강도가 더 단단해진 것이다. 1790년 스포드Spode에서 최초의 본차이나Bonechina가 탄생한 이후 웨지우드Wedgewood, 로열덜튼Royal Doulton, 로열알버트Royal Albert 등 영국만의 문화가 담긴 도자기 회사들이 전 세계적으로 유명해졌다.

유럽의 도자기는 산업혁명과 함께 분업화하고, 동판화를 사용해 무늬를 프린트하는 대량생산 체제를 갖추면서 가격도 저렴해졌다. 게다가 기술이 발달하며 중국 도자기보다 더 높은 온도에서 구우면서도 다양한 색상을 낼 수 있게 되었다. 왕실의 적극적인 후원을 받으면서 유럽의 감성을 담은 도자기는 전 세계 상류층의 마음을 끌게 되었다.

요하네스 뵈트거가 마이센에서 중국 도자기의 비밀을 푼 후 300여 년이 지난 지금은 세계 명품 도자기 시장을 유럽이 거의 싹쓸이 하고 있다. 중국의 상류층은 유럽 도자기 구입에 열을 올리고 있는 것이다.

르네상스,
문화와 예술로 꽃피다

르네상스는 위대한 예술가들이
세상의 석학들과 함께 성취한 '평등'이다.
- 곤자그 생 브리

수천 년간 인간의 삶은 국지적이었고 이동도 아주 느렸다. 알타미라 동굴에 벽화를 그리던 시대부터 불과 200여 년 전까지 인간은 고작 두 다리나 동물의 힘, 또는 해풍을 이용해 이동했기 때문이다. 그런데 산업혁명 이후, 민주주의 국가 체계와 자본주의 경제 체제가 세계를 연결하더니, 21세기는 '인터넷'이라는 하나의 문명권 안에 묶이게 되었다. 이제는 모든 젊은이가 동시에 유행하는 옷을 입고, 신상을 소비하며, K-Pop에 열광한다. 어디서부터 여기까지 오게 된 것일까? 시간의 태엽을 뒤로 돌려 더듬다 보면 다다르는 분기점이 있다. '르네상스'라는.

르네상스는 지금 우리가 누리고 있는 서구화된 모든 문명이 시작된 도약판이었다. 이슬람을 통한 동방과의 접촉으로 과학기술 발달의 기초를 이루고, 세계를 식민지화해 현대 물질문명으로의 이행이 급속도로 진행된 것이다. 19세기 이전에는 한 번도 경험해 보지 못한 세계였다.

의학과 식량 생산의 발달로 인구는 폭발적으로 증가했고, 지구는 인간들이 내는 소음과 오염물질로 점점 몸살을 앓지만 풍요로움과 편리함이 주는 달콤함은 마약처럼 행복 호르몬을 내뿜었다. 산업화의 이면에서 가난한 나라들은 자급자족할 때보다 더욱 가난해졌지만, 먹고 사는 것이 해결된 나라들은 더 행복해지기 위해 삶의 가치 등에 신경을 쓰게 되었다. 사치란 필수적인 것들이 해결된 곳에 존재하는 것이다.

사실 사치품이란 어느 시대건 존재했다. 고대에도 보석은 있었고, 금이나 은은 언제나 귀한 금속이었다. 그러나 이는 우리가 현재 소비하는 '명품'과는 그 의미가 다르다. 정말 귀하고 얻기 어렵기 때문에 귀했다. 금, 은, 보석은 그 자체가 희귀 광물이고, 얻기 어려운 필수품도 명품이었다.

소금이 나지 않는 지역에서는 소금이 명품이고, 후추가 나지 않는 지역에서는 후추 한 통이 부의 상징이던 시대도 있었다. 많은 전쟁이 이런 귀한 물품을 얻기 위해 시작되었다. 하지만 변치 않은 것은, 중세까지의 엄격한 신분 사회에서 명품은 권력자의 소유였고 대중은 넘보기 어려운 영역이었다는 것이다.

로마가 멸망한 후 중세의 유럽 대부분은 봉건제도 체제를 이루었다. 게르만의 이동으로 로마제국이 서유럽에 건설했던 식민 도시 대부분은 폐허가 되고 화폐제도마저 자취를 감추면서 거의 자급자족의 농경 체제로 돌아가버렸기 때문이다. 봉건제도란 땅이 정치와 경제의 중심인 체제를 말한다. 넓은 땅을 소유할수록 권력이 강해지는 거다. 한 나라의 왕이 자신의 땅을 그 밑의 신하들에게 나누어 주면서 자작, 백작, 공작 등의 작위를 주고, 성경에 손을 올려 충성 서약을 맺는다. 계약을 맺는 거다. 그들은 자신의 땅을 또 그 밑의 신하들에게 기사 작위를 주며 나누어 준다. 기사들은 그 땅들을 또 소작농들에게 빌려주어 농사를 짓게 한다. 그 수확물을 세금처럼 위로 계속 조공하는 시스템이다. 일종의 다단계인 거다. 그런데 이는 경제뿐 아니라 완전한 자치적인 사법제도를 가진 정치 시스템이기도 했다. 농번기에는 국왕부터 농노까지 모든 남자가 군인으로 변신했다. 땅이 넓을수록 거느리는 기사나 농노가 많아지니 전시에 군대를 동원할 능력이 강해지는 것이다.

봉건제도는 오래도록 지속되었다. 그런데 이 시스템에는 큰 모순이 있었다. 국토의 대부분을 차지한 상위 5%인 귀족과 성직자들은 무위도식하고, 나머지 95%의 평민은 죽어라 일해 세금을 바쳐야 했다는 것이다.

민중의 눈을 가리는 데에 기독교는 효율적이었다. 현세의 노동은 죽어서 천국에서 보상받는다는 사탕발림으로 민중을 호도했다. 이 시대의 민중은 무지했고, 다루기도 쉬웠다. 그래서 이들에게 사회적 신분 상승이란 신데렐라의 꿈일 뿐이었다. 이런 모순은 18세기가 되며 프랑스 대혁명이 일어나는 기폭제가 될 것이었다.

봉건사회는 소유한 땅의 크기로 그 사람의 사회적 위치와 권력이 드러났다. 귀족들은 끝없는 영지가 내려다보이는 높은 언덕에 성城을 짓고 살았다. 신데렐라가 매일 밤 바라보며 꿈꾸던 바로 그런 성이다. 손이 터지라 일하는 궁 밖의 사람들은 남루하고 가난했다. 이런 사회에서는 굳이 신분을 과시할 필요가 없었다. 신분이 높은 자는 100m 전방에서 척 보기만 해도 티가 났으니 말이다.

르네상스 시대를 맞으며 상업만을 목적으로 한 작은 도시들이 생겨나기 시작했다. 금속, 소금, 어류, 향신료, 염료 등은 교환을 통해서만 얻을 수 있었기 때문이다. 교역을 하다 보니 화폐경제도 살아났다. 11세기에 이르자 유럽 내륙에도 서서히 무역으로 부를 축적하는 마을 시장이 형성되기 시작했다. 상인들이 모여들면서 처음에는 헤쳐모이는 일시적인 시골 장터였으나 정착민이 생겨 촌락을 형성하더니, 점차 규모가 커져 도시의 면모를 갖추기 시작했다. 특히 원격 교역을 하는 베네치아나 아말피, 피사 등 이탈리아 항구 도시의 공기는 활기차고 자유로웠다. 교역지에 일자리가 늘어나면서 농촌 인구가 자연스럽게 유입되고, 머리를 쓰거나 기술을 가진 자들이 도시로 모여들어 농업 대신 수공업과 상업으로 활기를 불어넣었다.

이슬람이 동방무역을 차단하고, 예루살렘 성지순례를 봉쇄했다는 이유로 11세기부터 13세기까지 유럽이 십자군원정에 나서자, 이탈리아는 보급로를 열면서 더욱 번성했다. 뜻하지 않게 십자군전쟁을 통해 아랍 세계와의 문화 융합을 이룩한 것도 이때다.

자본가 계급을 통칭하고 있는 부르주아Bourgeois는 훗날 프랑스 대혁명과 함께 태어난 말이지만 개념은 이 시대에 이미 싹을 틔웠다. 그 어원이 북유럽 '상업 도시'를 뜻하는 부르그Burg이기 때문이다. 중세에 영주들이 다스리던 시골의 장원과 달리, 상공업에 종사하던 사람들이 모여들어 만든 작은 군락지를 부르그라 하였다. 그 흔적이 스트라스부르그, 함부르그, 프라이부르그 등의 도시명에 남아있다.

이 군락지Burg에 수공업자들과 상인들이 모여들며 사회가 형성되고 이들을 중재하는 법률가, 은행가 등이 생기며 토지를 기반으로 한 중세와는 전혀 다른 계층이 형성된다. 평민 출신이면서 도시에서 성공한 엘리트 계급이 탄생한 것이다. 어찌 보면 한국의 중인 계급과 비슷하다 하겠다. 상업 활동에 필요한 문서와 셈을 이해하기 위해 국어나 산수를 공부해야 했고, 이는 곧 학교로 발전하였다. 그 이전까지 학문은 귀족과 성직자들만의 독점이었지만 자연스럽게 도시의 자본가들이 학문과 문화의 영역에 참여하게 된 것이다. 이로써 이탈리아의 도시는 중세의 긴 잠에서 깨어나며 부활을 준비한다.

바다를 통한 원거리 무역으로 막대한 부

를 축적하게 된 대상인들은 이상적인 꿈을 꾸게 된다. 촌락의 소유주인 봉건 영주들의 법적인 간섭에서 벗어나 자유로운 경제 활동을 하고자 하는 꿈이었다. 이전에도 문화권마다 전제군주가 통치하는 아름답고 환상적인 도시들은 많았다. 하지만 역사상 이탈리아의 도시국가처럼 상인들만의 힘으로 국가를 이룩한 예는 없었다. 그중에서도 피렌체처럼 순도 높은 상업 도시는 전무후무했으니, 자본주의가 태어난 배꼽이라 해도 과언은 아니다.

그런데 자치 도시의 통치자는 가문의 기반이 없었다. 주로 상업이나 수공업을 하는 평민 가문 출신이었던 이들은 위상을 높이기 위해 도시를 꾸미고 건축하는 데 심혈을 기울였다. '노블레스 오블리주'의 개념이 생겨난 것도 피렌체에서였다. 상인들의 힘으로 세워진 도시다 보니 축적한 자본의 일부분은 반드시 공공시설과 장식에 재투자해야 한다는 의무감이 있었다. 공공건축이나 예술 활동에 상인들의 길드가 자금을 분담하여 운영하고, 이를 맡아 작업하는 장인들을 아낌없이 후원하기 시작한다.

유럽의 도시가 대부분 그렇듯 피렌체도 고작 서울시 종로구 크기에 불과하다. 이렇게 작은 도시에서 보카치오, 첼리니, 보티첼리, 레오나르도 다빈치, 미켈란젤로, 라파엘로 같은 명장들이 동시대에 거리를 활보하며 예술을 논했다 상상하면 가슴이 뛴다.

게다가 실세들 사이에서는 돋보이고자 하는 욕망도 끓어올랐다. 궁전이나 땅의 넓이로 위엄을 과시할 수 없는 도시의 상류층은 이제 무엇으로 자신을 돋보일 것인가? 도시의 생활이 재미있다는 소문에 전원의 답답한 영지를 버리고 올라온 귀족, 조세의 압박에 못 이겨 장원을 떠난 소작농, 죄를 짓고 도망한 범죄자 등 그 뿌리를 알 수 없는 사람들이 모이다 보니 신분을 가늠하기도 어려웠다. 끝없이 펼쳐지는 농토를 소유한 지주라도 자신을 과시할 길이 없다. 땅 문서를 주머니에 넣고다니며 보여줄 수도 없고, 말로 얼마나 부자인지를 설명해 보아도 증명할 길이 없다. 시골집에 두고 온 금송아지보다 지갑 속 현금이 더 가치있는 것이 도시 아닌가. 그러다 보니 돋보이기 위해서는 사람의 눈을 사로잡을 특별한 물건이 효율적이라는 것을 알게 되었다. 겉모습을 꾸며 '척하는' 된장 심리의 시작인 셈이다.

거장의 작품을 소유하고자 했던 인간의 욕망은 회화와 초상화, 조각, 정교하고 섬세한 수공업의 발달을 가져왔다. 이를 만들던 장인의 사회적 입지도 확고해졌다. 명성 있는 장인의 그림이나 수공업품은 시민들 사이에 품격이 되기 시작한다. 너도나도 명장을 불러대려 줄을 섰다. 교황까지 합세했다. 도시국가에서 꾸미고, 기부하고, 소유하며 르네상스는 무르익어 간다. 이 시대를 지나며 수공업자의 사회적 위치는 예술가의 반열에 오른다.

지금 우리가 갤러리에서 감상하는 캔버스와 유화 기법이 시작된 것도 르네상스 시대다. 중세의 그림은 대부분이 벽화였다. 그림은 집이나 공공건물의 벽을 장식하는 데에 국한되었다. 하지만 15세기에 플랑드르의 화가이던 얀 반에이크Jan Van Eyck는 템페라(아교나 달걀노른자로 안료를 녹여 만든 불투명한 그림물감)의 단점을 보완하기 위해 오일을 섞어 유화 물감을 발명하게 된다. 물감만 발명되었다면 큰 의미가 없었을 것이다. 그런데 16세기가 되며 이탈리아 화가들은 범선의 돛을 만들던 두꺼운 캔버스천에 그림을 그리기 시작했다. 천에 스며들지 않는 유화 물감이 있어 가능한 일이었다. 가벼운 캔버스를 사용하면서 벽화만큼 큰 화폭을 움직일 수 있게 된 것이다. 회화가 현대화의 도약판에 올라선 것이다.

베르사유,
럭셔리는 국가의 자산이다

주머니 사정이 허락하는 한 옷맵시는 내되 눈에 띄면 못써.
품위가 있어야 해. 저속한 것은 금물이야. 의복은 인격의 표시니까.
- 〈햄릿〉에서

셰익스피어가 말하듯 1600년대에 프랑스는 이미 전 세계 패션의 메카였다. 르네상스 시대까지의 프랑스는 정치력은 강했지만, 문화적으로는 중세의 때를 벗지 못한 후진국이었다. 전장을 휩쓸던 국왕과 기사들은 무식하고 거칠었다. 당시 이탈리아가 도시공화국을 통해 번성하며 르네상스의 절정에 있던 것과는 대조적이다.

프랑스는 틈만 나면 이탈리아를 침략했다. 국경을 면하고 있는 데다가 귀족들 간의 정략결혼으로 얽혀있던 시대다 보니, "할머니가 이 도시국가의 공주였으니 우리에게 권리가 있다"는 둥 황당한 상속 서열을 주장하며 끊임없이 이탈리아를 넘본 것이다. 프랑스는 승리를 거두지 못했지만, 결과적으로 적자가 난 원정은 아니었다. 그곳에서 활짝 피어난 예술과 문화를 접하며 무지에서 깨어나기 시작했으니 말이다.

프랑스 르네상스의 아버지로 추앙받는 프랑수아 1세는 뛰어난 왕이었다. 프랑스인들에게 역대 가장 존경하는 국왕이 누구냐 물어보면, 태반이 루이 14세도 보나파르트 나폴레옹도 아닌 프랑수아 1세를 꼽는다. 우리의 세종대왕 정도 되는 거다.

나라의 국력은 문화에 있다고 생각한 그는 적극적으로 이탈리아 최고의 예술가들을 프랑스로 초빙해 퐁텐블로Fontainebleau 성을 장식하고 문화예술을 장려한다. 이탈리아 예술가들에게 영향을 받은 초기 프랑스 르네상스를 '퐁텐블로파'라고 하며, 조화와 균형을 중시하던 고전양식에 기교적인 수법을 더해 세련되고 우아한 장식미술을 탄생시켰다. 루브르나 루아르 강변에 즐비한 왕가의 성들은 모두 이탈리아에 빚지고 있다 해도 과언이 아니다.

프랑수아 1세의 레오나르도 다빈치에 대한 존경은 가히 전설적이어서, 훗날 화가들이 즐겨 그리는 주제가 되었다. 그가 다빈치를 만난 것은 밀라노를 침공했을 때였다. 다빈치는 피렌체에서 미켈란젤로나 라파엘로에 비해 메디치 가문의 후원을 제대로 받지 못해, 밀라노의 통치자인 루도비코 스포르자Ludovico Sforza 공작 밑에서 일하던 중이었다. 정복자 입장이었지만, 프랑수아 1세는 처음 만난 다빈치의 예술적, 과학적 품성에 깊은 감명을 받았다. 그는 평생 다빈치를 스승으로 모셨고, 훗날 나이 든 다빈치가 말년에 갈 곳이 없어지자, 프랑스에 작은 성을 한 채 내어주고 죽을 때까지 아낌없이 후원했다. 다빈치의 무덤이 프랑스에 있고, 최고의 걸작 〈모나리자〉〈세례자 성 요한〉〈성모마리아 예수 그리고 성 안나〉가 루브르 박물관 벽에 걸리게 된 이유다.

프랑수아 1세는 이렇게 말했다. “짐 이전의 파리는 모든 것이 거칠고 촌스럽고 무식했도다.” 사실이었다. 이탈리아가 르네상스의 꽃을 피웠다면, 그 열매는 프랑스가 거두기 시작한 것이다.

프랑수아 1세의 아들인 앙리 2세Henri II와, 뒤를 이은 부르봉가의 앙리 4세Henri IV는 모두 피렌체의 메디치가 공녀들과 정략결혼을 했다. 카트린 드 메디치Catherine de Medicis와 마리 드 메디치Marie de Medicis이다. 그녀들이 프랑스의 궁정으로 가지고 온 가장 값진 지참금은 선진 이탈리아의 문화였다. 건축부터 요리, 연극, 오페라 등 피렌체의 세련된 문화가 거칠고 촌스러웠던 프랑스 궁중에 도입되기 시작했다. 이탈리아 요리와 패션은 프랑스 귀족들을 매료시켰고, 평민 출신의 외국인 왕비라고 무시하는 귀족들 앞에 존재감을 내보이게 해주었다.

마리 드 메디치의 손자인 태양왕 루이 14세는 프랑스 귀족의 라이프스타일을 최고의 사치로 물들였다. 이는 고도의 정치적 계산이기도 했다. 어린 나이에 왕위를 물려받은 후 세도 부리는 귀족들과 수렴청정하는 어머니 밑에서 마음고생했던 경험

때문이다. 정권을 잡은 후 그는 철저하게 귀족들을 길들여 절대왕정을 구축했다. 그가 사용한 도구는 '극도로 탐미적인 라이프스타일'이었다.

우선 루이 14세는 주거지를 파리의 루브르궁에서 베르사유로 옮겼다. 당시 파리는 이름만 수도일 뿐 중세적인 도시로 길이 좁고 음침했으며, 쥐가 들끓었다. 웅장하기만 한 루브르궁은 춥고 어두운 돌덩어리 같았다. 루이 14세는 우중충한 파리를 몸서리치게 싫어했다.

베르사유는 서울로 치면 수원 정도 되는 거리로 사방이 울창한 숲으로 둘러싸인 왕가의 사냥터였다. 작은 마을에는 선왕이 사냥할 때 사용하던 작은 별장이 있었는데, 루이 14세는 이곳에 세상에서 가장 화려한 궁전을 건축하기로 한다. 르네상스 스타일의 아름다운 건물에 센강에서 물길을 끌어 호수를 만들고 숲을 개간해 아름다운 정원을 만들었다.

베르사유 궁전은 '세상의 다른 곳'이 되었다. 밤낮 없이 화려한 무도회와 연극, 발레, 오페라 공연, 그리고 산해진미에 아름다운 귀부인들, 여기에 덧붙여 외우기도 복잡한 에티켓과 '의도된 화려함'을 마케팅 도구로 삼았다. 별다른 오락거리가 없던 시대에 이곳의 이야기는 전 유럽에 퍼졌다. 현대판 할리우드라고나 할까. 베르사유는 전 유럽의 유행을 선도하게 되었고, 왕가의 사치스러운 생활은 현재의 K-Pop 처럼 당시의 국제적인 문화 브랜드가 된 것이다.

머리가 비상하고 카리스마 넘쳤던 루이 14세는 권력 주변을 맴도는 인간의 마음을 읽을 줄 알았다. 지방의 칙칙한 성에 살던 귀족들은 베르사유로 올라와 왕궁을 기웃거렸고, 언제 한번 왕의 만찬에 초대받아보나 목을 빼고 기다리게 되었다.

이들의 마음을 읽은 루이 14세는 전략적으로 신비한 이미지를 만들어 교묘하게 조종했다. 예를 들어, 자신이 앉는 중앙 테이블에 왕과 가까운 순서대로 앉도록 하는데 이 명단이 자주 바뀌는 것이다. 국왕의 주변에 가까이 머물수록 세련된 문화생활과 파티 등의 기회를 얻게 되고, 왕비나 후궁들과의 저녁 식사에 초대받거나 독대할 기회가 주어졌다. 이는 한 번 빠지면 헤어날 수 없는 중독 현상을 일으켰다. 귀족들은 너도나도 왕에게 좀 더 가까이 다가가기 위해 줄을 댔다. 베르사유를 떠나면 왕에게서 멀어지고, 권력에서 소외된다는 느낌이 들게 된 거다. 결국, 지방의 귀족들은 지루한 지방의 성으로 돌아가기 싫어 베르사유에 눌러 앉아 왕 주변을 맴돌게 된다.

소홀하게 버려둔 그들의 영지를 국가가 사들이면서 자연스럽게 봉건제도는 무너져 갔다. 그리고는 귀족들에게 연금과 직책, 성직록 등의 증서를 하사해 봉급받는 관료로 흡수한 것이다. 말이 관료지 사치와 허영에 영혼을 빼앗긴, 왕의 축제와 의식의 들러리였다.

베르사유의 일상은 교회의 예식이 신도들을 압도하듯이, 대중 앞에 보이는 장엄한 연극이 되었다. 당시 베르사유에는 전국 각지에서 모여든 귀족 500여 명이 생활하고 있었는데, 왕과 그 가족들의 일상은 아침에 눈뜰 때부터 밤에 취침하기까지 모든 생활이 그들 앞에 노출되는 의전Protocols이었다. 왕과 왕비가 옷을 입고 화장하고, 화장실 가는 것까지 볼거리였던 엽기적인 곳이 궁정이었다.

이 시대를 대표하는 두 예술 사조인 바로크Baroque와 고전주의Classicism는 상반된 문화의 공존을 대변해 준다. 루이 14세는 사치와 기괴스러움이 뒤범벅된 '바로크적인 생활양식'을 통해 엄격함의 상징인 '고전적인 권위'를 다진 것이다.

우리가 현재 글로벌 에티켓으로 여기는 다양한 매너도 이 시대에 만들어졌다. 다양한 인간이 모여있다 보니 절제하고 배려하는 '우아한 예의범절'이 필요하게 되었기 때문이다. 그래서 궁에 들어오는 사람에게 외국 대사의 순위와 예식, 절차, 또 궁중에서의 법칙 등을 간단히 적어 놓은 카드를 나누어 주었는데, 이를 '에티켓'이라 한 것이다. 우리나라의 궁중에도 엄격한 예절이 있듯, 베르사유의 에티켓도 갈수록 덧붙여지고 복잡해졌다. 꾸민 듯한 태도와 겉치레, 자신의 학식과 견문을 교묘하게 포장하여 뽐내는 우아한 말투 등이 일상화되었다. 요지경 같은 궁정에서 살아남기 위해 감정을 숨기는 연기를 하다 보니 과도한 페르소나가 만들어진 것이다.

루이 14세부터 15세를 지나는 동안 프랑스는 왕권의 정점을 찍으며 강대국이 되었다. 베르사유에는 인간이 누릴 수 있는 모든 오락과 허영, 사치와 향락이 있었다. 루이 14세가 만들어 놓은 궁중이라는 브랜드는 독특한 프랑스의 문화적 원형을 만들었고, 이후 프랑스를 상징하는 모든 이미지는 여기서 시작한다고 보아도 틀리지 않다.

눈에 보이지 않는 '사치Luxe'를 상업화하는 데는 루이 14세의 절대적인 신임을 받던 재무장관 콜베르Jean-Baptiste Colbert(1619-1683)의 역할도 지대했다.

콜베르는 중상주의자로 프랑스가 부강해지기 위해서는 산업을 장려하고 해외 무역에서 우위를 선점할 수 있는 고품질의 상품을 만들어야 한다고 생각했다. 길드를 재편하여 장인을 키우고, 일정한 품질을 유지하기 위한 규정을 만들었다. 해군 출신인 그는 해외 무역을 선점하려면 좋은 배를 제조해야 한다고 생각했고, 동양과 북유럽을 향한 원거리 무역에 중점을 두었다. 1664년에는 중국과의 교역에 왕실의 특권을 부여한 동인도회사를 설립하기 위해 상인, 은행가, 투자자들을 모았다.

콜베르는 전 세계에 프랑스 장인정신의 명성을 높였다. 그리고는 이렇게 말했다. "프랑스의 패션은 페루의 스페인 금광에 빗댈 만한 국가의 자산이다." 이 말은 정확했다. 페루에 금광이 있던 스페인은 이후 국력이 쇠퇴해져 갔지만, 프랑스는 패션으로 세계를 손바닥 위에 올려놓았다.

1954년, 겔랑 향수의 회장이던 쟝-자끄 겔랑Jean-Jacque Guerlain은 이런 콜베르의 정신을 이어받아 '코미테 콜베르Comité Colbert'라는 럭셔리 브랜드 연합을 설립했다. 9세기경까지 역사가 거슬러 올라가는 업체부터 21세기 신생업체까지, 13개 분야로 나누어 프랑스의 라이프스타일과 이미지를 전 세계에 알리는 것이 목적이라 한다. 또한 신인 디자이너 발굴 콩쿠르를 개최하고, 모조품 방지법을 법제화하고, 마케팅 인재 육성을 위한 경영대학도 운영한다. 프랑스의 명품은 17세기부터의 국가 전략산업인 것이다.

이처럼 프랑스가 국가 브랜드를 만들어 온 전통은 통치자가 의도적으로 문화와 라이프스타일 자체를 디자인한 데서 시작되었다. 역대 통치자들은 모두 문화에 욕심을 부렸고, 이는 이데올로기와 정권이 바뀌어도 소홀한 적이 없었다. 루이 14세는 베르사유 궁전을 건축한 후 "옷만 깨끗하게 입고 온다면, 평민들도 궁에 입장할 수 있다"는 칙령을 발표했다. 세금으로 피를 빨아 헐벗고 살지언정 껍데기는 가꾸라는 역설인걸까. 혁명을 통해 민중을 해방한 프랑스가 현재는 흥청망청하던 왕정 시대로부터 받은 유산으로 먹고 사는 것이다. 인간의 욕망을 억누르지 않고, 있는대로 다 누리며 해본 시대가 있어 문화가 높아졌다는 아이러니다.

팜므파탈,
치명적인 트렌드세터

세상에는 돈만 있는 것이 아니예요.
모피와 보석도 있어요!
- 리즈 테일러

아름다움에 색이 빠질 수 없다. 여기에 끼가 겸비되면 '색과 끼', 즉 색끼가 있다고 표현한다. 색이란 시각적으로 선명하게 눈에 들어오는 사물의 형상이다. 끼는 시각적인 것과는 달리 좀 더 심리적, 무의식적인 영역에서 오는 것이다. 동양에서의 기氣와 유사하다. 색끼가 있다는 것은 멘탈 갑의 범접할 수 없는 강한 기운이 있어 치명적인 매력을 지닌다는 의미다. 우리나라 미디어에서도 가끔 쓰는 '팜므파탈Femme Fatale'이 바로 프랑스어로, 이런 거부할 수 없는 마력을 지닌 여성을 의미한다. 여기서 팜므Femme는 여성, 파탈Fatale은 '운명적인, 치명적인'이라는 뜻이다.

메소포타미아나 이집트까지 거슬러 올라가는 여성의 색과 끼에 관한 신화는, 성경에서는 이브가 되고 유럽에서는 아프로디테나 비너스가 되었다. 이 아름다움에 관한 신화는 수많은 광고와 영화, 화보 등에 등장하며 인간을 자극해 왔다. 어찌 보면, 문명은 이 색과 끼를 이용하고, 억제하고, 분출하며 이루어져 왔다. 그래서 미디어는 이런 이미지를 이용해 상품에 매력을 더하고, 소비를 부추기기 위해 부단히 노력한다.

역사 속에는 클레오파트라나 양귀비를 비롯해 수많은 팜므파탈이 등장한다. 그녀들은 한 세기에 한 명 나올까 말까 하게 홀연히 왔다가 명성만 남기고 갔는데, 17~18세기의 프랑스 궁정은 팜므파탈이 떼로 모여 우열을 가린 시기다. 온 나라의 내로라하는 인물들이 모여 먹고 놀며 연애하는 것이 일이었으니 그 관계의 피로도는 상상을 초월했다. 귀족사회에서 결혼의 의미는 정략적 이해관계였으므로, 더 좋은 기회가 있다면 결혼은 언제나 깨질 수 있는 거였다. 그래서 혼외 관계는 아주 흔한 일이었다. 왕과 왕비를 둘러싼 궁정의 여인들은 대놓고 유혹하고 시기하고 견제하며 팜므파탈 '짓' 하느라 세월을 보냈다.

궁정은 여성들 간의 보이지 않는 전쟁터였고, 온갖 지략과 속임수를 동원해서라도 권력자를 사로잡아야 했다. 궁극적인 목표는 물론 왕의 옆자리였다. 하지만 왕비건 후궁이건 한때 왕의 총애를 받는다고 해도, 빼어난 여인들이 넘쳐나는 궁 안에서 자리를 지키기 위한 노력은 피 말리는 것이었다. 이들은 변덕스러운 왕의 마음을 누가 오래 사로잡느냐를 겨루며 최고 후궁의 자리에 오르기 위해 경쟁했다. 그런데다 여염집 여자와 화류계 여인이 엄격하게 구분된 동양과는 달리, 프랑스의 궁정은 귀족 부인부터 매춘부까지 뒤엉켜 후궁 자리를 넘보았다.

남성들만의 사회에서 참정권도 없던 여성이 사회적인 욕구를 성취하기 위한 무기는 여성성 뿐이었다. 귀족 여성들은 정략결혼으로 사다리를 올랐고, 출신이 미천한 여성은 눈에 띄어 권력 주변으로 가는 것이 가장 빠른 길이었다.

이 중에는 뛰어난 미모에 지성까지 겸비한 여성들도 있었다. 오래 살아남기 위해서는 화무십일홍花無十日紅인 미모만으로는 버티기 어려웠다. 아름다운 여인들은 차고 넘쳤다. 그래서 야망있는 여성들은 시, 철학, 예술, 노래, 춤 등 다양한 교육을 받았고, 정치계의 거물이나 예술가, 작가, 학자들과 대화를 이끄는 데 능숙했다. 또한 실내를 꾸미고, 패션이나 관계지향적 모임에 집중하는 여성성이 극도로 발현되었다. 궁중은 거대한 연예계였고, 왕비와 후궁들은 워너비이자 완판녀였다. 그녀들이 입은 드레스와 헤어스타일, 좋아하는 음식, 만나는 사람들은 온 나라의 관심사였고, 소문을 타고 유럽 전역으로 퍼져나갔다. 이러다 보니 프랑스는 뼛속까지 여성성의 시대를 거친 나라이고 그 결과물이 로코코[Rococo]라는 사조로, 프랑스에서 태어난 가장 프랑스적인 문화예술이다. '유행의 도시 파리'의 신화는 이렇게 시작되었다.

수많은 궁정의 여성 중에서도 루이 15세의 연인이었던 퐁파두르 공작부인은 단연 독보적이었다. 그녀는 귀족이 아닌, 파리의 부르주아 가문에서 태어났다.

원래의 이름은 잔 앙투아네트 푸아송[Jeanne-Antoinette Poisson]으로 아버지는 어릴 때 사기 사건에 연루되어 독일로 떠나고, 어머니와 염문이 있던 대자본가의 밑에서 자랐다. 그런데 이 양아버지가 그녀에게 너무도 극진했던 것으로 보아 실은 숨겨진 친부였다는 설이 유력하다. 귀족이라는 신분만 없을 뿐, 양아버지는 그녀를 위해 내로라하는 선생을 불러 그림, 음악, 댄스, 노래 등 최고의 교육을 받게 했다. 여기에 어머니 친구의 살롱에 드나들며 유년기부터 사교계의 화술을 연마한다. 어느 날 어머니는 한 점성술가에게 잔의 운명을 점쳐달라고 했는데, 그녀가 훗날 국왕의 마음을 사로잡는 최고의 지위에 오를 것이라는 예언을 했다고 한다.

자태와 선이 아름다워 소문이 자자했던 잔은 20살에 양아버지의 사촌과 결혼해 파리에서 25㎞ 정도 떨어진 에티올의 성에 살게 되었다. 이곳은 국왕 루이 15세의 사냥터와 가까운 지역이었다. 그녀는 이곳에서 성을 개조해 살롱[Salon]을 연다. 그녀의 아름다움과 학식에 대한 소문은 곧 파리에 퍼졌고, 얼마 지나지 않아 사교계의 명사가 되었다. 온

도시의 셀러브리티가 이곳으로 모여들었고 그 가운데는 프랑스 계몽주의 사상의 중심이던 볼테르Voltaire도 끼어 있었다. 그녀에 관한 이야기는 국왕에게까지 전해졌다.

운명의 순간은 갑자기 다가왔다. 황태자와 스페인 공주의 결혼으로 베르사유에서 열린 가장무도회에 그녀가 초대된 것이다! 그녀는 사냥의 여신 다이애나로 분장했다. 이 무도회에서 루이 15세는 가까운 궁인들과 함께 나뭇가지로 분장을 했다. 자연스레 사냥의 여신과 나무들이 만나게 되고, 잔과 국왕은 궁 안에 둘만 있는 듯 낮은 목소리로 대화를 이어갔다. 모두가 주목했다.

3일 후 왕실 대변인은 잔과 국왕의 결합을 기념하는 무도회를 열었고, 얼마 지나지 않아 그녀는 베르사유에 입성했다. 남편과는 이혼한 23세의 잔에게 국왕은 퐁파두르 후작부인Marquise de Pompadour의 작위를 내렸다.

귀족이 아니면서 후작부인이 되어 왕의 총애를 독차지한 퐁파두르는 적으로 둘러싸였다. 하지만 머리가 좋은 그녀는 금방 처세술을 익혔고, 음해 세력에 정면 혹은 측면으로 대처하는 기술을 배웠다. 그리고는 천천히 왕의 외교에서부터 내정까지 손을 뻗어 왕실에서 그녀를 통하지 않으면 국정이 되지 않을 정도로 수완을 발휘한다.

특이한 것은 수많은 음모와 여론, 실정에도 불구하고 루이 15세가 죽을 때까지 그녀를 사랑했다는 것이다. 몸이 약한 그녀는 특별히 왕을 육체적으로 유혹하지 않았다. 화사하고 섬세한 로코코Rococo 스타일의 장식예술, 프랑스가 자랑하는 세브르Sèvres 도자기, 와인과 요리 등 우아한 생활을 함께하는 진정한 동반자가 되었던 거다.

루이 15세의 왕세자빈인 마리 앙투아네트Marie Antoinette와 퐁파두르 부인은 서로 싫어했다. 평민 출신으로 노력해서 그 지위에 오른 퐁파두르와, 오스트리아 여왕의 딸인 마리 앙투아네트는 공통점이라고는 없었기 때문이다.

태어나 보니 오스트리아의 공주였던 마리 앙투아네트는 세상 물정엔 관심도 없었고, 사치가 곧 일상이었다. 어린 나이에 시집와 프랑스어는 서툴고, 고국과는 달리 예의범절 따지며 가식 떠는 궁정 사람들과의 관계, 게다가 옷 입고 화장하는 일부터 모든 일상이 대중에게 공개되는 궁정 생활은 세월이 가도 적응하기 어려웠다. 여기에 왕비를 구경하러 몰려드는 군중의 시선은 지옥의 철창 같았다.

그녀는 이 모든 스트레스를 사치로 풀었다. 구경꾼들에게 볼거리를 던져주듯, 패션이나 헤어스타일 등 외모를 과도하게 연출하고 매일 밤 파티를 열었다. 게르만 합스부르크 혈통의 늘씬한 그녀는 프랑스 궁정에서는 볼 수 없던 스타일로 눈에 띄었고, 사람들은 뒤에서 '그 오스트리아 촌뜨기'라 수군대며 뒷담화를 해댔다. 하지만 다음날이면 여지없이 모두 왕비 스타일을 하고 궁정에 나오곤 하는 것이다. 아무튼 우리가 동화책에서 보는 대부분의 드레스는 모두 이 시대의 의상이라고 보면 된다.

그녀가 당시에 유행시킨 것 중 하나가 회화에서도 자주 보이는 푸프Pouf라는 헤어스타일이다. 머리를 엄청나게 높이 부풀리고, 흰색이나 회색의 파우더를 뿌린 뒤 그 위에 보석과 타조 깃털로 장식한 과도한 스타일인데, 곧 전 유럽 귀부인들의 머리 모양을 바꾸어 놓았다. 게다가 당시는 허리를 조이고 스커트를 부풀리는 고래뼈로 만든 딱딱한 속옷이 유행했는데, 그녀는 이를 착용하는 것을 싫어했다. 대신, 가슴을 높이 올려주면서 뒤에 주름을 잡아 부풀린 폴로네즈 스타일의 드레스Robe à la Polonaise라던가, 헐렁한 슈미즈 아 라 렌느Chemises à la Reine 등의 스타일을 최초로 시도해 유행을 선도했다.

왕비의 의상을 담당하던 로즈 베르텡Rose Bertin은 당시 신임을 받던 최측근으로 '왕비의 패션 장관'이라 불렸다. 봉제가 남성의 영역이던 시대에, 프랑스 최초의 여성 오트쿠튀르Haute-Couture가 등장한 것이다.

로즈 베르텡은 왕실 모자를 납품하는 수공업자 밑에서 수습생으로 일하다가 귀부인들과 친분을 쌓아 1770년 파리 성 밖의 포부르 생토노레에 '르 그랑 모골Le Grand Mogol'이란 의상실을 열었다(이 시대에는 성 밖이던 곳이 현재는 명품숍이 즐비한 거리가 되었다).

창의력과 사업수완이 좋은 그녀는 곧 파리의 사교계를 사로잡았고,

30명이 넘는 장인을 고용하고 수백 명의 납품업자와 일하게 된다. 감각이 좋은 그녀는 짧은 망토, 여성용 외투, 주름 잡힌 베일 등 세련미 넘치는 옷과 다양하고도 화려한 모자를 디자인해, 전 유럽 귀족을 고객으로 끌어들였다. 로즈 베르탱이 길을 튼 오트쿠튀르는 혁명과 함께 잠시 숨을 죽이지만, 이는 나비의 화려한 부활을 향한 번데기의 겸손이었다.

혁명과 함께 색과 끼로 무장했던 궁정의 여인들은 사라졌지만, 그 색과 끼는 후손들의 DNA에 남았다. 강인해지고 사회적 위치를 찾은 여성들은 자기의 의지로 인생의 목표를 정하고 창의력을 발휘하며 세상을 휘어잡는 팜므파탈로 탈바꿈한 것이다.

살롱문화,
은밀한 초대와 그들만의 리그

살롱에 있는 여성은 꽃다발 안의 한 송이 꽃이다.
하지만 집에서 그녀는 꽃다발 그 자체다.
- 알퐁스 카

어느 시대나 권력자 주변에는 여성들이 모여들었고, 그녀들 사이의 알력과 질투는 수많은 드라마를 만들어냈다. 그런데 그중에서도 프랑스 귀족문화는 아주 특이한 점이 있었다. 바로 당대의 가장 잘나가는 여성들이 이끈 살롱Salon이라는 사교클럽 때문이다.

살롱은 프랑스어로 손님을 맞는 '응접실'이라는 뜻인데, 현대에는 비즈니스 박람회, 미용실이나 찻집에도 쓰인다. 어찌 되었건 사람이 많이 모여 교류하는 장場이 살롱이다. 게다가 우리나라에서 폄하된 마담이란 호칭 역시 프랑스어로 결혼한 귀부인을 높여 부르는 존칭어이다.

학교에서 선생님한테도 마담이라 하고, 사장님 부인한테도 마담이라고 한다. 처음 본 여성이면 대부분 교육받은 사람들은 결혼 여부와 관계없이 무조건 마담을 붙인다. 영어의 Lady나 Mrs. 보다 더욱 존중이 뚝뚝 떨어지는데 왜 일본이나 우리나라에서는 저급하게 쓰이게 되었는지 알다가도 모를 일이다.

루이 14세가 절대왕권을 확립하고 베르사유가 온 유럽의 중심이 되면서 '살롱'이라는 지적인 사교모임이 싹트기 시작한다. 르네상스 시대의 이탈리아 도시국가에도 당대의 내로라하는 학자들과 예술가들이 초대받기는 했지만, 통치자나 성직자인 남성 중심의 문예교류나 후원이었고, 간혹 뛰어난 여성이 있긴 했어도 그 역할은 소극적이었다.

하지만 루이 14세 때부터 프랑스에는 학식 있는 여성 엘리트들이 나오기 시작한다. 물론 여전히 지성적인 여성이 성취감을 얻을 수 있는 길은 극히 드물었지만 말이다. 그저 마담 아무개로, 하는 일이라고는 외모를 치장하고 입궁해서는 종일 왕비나 후궁들의 신변잡기에 관심을 두며 뒷담화하는 일뿐이었다. 그래서 시작된 것이 살롱이다.

지적이고 우아한 부인들은 스스로 선택한 사람들만 자신의 집으로 초대해서 모임을 주도하기 시작한다. 사회에서 바라는 '안주인'이라는 여성의 위치를 크게 벗어나지 않으면서, 다양한 사람들과 교류하며 존재감을 드러내는 것이다. 이렇게 시작한 살롱은 곧 유행이 되고, 남성이나 평민들 사이에서도 생기면서 프랑스만의 독특한 사교문화를 만들었다.

르네상스와 신고전주의 양식이 가미된 파리의 저택들을 '오뗄 파르티퀼리에Hôtel Particulier'라 한다. Hôtel은 말 그대로 호텔이고, Particulier는 '특별한'이라는 의미이니 '호텔같이 웅장하고 화려한 저택' 정도로 생각하면 될 것이다. 이런 오뗄 파르티퀼리에들이 아지트가 되었고, 주제는 아주 다양해서 시사에서부터 철학, 문학, 예술, 도덕 등 선호하는 주제에 따라 인기가 있는 곳이 있었다. 지금으로 말하면 오프라인 동호회 또는 사이버 공간의 플랫폼 역할을 한 것이다.

살롱들은 저마다 철저하게 주제에 걸맞은 인사들을 선별해 품격을 높이려 노력했다. 토론과 대화를 진행하기 위해 강연자와 패널들, 당대의 셀럽을 초대했고, 정장을 차려입은 시종들이 음료나 책 등을 제공해 우아한 분위기를 한껏 연출한 것이다.

최초의 살롱이 만들어진 것은 1608년 파리에서였다. 프랑스 부르봉Bourbon 왕조를 연 앙리 4세 때만 해도 궁정은 거친 기사들의 무대였다. 말투도 예의범절도 아직 중세의 티를 벗지 못하고 천박했다.

이런 지난 시대의 문화에 염증을 느낀 여성 중 랑부예 후작부인은 스스로 탈출구를 찾았다. 어린 나이에 결혼하여 파리 생활을 하며 건강도 좋지 않은데다 궁정의 풍속에 염증을 느껴 저택에 칩거하던 차였다. 집으로 마음이 맞는 사람들을 끌어모으기 시작한 것이다.

최초에는 아름다운 프랑스어를 구사하기 위해 '파란 방Chambre Bleue'이라는 문학 살롱으로 시작했다. 감각이 뛰어났던 그녀는 저택을 아름다운 인테리어로 개조하는데, 직접 설계하고 디자인을 해 당대에 신선한 충격을 주었다. 방을 연속적으로 배치하고 거실에는 마루에서부터 천장까지 큰 창을 내었다. 그녀의 인테리어를 보고 정권의 실세였던 왕비 마리 드 메디치가 룩셈부르크 성의 개조를 자문했을 정도였다.

지금은 사라졌지만, 명품숍이 줄지어 있는 파리 1구의 생토노레와 팔레로얄Palais-Royal 사이 어딘가에 있던 랑부예 저택은 곧 인기를 끌었다. 미모에, 지적이고 여러 외국어를 구사하는데다 대중을 좌지우지하는 카리스마까지 있으니 금상첨화였다.

온통 파랗게 칠했다는 '파란 방'은 곧 유명해졌다. 이곳은 귀족 자제들, 문학가, 예술가 등 당대 최고의 사람들만 초대받을 수 있었기 때문이다. 궁중의 암투에 질린 그들은 이곳에서 취미와 예절, 책 그리고 이국의 문화를 논했고, 연극이나 음악을 감상하며 정신적인 휴식을 취했다. 그러다 보니 다른 스트레스가 생겼는데, 모두가 극도로 세련되어 말 한마디라도 고급스럽고 멋지게 표현하려고 엄청난 노력을 해야 했다는 거다. 결과적으로 프랑스어가 아름다워지는 데 많은 영향을 주었지만, 당대의 몰리에르 같은 유명한 극작가는 이 살롱을 드나들던 사람들의 과도한 우아함을 비꼬기도 하였다. 게다가 당시의 살롱을 남성들이 주로 드나들었던 것과는 대조로 랑부예 부인의 살롱은 여성들에 개방적이어서, 식견을 넓히고 지적인 발전을 하는 데도 영향을 주었다. 하지만 뒤집어 생각하면, 젊고 아름답고 지적인 여성들이 있는 곳에 신사들이 들끓는 것은 당연한 이치라는 것을 랑부예 부인이 몰랐을 리 없다.

18, 19세기 프랑스 사교계는 살롱의 전성기였다. 우아한 손짓을 쓰면서, 토론 좋아하고 기지와 재치, 유머를 높이 평가하는 프랑스의 대화 기술은 바로 이 살롱문화의 전통이 만들어낸 것이다. 아이러니한 것은 가장 사치스럽고 귀족적인 이 살롱에서 프랑스 대혁명의 밑거름이 된 계몽사상이 태어났다는 것이다. 라파예트 같은 귀족 뿐 아니라 볼테르나, 루소, 로베스피에르나 당통, 마라 같은 혁명가들도 자신들의 취향과 맞는 살롱을 드나들었으니 말이다.

사교계를 통해 왕을 알현하게 되고, 권력의 핵심에까지 도달한 퐁파두르 부인 역시 사치스러운 생활과는 별개로, 혁명의 밑거름이 되었던 계몽사상에 관심을 두기도 했다. 귀족 출신이 아니었기에 깊은 의식 속에 진보적 성향이 남아 있었을지도 모른다. 그녀는 새로운 시대를 열어가던 장 자크 루소, 볼테르, 또 〈백서〉를 편찬하던 디데로 등과 교류하며 후원하였다. 게다가 파리로 망명해온 카사노바도 퐁파두르의 눈에 들어 파리의 사교계에 데뷔하고 국왕까지 알현했다. 살롱문화가 꽃피고 있었던 파리의 사교계에서 유혹의 마술사 카사노바는 물 만난 고기였다. 그가 말년에 자서전을 모국어인 이탈리아어가 아닌 프랑스어로 썼던 것은 아마도 프랑스 문화를 최고로 여겨서였을 것이다.

19세기가 되며 대혁명이라는 비극을 맛본 프랑스였지만, 살롱은 여전히 파리지엥의 삶을 지배했다. 모든 지도층 인사들과 예술가들, 외국의 셀럽들이 인맥을 위해 살롱을 드나들었고 사교적인 성격이 더욱 강해졌다. 그러니 이 바닥에서 행세하려면 잘 차려입어야 했다. 상점을 연 파리의 장인들은 더욱 바빠졌다. 우아하게 겉모습을 가꾸는 것도 투자인 것은 예나 지금이나 변함이 없다.

산업화 시대가 되며 가문이나 능력보다는 돈이 계급을 나누는 시대가 되자, 금수저가 아닌 젊은이들은 성공을 위해 양자택일을 해야 했다. 물려받은 재산이 많은 이들은 출발선이 달랐고, 가진 것 없는 젊음은 '부르주아'라는 목표를 향해 끝이 보이지 않는 계단을 올라야 했다. 이 길은 노력해도 정상은 보이지 않고, 한 계단 한 계단 오르는데 너무 오랜 시간이 걸렸다. 그래서 영리한 엘리트들은 빠른 길을 선택하곤 했다. 사교계를 통하는 것이다. 아름다운 귀부인들과 상류층 인사들이 모이는 살롱은 그들이 엘리베이터를 탈 수 있는 발판이었다. 재력과 인맥을 가진 귀부인의 눈에 드는 것은 미래와 성공을 보장하는 지름길이었다.

스탕달의 소설 〈적과 흑〉은 이 시대 젊은이의 초상이다. 야망에 가득 찬 청년 줄리앙 소렐은 별 볼일 없는 현재 위치에서 도약하기 위해 몸을 던져 사교계의 한복판으로 뛰어든다. 야심은 좀 더 잔혹해야 힘을 발휘하는데, 사랑이라는 감정이 개입해 결국 목표의 문턱에서 좌절되고 말지만.

그뿐 아니라 발자크Balzac의 소설 〈고리오 영감〉의 주인공인 라스티냐크는 파리에서 공부하고 있는 20살의 법대생이다. 그런데 시골집에서 돈이 올라오자마자 양복점으로 달려가 옷부터 맞춘다. 사교계에 발을 들여놓기 위해서였다. 파리의 사교계에서 의상이란 살아남기 위해 배워야 하고 입어야 하는 생존 도구였기 때문이다.

반대로, 혁명으로 몰락한 귀족 가문 자제들은 가진 것 없이, 허영과 높은 교육 수준, 예술에 대한 감각만 퍼렇게 살아있었다. 보호해주던 가문이라는 보호막이 사라지고 차가운 세상에 내동댕이쳐진다. 막대한 부를 축적한 부르주아나, 사회의 지도층 인사가 되기 위해 평민들과 똑같이 경쟁해야 하는 시대가 온 것이다.

이제 어떻게 그 사치와 우아함을 유지하며 살아갈 것인가? 가진 거라고는 속된 말로 '가오' 뿐인 이들이 택하는 것은 사교계에서 성공하는 길이었다. 지식을 뽐내며 가식적인 웃음을 짓는 사교계에서 이들은 몸에 밴 기품으로 눈에 띄었기 때문이다.

20세기는 수공업에서 시작한 장인이 아닌, 이런 환경에서 자란 젊은이들이 2세대 명품산업의 주역으로 떠오른다. 1세대의 장인들 이후에 등장한 샤넬이나 크리스챤 디올, 입생로랑 등은 한 땀 한 땀 제품을 직접 만들던 투박한 기술자들과는 달랐다. 중세 장인의 마지막 계보를 잇던 티에리 에르메스나 루이비통, 구찌, 페라가모 등과는 달리, 예술적 재능에 세련된 취향까지 장착한 이들은 자체가 세련된 살롱의 안주인이자, 그 시대의 셀럽이었다. 출신 성분과 상관없이 사교계에서 뼈가 굵은 이들은 상류층의 속성을 누구보다 잘 알고 있었고, 폭넓은 교류로 교양을 쌓았다. 고객들을 직접 맞으며 대화를 이끌고, 직접 가봉을 했다. 파리의 사교계는 오트쿠튀르 살롱을 중심으로 움직일 정도였다. 빛의 도시, 행복만이 있을 것 같은 이 도시를 동경하며, 유럽의 부르주아들은 파리에서 발간되는 패션 잡지를 구독하고, 바다 건너 미국 여성들은 넋을 잃어가고 있었다.

파리의 샹젤리제와 몽테뉴가, 방돔 광장, 생토노레 주변은 과거에 귀족이나 부르주아의 웅장한 저택이 즐비했던 곳으로 지금도 최고의 호텔과 상류층의 삶이 있는 지역이다. 고풍스러운 외관과 높은 천장, 이층으로 올라가는 대리석의 계단, 우아하게 고객을 맞는 직원들의 섬세하고도 거만한 몸짓은 19세기 귀부인이 환생한 것처럼 범접할 수 없는 아우라를 내뿜기조차 한다. 철저하게 교육받은 계산된 제스처지만, 실제로 몽테뉴가에서 일하는 사람들은 살롱 귀부인의 마술에 걸린 것 같다. 정말 자신이 살롱의 여주인인 듯 확신에 차야 그곳을 드나드는 최고의 상류층을 상대할 수 있기 때문이다.

서울에서 몇 번 디자이너 부티크에서 열리는 소규모 패션쇼에 참석할 기회가 있었다. 한 시즌이 시작되기 전

VIP 고객들을 위한 파티를 겸한 쇼였다. 입구에서는 유니폼을 입은 점원들이 일렬로 서서 고객을 맞이한다. 내부는 계단의 난간과 벽을 온통 꽃과 레이스로 장식했다. 홀의 중앙에는 앤티크 의자들이 20개쯤 놓여있고, 아름다운 테이블에 다양한 핑거푸드와 샴페인, 차 등이 세팅되어 있다. 고객들이 자리에 앉으면 그날의 사회를 맡은 아나운서가 인사를 한다. 그리고는 작은 런웨이가 시작되는 것이다. 모델들이 꽃 사이를 지나 고객들 앞에서 포즈를 취할 때마다 아나운서는 콘셉트와 색감, 원단 등에 관해 설명한다. 30분 정도 지나 쇼가 지루해질 때쯤이면, 세팅된 테이블에서 자유롭게 담소하며 와인을 마시는데, 이때 안쪽의 문이 열리며 누군가가 모델이 입었던 의상이 걸린 행거를 밀고 나오는 것이다. 테이블 주변에 있던 손님들은 자유롭게 다가가 촉감이나 디자인을 눈여겨보고 피팅룸에서 입어보기도 한다. 그리고는 마음에 드는 샘플을 주문하는 것이다. 파리의 디자이너 메종과 꼭 닮은 이런 쇼는 지난 세기 살롱의 모습과 똑 닮았다.

이제는 파리에서도 디자이너가 직접 가봉을 해주며 소규모의 패션쇼를 하는 오트쿠튀르 부티크는 거의 사라지고 대기업의 플래그숍으로 변모했다. 하지만 아직도 전 세계의 제트족들은 그 뒤편에서 과거 귀부인들의 살롱을 경험하며 그들만의 세계를 이어간다.

부르주아,
탐미적 문화를 창조하다

수학자는 프랑스 사람과 같다.
그들은 어떤 새로운 단어건 즉시 그것을 자기네 언어로 바꾸는데,
그 순간 이는 완전히 다른 무엇이 된다.
- 괴테

부르봉 왕실과 귀족은 부귀영화가 영원히 지속되리라 믿었다. '괴물' 처럼, 보이지 않는 강바닥에서 불안이 스멀스멀 올라오고 있었지만 아둔한 루이 16세와 세상 물정 모르는 왕비 마리 앙투아네트는 보고 싶은 것만 보았다.

성적정체성이 모호한 루이 16세와의 불행한 결혼생활에 지치고, 교활한 궁정에서 따돌림 당하던 외국인 왕비는 외로움을 달래기 위해 패션과 파티에 몰두했다. 역사가들은 이전의 왕실에 비해 루이 16세 부부가 쓴 세금이 크게 사치스러운 것이 아니었다고 한다. 하지만 앙투아네트 왕비는 움직임마다 스캔들에 주변의 질투가 더해져 소문이 과장되다 보니 국민 민폐의 대상이 되기에 이르렀다. 성난 군중이 베르사유궁 앞에서 "배가 고프니 빵을 달라"고 울부짖을 때, 왕비는 천진난만한 얼굴로 "빵이 없으면 케이크를 먹으면 되잖아?"라고 했다는 일화는 유명한데, 사실 이도 악의적인 소문이었다는 것이 정설이다. 정치적으로 여론을 유도하기 위해 누군가에게 화살을 돌리려는 음모는 어느 시대나 있었다.

언제나 문제는 있지만, 프랑스 구체제는 눈에 뜨이게 문제 투성이였다. 제1신분이 성직자, 제2신분이 귀족, 나머지가 평민인 제3신분으로 엄격하게 나뉘어 있었는데, 전 국민의 5% 밖에 되지 않는 귀족과 성직자가 프랑스 국토의 대부분과 부富를 차지하고, 세금은 내지 않은 것이다. 게다가 나머지 95%의 평민은 참정권도 없이 노동과 납세의 의무만 있었다. 문제는 귀족층과 평민의 비율은 중세 이후로 별로 바뀌지 않았지만, 이 95%의 의식 수준이 바뀌었다는 것이다.

중세의 민중은 문맹에다 무지했고, 경건한 가톨릭 공동체에 소속되어 있었다. 하지만 18세기 말 계몽주의 사상이 퍼지던 루이 16세 시대의 국민은 질적으로 달랐다.

르네상스 이후 점차 성장하기 시작한 부르주아Bourgeois 계층은 사회의 불평등을 명확하게 보고 있었다. 원거리 무역으로 돈을 번 부유한 상인들, 교육받고 사회의 지도층으로 올라간 법률가, 교수, 실업가 등은 출세욕과 지성으로 무장되어 있었지만, 성직자나 귀족의 신분은 유리 천장이었다.

이 당시 사회적인 명망을 얻던 루소나 몽테스키외, 존 로크, 볼테르 등의 사상은 사회의 불합리와 국민의 권리에 대해 생각하게 했고, 부르주아뿐 아니라, 수공업자, 노동자, 농노들을 깨우치기 시작했다. 누가 먼저랄 것도 없이 계몽사상은 들불처럼 번져나갔다. 민중의 적개심은 왕실, 그중에서도 자신들이 낸 세금으로 사치를 일삼는다는 앙투아네트 왕비를 향하고 있었다.

1789년 프랑스 대혁명은 강 바닥으로부터 스멀스멀 자라나며 정신을 무장한 부르주아가 민중을 일깨우며 이루어진 것이다. 혁명은 파리 시민이 바스티유 감옥을 습격하면서 본격적으로 불이 붙었다. 바스티유는 반역죄를 저지른 정치범들을 수용하는 감옥으로, 왕정의 절대적인 힘을 상징했기 때문이다. 이를 탈취한다는 것은 억압자에 대항해 주권이 국민에게 있음을 세상에 천명한 것이었다. 이로써 왕궁의 불꽃놀이는 끝났다. 부르봉 왕조의 루이 16세와 왕비 마리 앙투아네트는 체포되어 옥고를 치르다 형장의 이슬로 사라졌다. 대부분의 귀족도 참수를 당하거나 외국으로 망명길에 올랐다.

프랑스 대혁명은 유럽의 한 나라 프랑스에서 일어난 일이었지만 인류의 삶에 던진 의미는 실로 방대했다. 인류 역사상 처음으로 민중이 집권자에 직접 대항해, 국가의 주권이 국민에게 있다는 것을 힘으로 천명한 사건이었기 때문이다. 이후 너무 놀란 지구 위에 왕정이 남아있는 곳은 손가락으로 꼽을 정도가 되었으니 말이다.

프랑스 대혁명은 민주주의의 시발점이었고, 자유, 평등, 박애라는 정신은 프랑스 국기의 파랑, 빨강, 흰색으로 상징되고 있다. 혁명 이후 프랑스는 혁명과 반동, 나폴레옹의 집권, 왕정복고가 반복되면서, 낡은 사상과 새로운 사상, 구체제와 새로운 체제가 치열한 다툼을 하며 민주주의로 나아간다.

빈자리는 곧 채워지기 마련이다. 귀족이 몰락한 자리에 부르주아가 사회의 주요 상류층으로 떠오른다. 상업을 통해 사회적 지위를 획득한 부르주아는 곧 재력으로 정치에 개입하며, 새로운 세상의 주역이 되었다. 그런데 이들은 부와 명예, 권력을 소유했지만 단 하나 갖지 못한 것이 있었다. 오랜 전통으로 축적된 귀족의 고상한 '후광'이었다. 귀족 출신은 몰락했는데도 어딘가에 범접할 수 없는 위엄과 귀티가 났다. 그 범접할 수 없음이란 남을 부리며 살아온 사람들의 몸에 배어 있는 세상을 발 아래로 보는 시선이었을 것이다.

필요는 공급을 낳았다. 그 고상함에 마음을 빼앗긴 부르주아는 돈으로 귀족의 삶을 살 수 있다고 믿게 되었다. 어떤 이는 몰락한 귀족 가문과 혼인을 통해 심리적인 신분 상승을 꾀했고, 어떤 이는 과거 귀족이 썼던 물건이나 라이프스타일을 모방하기 시작했다. 역으로 몰락한 귀족 가문의 젊은이들은 그들대로의 상실감과 생활고로 자신을 상품화하기도 했다. 가진 것이라고는 우아한 몸뚱이 밖에 남지 않았기 때문이다. 그래서 문학 작품에는 가진 것 없는 귀족 가문의 미남자가 돈 많은 부르주아 부인의 정부가 되는 이야기라든가, 돈 많은 늙은 부르주아가 가난한 귀족 처녀와 결혼하는 이야기가 자주 등장한다.

게다가 왕족이나 귀족이 처형되거나 망명을 떠나자 예술가나 문학가에 대한 후원은 끊어졌고, 궁정에서 일하던 요리사, 재봉사, 구두장이 등은 졸지에 실업자가 되었다. 배운 것이 도둑질이라고, 먹고 살기 위해 이들은 파리 곳곳에 가게를 차리고 영업을 시작한다. 파리 곳곳에는 갤러리가 생기고 화가는 그림을 팔아야 했다. 궁중 요리사들은 파리 시내에 레스토랑을 차리고, 귀부인들의 옷을 짓던 의상실은 일반 부인들까지 고객을 확장했다.

귀족의 삶이 길거리로 나오자, 파리는 곧 유럽과 아메리카의 상류층이 드나드는 명소로 떠오르게 된다. 텅 빈 국고만 물려받은 이탈리아와 달리, 프랑스는 문화라는 위대한 유산을 민중의 머리 위로 쏟아낸 것이다. 레스토랑이나 예술가라는 말도 이 시대에 생겼다.

프랑스 귀족이 누렸던 당대의 사치가 그들만의 유희로 끝났다면 오늘날의 명품 대국 프랑스는 없었을 것이다. 프랑스 문화의 폭발력은 혁명을 겪으면서 고급문화가 민중 속으로 스며들어 평준화되며 국민의 문화 수준이 높아지게 되었다는 데에 있다. 뱁새가 황새 따라잡으려는 부르주아들의 급격한 문화 습득은 스노비즘Snobism이라는 현상을 낳았다. 스노비즘이란 '출신이나 학식을 자랑하며 고상한 체하는 속물근성'을 말한다. 부를 축적해 갑자기 상류사회에 진입한 부르주아가 언어나, 패션, 라이프스타일 등을 전통이 있는 양 귀족의 흉내를 낸 것이다. 몸에 밴 것이 아니라 쉽게 바닥이 보이지만, 19세기 유럽 사교계의 속물근성은 극도로 세련된 감각을 키웠고, 부르주아 특유의 탐미적인 문화를 창조했다. 최상위의 문화가 민주화, 평준화되어 길거리로 쏟아져 나온 예는 전무후무했다. 이는 프랑스의 클래식한 예술이 자유로운 거리의 감성과 쉽게 연결되는 전통을 설명할 수 있는 모티브가 된다.

명품의 도시 파리가 형성된 배경에는 프랑스의 산업적 특성도 한몫 했다. 19세기 산업 혁명의 발원지였던 영국과 달리 농업국가로서 안정된 경제적 기반을 갖췄던 프랑스는 산업혁명에서 살짝 비켜나 있었다. 방직기술에서 눈부신 발명을 이룬 영국이 이 기술을 봉쇄하자, 영국과의 경쟁을 꺼린 것도 원인이 되었다.

프랑스는 블루오션을 찾아 실크, 망사, 레이스 등 특수원단 제작에 주력하면서 최고가의 고급 의상을 공략했고, 문화적 배경이 맞물려져 전화위복이 된 것이다. 나폴레옹 시대인 1800년도 중반부터 파리에는 2400여 개의 의상실이 영업할 정도로 세계 패션의 메카로 자리매김했다. 그중 유명한 가게는 고객도 골라가며 받았다. 첫눈에 봐서 시골뜨기이거나 개인 마차가 없는 사람들에게는 아예 옷을 팔지도 않는 텃세를 부릴 정도였다고 한다. 파리는 이렇게 빛의 도시Ville de Lumière로 떠올랐다.

폐쇄적이고 자기들만의 서클에서 즐기던 귀족계층과 달리, 부르주아는 상업을 발판으로 사회의 중심축이 된 집단이다. 그러다 보니 문화 예술도 상업적이고 대중적인 면을 띄게 되었다. 오페라나 발레 공연도 입장권을 사면 누구나 관람할 수 있게 되었고, 저잣거리의 가벼운 공연들도 예술의 이름으로 무대에 올랐다. 그중에서도 대중의 소비 욕구를 가장 자극한 것은 바로 모든 물건을 한 곳에 모아놓고 팔기 시작한 '백화점'의 출현이었다. 이는 자본주의가 행한 '신의 한 수'였다.

프랑스 대혁명 이후 반 세기 정도가 지난 1852년 파리 7구에 최초의 백화점인 '봉 마르셰Bon Marché'가 문을 열었다. 마치 오페라하우스 같은 외관인데, 입장료도 없이 누구나 들어갈 수 있는 어마어마한 규모의 상점이었던 거다.

궁전 같은 고풍스러운 건물에 호화로운 실내장식, 유리 쇼윈도 너머로 보이는 고급스런 상품들, 신데렐라가 꿈꾸었던 모든 사치가 거기 있었다. 이는 팜므파탈의 치명적인 유혹처럼 대중을 유혹했다. 누구나 들어가서 직접 입어보고 만질 수 있는 공간에서 여성들은 들떴고, 그 물건들을 사면 영원한 행복이 기다릴 것 같았다. 누구에게나 열린 백화점은 악마가 광야의 예수를 유혹하듯, '당신도 돈을 벌어. 노력하면 이 모든 것을 가질 수 있어' 라고 속삭였다.

에밀 졸라Emile Zola(1840–1902)는 당시 파리의 백화점인 봉 마르셰와 르 루브르Le Louvre를 배경으로 한 소설 〈여인들의 행복 백화점Au Bonheur des Dames〉에서 아래와 같이 묘사했다. 그는 새로 생겨난 자본주의의 메카인 백화점을 '상업의 대성당Le Cathedral de Commerce'이라고 표현한다.

"백화점은 앞다투어 경쟁적으로 여성의 마음을 빼앗고자 애썼다. 화려한 쇼윈도로 여성을 현혹한 다음, 사시사철 이어지는 바겐세일의 덫으로 그녀들을 유혹했다. 그러면서 여성의 육체 속에 새로운 욕망을 주입했다. 그 모든 것은 여성이 필연적으로 굴복할 수밖에 없는 거대한 유혹으로 다가왔다."

사치의 왕국에서 공주가 주변을 향해, "얘들아, 이 세상에서 누가 제일 예쁘니?"라고 물으면 "당연히 공주님이 가장 아름답습니다"라고 머리를 조아리던 대중은, 이제 백화점 안에서 "나도 저 물건을 손에 넣으면 너처럼 아름다울 수 있어"라는 인간의 욕망을 스멀스멀 키우기 시작한 것이다.

과거 귀족만이 독점하던 사치품들은 부르주아의 손을 거쳐 낙숫물

떨어지듯이 이제 대중의 곁으로 내려왔다. 프랑스 귀족의 사치와 불평등의 상징이었던 루이 14세가 "옷만 깨끗하게 입고 온다면, 평민들도 모두 궁에 입장시켜라"고 내렸던 칙령은 여전히 유효했다. 전 지구의 모든 평민은 프랑스의 명품을 사러 너도나도 파리라는 거대한 백화점에 입장하기 시작했다.

자본주의, 끊임없이 '머스트 해브'를 부추기는 내면의 목소리

사치는 만들어진 빈곤이다.
- 소크라테스

이미 한번 시작된 자본주의의 동력은 시계추와 같았다. 멈출 수가 없다. 사람을 고용해 공장이 세워진 이상, 누군가는 물건을 계속 만들고 누군가는 계속 사야 유지가 된다. 게다가 임금과 물가는 계속 인상되므로 경제도 계속 성장을 해야 시스템이 유지된다. 시계가 고장나거나 부서져야 멈추듯, 지구가 망하기 전까지는 경제의 성장을 멈출 수가 없는 것이다.

자본주의의 출발은 르네상스였다. 르네상스는 서구의 세계관을 180도 바꿔놨다. 코페르니쿠스와 갈릴레이는 지구가 태양을 돌고있다 했고, 콜럼버스는 아메리카 대륙을 발견했으며, 구텐베르크는 인쇄술을 발명하고, 루터는 종교개혁을 하였다. 이렇게 시작된 인간의 실험정신은 과학과 기술의 발달로 이어져 19세기의 산업혁명을 가져온다.

기후가 좋지 않아 농업보다는 직물 수공업이 발달했던 영국에서 시작된 이 새 물결은 독일과 북유럽으로 확산되었다. 기계는 인간의 노동을 덜어주고 물건을 대량으로 생산할 수 있게 했다. 공장을 소유한 부르주아는 엄청난 부를 축적해 대자본가가 되고, 사업 분야를 넓혀 부를 늘리는 데 혈안이 되었다.

금융자본주의 시대가 도래하며 글로벌 주식시장이 열리고 전 세계가 하나의 금융권 아래 돌아가면서 돈 놓고 돈 먹는 투기꾼들의 세상이 되었다. 자금 압박을 받던 가족 단위의 회사들이 상장하자, 노련한 기업 사냥꾼들은 그저 바구니에 쓸어 담기만 하면 되었다. 이재에 밝지 못한 브랜드는 대부분 대기업으로 넘어갔다. 1980년대에는 대부분의 명품 브랜드가 창업자의 손을 떠난다.

오늘날 명품은 '브랜드'라는 상징 아래 찬란한 장인들의 아우라만 남았다. 과거 창업자들이 이름을 내걸었던 메종은 이제 다국적 기업의 계열사일 뿐 창업자 가족이 관여하는 곳은 거의 없다. 에르메스의 버킨이나 켈리, 콘스탄스 등 최고급 라인, 루이비통의 맞춤 트렁크, 그 외 샤넬 등의 오트쿠튀르 드레스 정도를 제외하면, 전문 경영인과 수석 디자이너 체제에서 기계로 제품을 제작한다. 중국이나 베트남에서 OEM으로 만드는 것도 공공연한 사실이다. 세계 주식시장에 상장된 대기업은 천문학적인 자금을 조달할 수 있는 장점이 있지만, 기업가치를 올리기 위해서는 이익을 극대화해 수익을 창출해야 하기 때문이다. 결론은 원가를 낮추고 더 많이 팔아야 한다는 것이다. 장인이 손바느질로 일 년에 몇 제품 만들어서는 아무리 비싼 값은 매긴다 해도 어림없는 일이다.

미국과 일본, 그 뒤를 이어 한국, 중국 등에서 명품에 열광하고 매출이 폭발적으로 성장하는 것을 경험한 대기업은 이제 예술적인 오트쿠튀르에는 관심이 없다. 전 세계의 대도시에 세워진 '여인들의 행복 백화점'에서 쇼윈도를 핥듯이 바라보며 숭배의 눈길을 보내는 일반 신도들이 내는 십일조가 부를 늘려준다는 것을 누구보다 잘 알고 있다. 그래서 대기업은 끊임없이 물건을 만들고, 여기에 신비로운 스토리텔링을 덧붙인다. 마치 장인이 살아나와 그 제품을 만든 것 같은 고급스러운 이미지를 투영하며 여성들을 유혹한다. 장인의 스토리에 매혹된 사람들은 명품에서 가성비나 실용성을 보지 않는다. 그걸 들었을 때 바라봐 주는 타인의 시선을 위해 돈을 지불하는 것이다.

수트를 입을 능력이 안 되면 로고가 찍힌 저렴한 라인의 핸드백이라도 들고, 이도 안되면 향수나 지갑이라도 소유한다. 핸드백에서 꺼내는 LV나, GG 로고만큼 일시에 그 사람을 있어 보이게 하는 물건은 없기 때문이다. 부유하다 여길 뿐 아니라 신뢰감까지 주다니—이해할 수 없지만, 우리가 쉽게 빠지는 함정이다. 이런 경험을 한 번 한 사람은 계속 브랜드의 충성자가 되고, 다른 소비를 줄이더라도 한 계단씩 높은 곳을 오르고 싶게 되는 것이다.

이렇게 현대는 양립할 수 없을 것 같던 두 개의 세계, '명품'과 '대중'이 하나의 카테고리가 되었다. 파리의 화려한 메종들은 플래그숍이 되어 여전히 1%의 최상류층을 받고 있지만, 이들은 돈 내며 홍보해 주는 감사한 광고판일 뿐이다.

오트쿠튀르 패션쇼를 하면 최상류층이 몇 벌 사고, 그 다음 미국이나 아시아의 스타들이 이를 실용화한 프레타 포르테Pret-a-Porter(기성복)를 입고 TV나 화보에 등장한다. 이는 곧 머스트 해브Must have의 반열에 오르게 되며 세계의 중산층은 열정적으로 백화점에 달려간다. 이런 계층의 모방 현상을 사회학자 베블린은 '과시적 소비'라고 표현했다. 누구나 돈으로 사치품을 살 수 있게 된 자본주의 사회에서는 가치가 가격을 형성하는 것이 아니라 높은 가격이 가치를 형성한다는 것이다. 상류층이 어떤 라이프스타일을 선택하면, 상류층이 되고 싶은 중류층이 이를 모방하고, 이어서 하위층까지 낙숫물처럼 흘러내린다. 그래서 부르주아 구매자들은 가격이 낮은 물건에는 흥미를 잃고, 반대로 가격이 높은 물건에는 소비 욕구가 증가한다. 값비싼 물건의 소비는 상위의 클래스로 진입했다는 환상을 갖게 하고, 게다가 사회적 지위까지 올라간 듯한 착시효과를 주기 때문이다. 높은 언덕의 성에서 천민을 내려다보던 중세의 영주처럼 말이다.

민중이 개미처럼 일해야 국가의 부가 증대하는 농업이나 산업사회에서 권력자는 민중의 욕구를 눌렀다. 일해서 은행에 저축하고, 세금을 내야 국가의 부가 증대하기 때문이다. 하지만 금융자본주의에서는 욕망을 부추겨 소비해야 복지와 경제가 돌아가는 시스템으로 변화했다. 열심히 일해서 받은 월급을 또 열심히 소비해 주어야 경제가 돌아, 회사도 잘되고 월급도 받을 수 있는 악어와 악어새가 된 것이다. 예쁘고 좋은 물건은 백화점에 널려있고, 충족되지 않는 욕망은 항상 빈곤하다.

집 정리를 하다 보면 버릴 물건이 너무도 많은 것에 새삼 놀라곤 한다. 내가 이런 물건을 샀었나 싶은 것도 있고, 처음 샀을 때 그렇게 설렘을 주던 명품도 처박혀 있다. 그런데도 철 지나면 입을 옷이 없고, 처음에 그리 애지중지하던 백은 몇 번 들지도 않고 빛이 바래있다. 우리는 끝없는 소비의 사이클에 휩쓸려 대부분의 물건을 버리기 위해 사는 것 같다.

AI가 인간의 일자리를 모두 빼앗아 가버린다고 크게 걱정할 일이 아닐지 모른다. 생산 비용이 감소하면 기업은 더욱 큰돈을 벌고 더 많은 물건을 만들 것이다. 물건은 소비해 주는 사람이 있어야 그 효용 가치가 있다. AI가 물건을 소비할 수는 없으므로, 인간은 기업이 국가에 낸 세금을 분배받으며 '물건을 소비해주는 노동자'가 될지도 모른다.

럭셔리, 예술과 창의력으로 리모델링되다

럭셔리란 희소성, 창조성, 우아함이다.
- 피에르 가르뎅

인간은 필요한 것을 만들어냈다. 이런 '필요'는 문명의 원동력이 되었다. 그런데 필요가 충족되고 나면, '꼭 필요하지도 않은 것'을 소유하기 위해 전쟁도 불사한다. 인간은 필수적이지 않은 예술이나 사치품, 여가 등에 더 마음을 빼앗기는 동물이기 때문이다. 이는 문명 위에 문화라는 꽃을 피웠다. 그래서 DNA가 같은 예술과 사치품은 끊임없이 서로를 끌어당기며 때로는 정체성의 혼돈을 일으키기도 한다. 정신과 연결된 '창의력'을 전제로, 농부가 농사를 짓거나, 공장에서 물건을 만드는 것과는 별개의 특권적인 위치를 부여 받았다. 잔인하지만, 하층민이 하면 '수공업'이던 것이, 상류층이 하면 '예술'이 되는 것이다. 왜냐, 예술은 노동과 상관없는 삶 위의 '그 무엇'이어야 하기 때문이다. 그러다 보니 현대에는 예술품인가, 사치품인가의 경계가 모호한 것도 있다.

사치품 또는 명품Luxe은 라틴어의 빛을 의미하는 럭스Lux로부터 파생된 luxus가 어원으로 초과, 잉여 등의 의미가 있다. 빛나고, 영광스럽고, 장식적인데, 필요한 것보다 초과해서 잉여적인 그 무엇이다. 휴식이나 여가, 오락과도 일맥상통한다.

그런데 luxus에서 함께 파생된 luxure는 기독교에서 7대 죄악의 하나라고 말하는 색욕, 음란을 뜻한다. 영어로 넘어가면 명품luxury이 되는데, 이는 금욕과 청빈을 가치로 여긴 기독교적인 세계관에서 빛과 고통, 음욕이 모두 혼합된 상징이 된다.

그럼 예술Art이란 무엇인가? 그 또한 구체적으로 어디에 쓰인다거나, 생존에 꼭 필요한 행위나 물건이 아니다. 돈이나 가치와는 상관없이, 그 자체가 주는 기쁨과 만족 때문에 인간의 삶에 중요시될 뿐이다. 그렇다고 기술도 아니다. 만일 기술만으로 칭송받는다면, 모방 화가가 그림을 훨씬 더 잘 그리는 경우도 많다.

실생활을 위한 노동이 아닌, 정신적 가치인 창의력을 통한 잉여적인 활동이라는 차원에서 보면 예술 역시 그 본질은 '사치'이다. 사치스러운 행위 중 가장 진지하다고나 할까? 그 목적이 만족이든 과시이든, 생필품을 넘어서는 신성한 가치를 불어넣은 것은 인간이다.

그런데 모순적인 것은 예술이건, 명품이건 자본과 연결되지 않으면 홀로 존재할 수 없다는 사실이다. 한 사회의 권력가가 후원하던가, 재력가가 소비해야 존재할 수 있다는 거다. 돌멩이나 나무를 주워 건물을 짓거나, 숯으로 동굴에 벽화를 그리지 않는 한 당연히 제작비라는 문제와 마주치며, 슈퍼마켓이나 동네 장터에 내다 팔 수도 없는 것들이기 때문이다. 상류층의 정신적 사치를 위해 존재하다 보니 대중의 수요와 공급에 따라 변하는 시장과는 상관없이 가치가 형성된다. 신비하게 포장이 되어있을 뿐, 그들만의 닫혀있는 시장이 있어 부르는 것이 값이라는 말이다.

가문의 영광은 돈이 아닌 예술로만 영속될 수 있다 믿으며 노블레스 오블리주를 실천하던 시대에, 예술은 권력이 대중에게 주는 일종의 선물과 같았다. 하지만 르네상스 이후 예술은 점차 진화하며 상업 무대로 들어온다. 예술의 작업 환경이 급속도로 변했기 때문이기도 했다.

과거의 예술이란 프레스코화나 템페라화로, 벽화나 육중한 나무판에 그림을 그리거나, 고정된 집채만 한 조각 등이어서 그것이 있는 장소에 가야 볼 수 있었다. 하지만 유화와 캔버스, 물감 등이 발달하며 이동이 가능해진다. 예술가와 애호가 사이의 패러다임이 변한 것이다. 주문한 의뢰인이 이를 다른 사람에게 선물하거나 양도할 수 있게 되며, 특수한 예술시장을 형성했다. 자본주의 사회가 되자 프리미엄을 붙이거나 경매를 하게 되면서 재산 축적이나 상속의 수단으로까지 발전하게 된 것이다.

귀족적이고 신神적인 고급스러운 취향이 지루해져서일까. 20세기가 되며 예술은 형체를 알아볼 수 없을 정도로, '해체'의 길을 걸었다. 이미 구체적 사물을 떠나 사유의 놀이동산이 된 예술은 캔버스에 점을 찍어 놓고 자신의 철학을 설명하기도 한다. 마르셀 뒤샹이 말한 '예술가의 지적 표현이 창조된 물체보다 더 중요하다'라는 논리일 것이다. 물론 이 안에는 철학으로 가득한 지적 표현도 있지만, 그만큼의 사기가 가득한 것도 사실이다.

어쩌면, 포스트 모더니즘이라는 '인식의 전환, 아니 해체'는 결국 '미친 생각을 해낸 창의력'에 열광하는 것인지도 모른다. 기성품Ready-Made인 변기가 예술이 될 수 있는 것은 마르셀 뒤샹이 자신의 '창의력'을 통해 '선택'했기 때문이다. 선택하는 행위 자체가 예술이라는 말이다. 그런데 내가 을지로에서 아무 변기나 사다 전시하고 작품이라 한들 아무도 인정하지 않는다. 다들 비웃고 조롱할 것이다. 하지만 마르셀 뒤샹이 선택하면 예술품의 반열에 오른다. 가장 큰 차이는 인지도일 거고, 그 다음은 모든 과정에 담긴 작가의 철학과 의도, 창의력 때문이다. 그런데 그 담긴 정신은 증명 가능한 것인가, 아니면 담겨있다고 믿고 싶은 것인가? 결국 예술을 해체하는 것도 또 다른 잉여적인 행위일 뿐이다.

20세기 후반, 탈 냉전시대까지 사회주의자들이 예술이나 종교를 질색한 이유가 이런 것이다. 생산적이지 않은 자체 마스터베이션 같은. 그런데 문제는 인간은 원래 이렇게 생겨먹어서, 잉여적 행위가 없으면 사회주의가 최고 가치로 여기는 신성한 노동생산성도 오르지 않는다는 데에 그 한계가 있었다는 것이다.

명품도 포스트 모더니즘으로의 길을 걸었다. 20세기의 위대한 오트쿠튀르 디자이너들은 천성이 예술가였고, 그들의 작품은 귀족 시대의 예술과 동등한 지위를 누렸다. 이들은 마지막 남은 장인의 후예였고, '창의력'이라는 후광으로 예술과도 자연스럽게 한 몸이 되었다. 하지만 다국적 기업의 등장과 글로벌화는 모든 것을 '해체' 했다. 장인이 끌로 못 박아가며 만들던 물건과는 너무 먼 곳으로 와버렸다.

오트쿠튀르 드레스 한 벌을 전 세계 상위 1%에게 1억씩에 판들, 백만 원에 수십 억 지구인에게 파는 것과는 그 수익을 비교할 수 없다. 현대는 크리에이티브 디렉터Creative Directer의 시대다. 크리에이티브 디렉터는 어마어마한 연봉을 받고, 스카우트되어 대기업을 날아다닌다. 과거 샤넬이나 디올, 입생로랑처럼 옷깃에 실밥을 붙이고 다니며 직접 가봉하고 고객을 맞는 작업과는 상관이 없다. 이들은 콘셉트를 만들고 지휘Directing를 한다. 그리고 기존에 있는 다양한 오브제 중 '선택' 해 조합하고, 아웃소싱 업체를 정하는 관리자인 거다.

전 세계에 체인이 있는 미슐렝 최고의 스타 셰프들은 '표준 레시피'를 만들고 비행기를 타고 대륙을 날아다닐 뿐, 이제 직접 요리를 하지 않는 것과도 같다.

과거 장인들의 작품은 그 자체가 유행을 타지 않고 작품의 위치에 오른 모델도 있지만, 디자인의 편차가 적어 비디오 세대는 쉽게 지루함을 느낀다. 장인의 스토리도 신세대에게는 〈그리스 신화〉나 〈흥부놀부전〉 같은 옛날이야기일 뿐이다. 늙어가는 럭셔리 산업이 새로운 이미지를 수혈할 필요를 느낄 때 현대예술이 눈에 들어온다.

진품 하나만을 예술이라며 박물관에 박제처럼 고이 모셔 놓던 과거와는 달리, 오늘날 해체된 예술 행위는 순수예술부터 팝아트, 그라피티, 여기에 SNS를 통한 노이즈 마케팅까지 그 방법이 무제한으로 열려 있다. 이는 명품에 '세련된 후광'과 '대량 생산'이라는 두 마리 토끼를 잡게 해 주었다.

톰 포드와 유명한 그라피티 키덜트Kidult 사이의 에피소드는 이런 협업의 어마무시한 효력을 증명한다. 키덜트는 브랜드의 로고와 상표가 지배하는 현대 소비지상주의를 조롱하는 그라피티 아티스트로 유명하다. 뉴욕이나 파리의 루이비통, 입생로랑, 아녜스 B, 꼴레뜨 등 명품 로드숍에 다양한 메시지를 담은 그라피티로 숍 전면에 테러를 감행하곤 했다.

그런데 2012년 어느 날 그는 파리의 마크 제이콥스 매장에 그린 컬러로 $686이라는 숫자를 스프레이 했다. 이유는 자신이 좋아하는 아티스트와 협업을 해 티셔츠 한 장에 $689로 판매하는 것에 분개해서였다고 한다. 그리고는 자신이 스프레이한 마크 제이콥스 매장의 사진을 찍어 "$680? $689? $686?! 너 이거 얼마에 팔 건데?"라고 트윗 했다. "#kidultarmyparis #thisisnotart"라는 해시태그를 달아서.

그런데 마크 제이콥스가 한 수 위였다. 테러 당한 숍의 사진과 함께 "신상 오프닝 나이트 설치예술을 보러 파리에 오세요. 우리는 예술을 지원하는 데 자부심을 갖습니다"라는 메시지에 "@therealkidult"라는 해시태그를 달아 리트윗한 것이다. "너의 협업은 예술이 아냐"라는 태그를 단 키덜트와는 반대로, "the real kidult"라는 태그로 자신의 숍에 분사한 키덜트의 그라피티를 '예술'이라 해버린 것이다. 톰 포드는 숍의 사진을 인쇄한 티셔츠와 이마에 '$686'라 새긴 모자를 $686에 팔아 완판했다.

그런데 이것이 잘 짜인 각본이라는 거다. 키덜트는 이미 2011년에 뉴욕 마크 제이콥스 매장에 핑크색으로 'ART'라는 그라피티로 테러를 했었다. 창의력과 도발적인 마케팅의 합작품이다. 그래서 키덜트의 테러는 명품업계에서 은근히 인기가 있다고 한다. 노이즈 마케팅의 유명세를 타기 때문이다. 게다가 역으로 키덜트도 자신이 행한 그라피티들을 사진으로 찍어 인쇄한 티셔츠를 고가에 주문생산으로 팔고 있다.

이런 일화는 아티스트와 명품산업 간의 밀착된 관계가 시작되는 작은 일화일 뿐이다. 루이비통도 그라피티 아티스트나 팝 아티스트와 협업으로 인기를 끌었다.

럭셔리 산업은 현대예술에 거의 한정이 없을 정도의 많은 예산을 할당해 후원한다. 원래 예술에 관심있던 기업가도 있지만, 그저 비즈니스맨일 뿐 문외한으로 엄청난 돈을 투자하는 그룹도 있다. 메디치 가문이 서러워할 정도다.

왜 이러는 걸까? 바로 '아케팅Arketing'이라는 데에 해답이 있다. 대중화되고 누구나 조금만 무리하면 가질 수 있다면 그건 이미 명품이 아니다. 그런데 예술의 힘을 빌리면 신기하게도 상업적 차원이 희미해지는 효과를 본다. 럭셔리 산업은 예술의 정체성을 원하고, 예술가는 그 '비생산적인 잉여 활동'을 위한 후원이나 상업적 후광이 필요하다. 서로 윈윈하는 것이다.

그래서 현대예술은 명품처럼 '특별한 시장'의 가치를 가진다. 사회적 성공의 상징으로, 가장 자본의 특혜를 보면서도 돈과는 멀다는 공통의 환상이 작용하기 때문이다. 예술과 창의력으로 리모델링된 럭셔리는 가격표와 상관없이 상징적 가치와 연결된다. 명품과 예술은 비쌀수록 잘 팔린다는 공통된 유혹의 메커니즘을 공유하는 것이다.

➔ 참고도서 ➔

〈꽃과 빛의 세기 르네상스〉 / 민혜련 지음 / 인문서재 / 2013
〈장인을 생각한다 이탈리아〉 / 민혜련 지음 / 멘토 / 2014
〈초예측, 부의 미래〉 / 마루야마 슌이치 지음 / 유발 하라리 외 4인/ 신희원 옮김 / 웅진지식하우스 / 2020
〈언컨텍트〉 / 김용섭 지음 / 퍼블리온 / 2020
〈문화의 해석〉 / 클리퍼드 기어츠 지음 / 문옥표 옮김 / 까치 / 2009
〈자본의 본성에 관하여 외〉 / 소스타인 베블런 지음 / 홍기빈 옮김 / 책세상 / 2009
〈천개의 고원〉 / 들뢰즈, 가타리 공저 / 김재인 옮김 / 새물결 / 2001
〈신비한 엘리오트 파동여행〉 / 이국봉 지음 / 정성출판사 / 1995
〈엘리어트 파동이론〉 / 렐프 넬슨 얼리엇 지음 / 이형도, 로빈 장 옮김 / 이레미디어 / 2006
〈황금비율의 진실〉 / 마리오 리비오 지음 / 권민 옮김 / 공존 / 2011
〈피보나치 넘버스〉 / 알프레드 S. 포사멘티어, 잉그마 레만, 헤르트 A, 하우프트만 공저 / 김준열 옮김 / 늘봄 / 2011
〈기호학이란 무엇인가-기호의 우리, 우리의 기호〉 / 김경용 지음 / 민음사 / 1998
〈기호와 상징: 그 기원과 의미를 찾아서〉 / 미란다 브루스 미트포트, 필립 윌킨스 공저 / 주민아 옮김 / 21세기 북스 / 2010
〈기호 · 상징 · 신화〉 / 뤽 브노아 지음 / 박지구 옮김 / 경북대학교 출판부 / 2006
〈수학기호의 역사〉 / 조지프 마주르 지음 / 권혜승 옮김 / 반니 / 2017
〈화이트 백인 재현의 정치학〉 / 리처드 다이어 지음 / 박소정 옮김 / 컬처룩 / 2020
〈프로테스탄티즘의 윤리와 자본주의 정신〉 / 막스 베버 지음 / 박성수 옮김 / 문예출판사 / 2010
〈푸코, 바르트, 레비스트로스, 라캉 쉽게 읽기〉 / 우치다 타츠루 지음 / 이경덕 옮김 / 갈라파고스 / 2010
〈마담 투소〉 / 미셸 모런 지음 / 이지연 옮김 / 기파랑 / 2012
〈역사를 이끈 아름다운 여인들〉 / 김정미 지음 / 눈과 마음 / 2005
〈세기말과 세기초: 벨 에포크〉 / 빌리 하스 지음 / 김두규 옮김 / 까치 / 1994
〈중국이 만든 유럽의 근대〉 / 주겸지 지음 / 전홍석 옮김 / 청계 / 2010
〈불멸의 여인들〉 / 김후 지음 / 청아 출판사 / 2009
〈유한계급론〉 / 소스타인 베블런 지음 / 이종인 옮김 / 현대지성 / 2018
〈왜 사람들은 명품을 살까?〉 / 김현주 지음 / 자음과 모음 / 2012
〈시뮬라시옹〉 / 장 보드리야르 지음 / 하태환 옮김 / 민음사 / 2001
〈시뮬라크르의 시대〉 / 박정자 지음 / 기파랑 / 2019
〈플라톤의 예술노트〉 / 박정자 편저 / 인문서재 / 2013
〈플라톤의 몸 이야기〉 / 박정자 편저 / 인문서재 / 2013
〈소비의 사회 / 그 신화와 구조〉 / 장 보드리야르 지음 / 이상률 옮김 / 문예출판사 / 2014

〈럭셔리 그 유혹과 사치의 비밀〉 / 데이나 토마스 지음 / 이순주 옮김 / 문학수첩 / 2008
〈패션과 명품〉 / 이재진 지음 / 살림 / 2004
〈최고의 명품, 최고의 디자이너〉 / 명수진 지음 / 삼양 미디어 / 2012
〈명품 마케팅〉 / 김대영 지음 / 미래의 창 / 2004
〈럭셔리 : 그 유혹과 사치의 비밀〉 / 데이나 토마스 지음 / 이순주 옮김 / 문학수첩 / 2008
〈서양복식 문화사〉 / 정홍숙 지음 / 교문사 / 2003
〈왕의 정부〉 / 엘리노어 허먼 지음 / 박아람 옮김 / 생각의 나무 / 2004
〈탐미의 시대 유행의 발견, 귀족의 은밀한 사생활〉 / 이지은 지음 / 지안 / 2007
〈꿈을 꾸는 구두장이〉 / 살바토레 페라가모 지음 / 안진환, 허형은 공역 / 웅진닷컴 무크편집부 / 2004
〈메디치가 이야기〉 / 크리스토퍼 하버트 지음 / 한은경 옮김 / 생각의 나무 / 2001
〈검은 베일 속의 백합 카트린 드 메디치〉 / 장 오리외 지음 / 이재형 옮김 / 들녘 / 2005
〈그녀가 타고 떠난 그 차〉 / 김태진 지음 / 김영사 / 2014
〈사치와 자본주의〉 / 베르터 좀바르트 지음 / 이상률 옮김 / 문예출판사 / 2017
‹Madame de Pompadour et son temps› / Alfred Leroy / FeniXX(Albin Michel) / 2019
‹Madame de Pompadour : Ou le pouvoir féminin› / Danielle Gallet / Fayard / 2014
‹Marie-Antoinette› / Stefan Zweig / Alzir Hella (Traduction) / Le Livre de Poche / 1999
‹Le Prince de Conti› / Jean Haechler / Tallandier / 2007
‹Montres-bracelets› / Gisbert L. Brunner / Christian Pfeiffer-Belli / Place des Victoires / 2007
‹Histoire de la mode au XXe siecle› / Yvonnes Deslandres / Florence Müller / France Loisir / 1986
‹Les secrets de la mode› / Yann Kerlau / Perrin / 2013
‹Savile Row : Les maîtres tailleurs du sur-mesure britannique› / James Sherwood / L'Éditeur / 2010
‹Les marques de luxe françaises› / Jean Watin-Augouard / Eyrolles / 2009.
‹Les dynasties du luxe› / Yann Kerlau / Perrin / 2010
‹Louis Vuitton: l'âme du voyage› / Patrick Mauriès / 2016 / Flammarion / 2016
‹The Last Collection: A Novel of Elsa Schiaparelli and Coco Chane›l / Jeanne Mackin / Berkley / 2019
‹Shocking Life› / Elsa Schiaparelli / V&A Publishing / 2007
‹Et Dior créa la femme› / Francis HUSTER / Cherche Midi / 2012
‹Dior for ever› / Catherine Ormen / Larousse / 2013
‹Coco Chanel: The Legend and the Life› / Justine Picardie / HarperCollins / 2010
‹Yves Saint Laurent› / Laurance Benaim / Poche / 1995
‹Dialectique du Moi et de l'inconscient› / C. G. Jung / Folio / 1986
‹The Metaphysics of Virtual Reality› / Michael Heim / OUP USA / 1994
‹Luxe, Stratégies Marketing› / Danielle Allérès / Economica / 1997
‹Les Chemins du Luxe› / Christian Blanckaert / Grasset / 1996
‹Le luxe dans tous ses etats› / Saphia Richou/ Michel Lombard / Economica / 1999
‹Art Deco› / Alastair Duncan / Thames and Hudson / 1997

서정과 서사로 읽는
브랜드 인문학

초판 1쇄 발행 2020년 11월 10일

지은이 | 민혜련
펴낸이 | 박선영
디자인 | 문수민
교정 · 교열 | 김수영
마케팅 | 이경희
인쇄 | 해인기획

펴낸 곳 | 의미와 재미
출판신고 | 2019년 1월 30일 제2019-000034호
주소 | 서울특별시 마포구 마포대로24길 16, 116-304
전화 | 02-6015-8381 **팩스** | 02-6015-8380
이메일 | book@meannfun.com
홈페이지 | www.meannfun.com

ISBN 979-11-969238-3-9(03130)

* 이 도서는 중소벤처기업부와 소상공인시장진흥공단에서 추진, 전담하고
서울인쇄정보산업협동조합에서 운영하는 서울을지로인쇄소공인특화지원센터의
우수출판 콘텐츠 제작 지원사업에서 지원받아 제작되었습니다.